同济人文社科丛书（第七辑） 丛书主编 江波

食品安全监管法律制度研究

孙效敏 著

同济大学 出版社
TONGJI UNIVERSITY PRESS

图书在版编目(CIP)数据

食品安全监管法律制度研究 / 孙效敏著. —上海：同济大学出版社，2020.5
(同济人文社科丛书 / 江波主编. 第七辑)
ISBN 978-7-5608-8472-1

Ⅰ.①食… Ⅱ.①孙… Ⅲ.①食品卫生法—研究—中国 Ⅳ.①D922.164

中国版本图书馆 CIP 数据核字(2019)第 197531 号

食品安全监管法律制度研究
孙效敏 著

责任编辑 丁会欣　责任校对 徐春莲　封面设计 陈益平

出版发行	同济大学出版社　www.tongjipress.com.cn (地址：上海市四平路1239号　邮编：200092　电话：021-65985622)
经　　销	全国各地新华书店、网络书店
排版制作	南京展望文化发展有限公司
印　　刷	常熟市华顺印刷有限公司
开　　本	710 mm×960 mm　1/16
印　　张	18.5
字　　数	370 000
版　　次	2020年5月第1版　2020年5月第1次印刷
书　　号	ISBN 978-7-5608-8472-1
定　　价	68.00元

本书若有印装质量问题，请向本社发行部调换　　版权所有　侵权必究

目 录
Contents

第一章 绪论 ·· 1
   第一节 研究背景与中国食品安全问题 ·· 1
   第二节 研究意义与预期目标 ·· 2
      一、研究意义与价值 ·· 2
      二、预期目标 ·· 3
   第三节 研究框架与主要内容 ·· 4
      一、研究框架 ·· 4
      二、研究基本内容 ··· 5

第二章 文献综述 ·· 9
   第一节 国外食品安全监管理论研究现状 ···································· 9
      一、国外食品安全监管理论研究现状 ······································ 9
      二、外国食品安全监管理论评述 ·· 14
   第二节 国内研究现状 ··· 14
      一、国内研究食品安全的主要学者 ······································· 14
      二、国内主要研究文献 ·· 15
      三、国内研究文献评述 ·· 19

第三章 食品安全监管基本理论 ·· 20
   第一节 食品安全基本概念 ·· 20
      一、食品 ·· 20

二、食品污染 …………………………………………………… 22
　　三、食品安全 …………………………………………………… 25
第二节　食品安全监管立法 …………………………………………… 31
　　一、外国食品安全监管体制及其立法 ………………………… 31
　　二、中国食品安全监管立法 …………………………………… 37
　　三、现行食品安全监管法律体系 ……………………………… 46
第三节　《食品安全法》评述 …………………………………………… 47
　　一、《食品安全法》取得的成就 ………………………………… 47
　　二、《食品安全法》存在的缺陷 ………………………………… 55
第四节　食品安全监管基本理论 ……………………………………… 62
　　一、信息不对称理论 …………………………………………… 63
　　二、食品安全信息不对称 ……………………………………… 63
　　三、食品安全信息不对称的影响 ……………………………… 65
　　四、解决食品安全信息不对称的途径 ………………………… 67
第五节　食品安全监管标准 …………………………………………… 68
　　一、食品安全标准 ……………………………………………… 68
　　二、食品安全标准存在的问题 ………………………………… 70

第四章　食品安全监管主体与客体 …………………………………… 72
第一节　食品安全监管主体 …………………………………………… 72
　　一、食品安全监管主体 ………………………………………… 72
　　二、监管体制存在的问题 ……………………………………… 78
第二节　食品安全监管客体 …………………………………………… 81
　　一、食品生产加工企业 ………………………………………… 81
　　二、食品销售企业 ……………………………………………… 85
　　三、餐饮企业食品安全问题 …………………………………… 87
　　四、解决之对策 ………………………………………………… 89

第三节　消费者与新闻媒体监督 ······ 90
一、消费者与新闻媒体监督的理论基础 ······ 90
二、消费者参与食品安全监督——有奖举报 ······ 96
三、新闻媒体参与食品安全监督——舆论监督 ······ 100

第五章　行业协会参与食品安全治理 ······ 103
第一节　行业协会的概念及其特征 ······ 103
第二节　食品行业协会参与食品安全治理的理论基础 ······ 106
第三节　食品行业协会参与食品安全治理存在的问题 ······ 107
一、食品行业协会内部与外部问题及分析 ······ 107
二、行业组织的角色定位 ······ 109
第四节　食品行业协会参与食品安全治理的案例 ······ 110
一、上海奶业行业协会参与食品安全治理 ······ 110
二、上海市食品添加剂行业协会参与食品安全治理 ······ 116

第六章　食品安全信息披露制度 ······ 126
第一节　食品安全信息披露的理论基础 ······ 126
一、信息披露的权利基础 ······ 126
二、企业社会责任的体现 ······ 128
三、民事附随义务的要求 ······ 130
第二节　我国现行食品安全信息披露制度解析 ······ 131
一、我国食品安全信息披露立法的体系构成 ······ 131
二、食品安全信息披露的法律关系解构 ······ 133
三、现有体系下食品安全信息披露的要求 ······ 136
第三节　我国食品安全信息披露制度存在的缺陷 ······ 139
一、政府监管信息披露分散 ······ 139
二、食品企业披露信息量少 ······ 142

三、责任追究机制不健全 …………………………………………… 143
第四节　完善我国食品安全信息披露的法律对策 ……………………… 146
　　一、完善我国食品安全信息披露的总体思路 …………………… 146
　　二、我国食品安全信息披露相关制度完善的具体对策 ………… 149

第七章　农产品质量安全监管法律问题 ………………………………… 161
第一节　中外农产品质量安全监管理论现状 …………………………… 161
　　一、外国农产质量安全监管理论研究现状 ……………………… 161
　　二、国内农产质量安全监管理论研究现状 ……………………… 163
第二节　中外农产品质量安全监管体制比较 …………………………… 164
　　一、外国农产品质量安全监管体制 ……………………………… 164
　　二、中国农产品质量监管体制 …………………………………… 167
第三节　农产品质量安全问题产生的原因及其对策 …………………… 168
　　一、从农产品质量安全监管部门看农产品质量安全问题 ……… 169
　　二、从农产品生产经营者看农产品质量安全问题及其对策 …… 181
　　三、从消费者消费行为看农产品质量安全问题及其对策 ……… 188

第八章　保健食品监管法律问题 ………………………………………… 193
第一节　保健食品监管的基本理论 ……………………………………… 193
　　一、保健食品监管的基本内涵 …………………………………… 193
　　二、保健食品监管法律制度存在的基础 ………………………… 197
第二节　我国保健食品监管法律制度的探索与实践 …………………… 202
　　一、我国保健食品发展的历史沿革 ……………………………… 202
　　二、我国保健食品监管法律制度的现状分析 …………………… 205
第三节　我国保健食品监管制度存在的问题 …………………………… 208
　　一、我国缺失系统的保健食品监管法律体系 …………………… 208
　　二、保健食品的标准体系亟待完善，检测技术亟待提升 ……… 209

三、保健食品的标签管理、广告宣传问题严重 …………… 210
　　四、保健食品缺乏有效的日常监管机制 ………………… 211
　第四节　关于完善我国保健食品监管法律制度的建议 ……… 212
　　一、完善我国保健食品监管法律制度的思路 …………… 213
　　二、构建统一有效的保健食品法律监管体系 …………… 214

第九章　转基因食品安全监管 …………………………………… 225
　第一节　转基因食品安全概述 ………………………………… 225
　　一、转基因与转基因食品 ………………………………… 225
　　二、转基因食品安全 ……………………………………… 227
　第二节　国外转基因食品安全的立法实践 …………………… 231
　　一、欧盟转基因食品安全的立法实践 …………………… 231
　　二、美国转基因食品安全的立法实践 …………………… 233
　　三、日本转基因食品安全的立法实践 …………………… 235
　　四、其他国家转基因食品安全的立法实践 ……………… 236
　第三节　我国转基因食品安全立法及分析 …………………… 237
　　一、我国对转基因食品安全立法的现实意义 …………… 237
　　二、我国转基因食品安全的立法现状 …………………… 239
　　三、我国转基因食品安全立法分析 ……………………… 239
　第四节　我国转基因食品安全法律制度的完善 ……………… 241
　　一、我国转基因食品安全法律制度之原则 ……………… 241
　　二、我国转基因食品安全立法之完善 …………………… 244
　　三、我国转基因食品安全制度之完善 …………………… 245

第十章　食品召回制度 …………………………………………… 256
　第一节　国外食品召回制度 …………………………………… 256
　　一、澳大利亚、新西兰食品召回体系 …………………… 256

		二、美国的食品召回制度 ··· 258
		三、加拿大的食品召回制度 ··· 261
		四、对我国的启示 ·· 262
	第二节　食品召回制度的法经济学分析 ································· 263
	第三节　我国食品召回立法现状及存在的问题 ······················· 265
		一、立法现状研究 ·· 266
		二、我国食品召回制度中存在问题 ·································· 267
	第四节　完善食品召回制度的必要性和食品召回的特点 ·········· 270
		一、完善食品召回制度的必要性 ····································· 270
		二、食品召回的特点 ··· 271
	第五节　完善我国食品召回制度的几点建议 ·························· 274
		一、明确食品召回责任主体 ·· 274
		二、建立食品召回信息平台 ·· 277
		三、完善食品召回模式 ·· 279
		四、统一食品召回标准 ·· 282
		五、加强召回食品的后续监管 ······································· 284

第一章 绪论

中国的食品安全问题不同于西方国家,既有人为的食品安全问题,也有非人为的食品安全问题;既存在市场调节失灵问题,也存在政府监管失灵问题。

第一节 研究背景与中国食品安全问题

我国食品安全问题经历了非人为的质量安全问题,到人为的质量安全问题与非人为的质量安全问题的质变。从中华人民共和国成立到市场经济确立之前,我国的食品安全问题主要是在食品生产加工过程中因物理污染、微生物污染、化学污染等而产生的食品卫生问题,几乎不存在食品经营者故意违规违法而发生的食品安全事故。因此,这一时期国家食品安全监管的重点是食品卫生问题。我国正式确立市场经济体制之后,食品安全问题发生了重大变化:食品经营者故意违规违法造成重大食品安全事故时有发生,一般食品安全事故频发成为最突出的问题。近年来的"问题奶粉事件""瘦肉精事件""染色馒头事件""墨汁粉条事件"等无一不是明知故犯的违法违规行为所致。这是目前我国食品安全问题与世界发达国家食品安全问题最主要的区别,也是我国改革前后食品安全事故的本质区别。同时,食品安全监管越位与缺位并存,食品经营者诚信严重缺失,公众参与性不高,行业协会没有充分发挥其作用,新闻媒体监督有限等,也是食品安全事故频发的重要原因。2008年两会期间,12个省、市、自治区竟有423名人大代表签名有关严惩食品安全犯罪的议案,成为28年以来人大代表签名最多的议案。当前,食品安全已经成为一个波及整个国家经济利益和关系民生的重要问题,已成为摆在我国政府面前亟待解决的重大实际问题。因此,研究食品安全监管法律制度不仅具有重要的理论意义,也具有一定的实用价值。

第二节 研究意义与预期目标

一、研究意义与价值

食品安全事故频发对我国的影响是多方面的,但主要表现在以下五个方面:一是对国民经济发展的影响。目前,中国食品工业对国民经济发展的贡献率为7%~8%,对于解决就业、拉动内需、促进国民经济增长具有极其重要的作用。如果不能保证食品安全,不仅严重影响食品工业的发展,而且还会严重影响国民经济的发展。二是对国际贸易的影响。我国是一个食品进出口大国,2009年食品进出口贸易额达到779.39亿美元。2008年三聚氰胺事件直接导致2009年乳品、蛋品进口增加19.82%,出口下降45.25%。因此,如果不能保证食品安全,将会严重影响我国的食品出口贸易,抑制国内食品工业的发展,同时还会损害我国的国际信誉。三是对人身体健康的影响。不安全食品不仅直接影响当代人的身体健康,还可能殃及子孙后代,影响全国人口质量。我国卫生部与美国卫生部的统计数据充分说明了这一点。四是严重影响政府的公信力。食品安全问题是人们高度关注的民生问题,如果不能确保食品安全,人们将会失去对政府的信任,严重影响构建和谐社会。五是对国家安全的影响。现在人们已经充分认识到,食品安全不是一般的社会经济问题,而是关系国家安全的重大问题。

因此,党和国家十分重视食品安全研究,鼓励自然科学界与社会科学界对这一问题进行深入研究。根据《CNKI全文期刊数据库》统计,1999—2013年有2230

篇论文获得各类基金资助,其中排在前三位的是国家自然科学基金资助286篇,国家863项目资助153篇,"十二五"国家重大科技专项资助74篇。这说明,迄今为止,自然科学界仍是食品安全研究的主力军。他们主要研究食品卫生监督管理、危害分析与关键控制点(HACCP)、转基因食品安全评价、食品标准、食物中毒、食品污染、快速检测等。近年来经济学界、管理学界、法学界的学者也不断加入食品安全研究大军,他们从各自学科角度研究食品安全问题。国家社科基金项目也加大了对食品安全问题研究的资助力度。社科界研究的重点是 WTO 与食品标准、食品安全监管体制、食品安全管理、食品追溯体系、食品质量认证、食品供应链、农产品质量安全、食品安全突发事件应急预案等,但有不少文章只是对国外食品安全监管体制与监管方法作一般的介绍。

从我国食品安全事故频发的原因来看,当前,食品安全最突出的问题是:企业诚信低下,故意违法行为严重;违法成本过低,"激励"企业违法;政府监管越位与缺位并存,综合协调机制不健全;地方保护主义严重,不能有效监管"吃不倒你"的食品;群众参与性不高,不能弥补政府监管不足;新闻媒体监督不足,不能有效监督监管人员失职。此外,行业协会自律监督缺失、检验检测资源配置不合理、食品安全标准不健全、食品安全风险监测与风险评估基础薄弱,也是食品安全事故频发不可忽视的因素。但从目前的研究成果来看,从法学、经济学、政治学、管理学角度系统研究这些问题的论著并不多。因此,本书研究的重要意义与价值就在于运用法学、经济学、政治学、公共管理学的基本理论,对食品安全监管政府行为理论和模式、食品供应链全过程监管进行研究;对企业诚信制度、政府监管方法创新、食品安全违法成本与解决机制、监管人员与企业法律责任、食品安全与行业协会进行研究,并在此基础上提出符合我国实际的食品安全监管理论,提高食品安全监管效率,防范食品安全事故频发,无论是对确保广大消费者的身体健康及生命安全,还是对促进农业和农村经济产品结构和产业结构调整,构建和谐社会都具有重要的理论意义与实用价值。

二、预期目标

通过理论论证、逻辑演绎、案例检验、调查验证、各地实践归纳总结,提出构建政府主导、企业诚信、行业自律、民众参与、社会监督相结合的"五元"食品安全保障体系。根据利益相关者理论,论证我国食品安全法社会共治各方主体的权利与义务,尤其是论证行业协会自律、消费者举报制度、新闻媒体舆论监督,以及他们与食品生产经营企业和食品安全监管部门的关系。没有消费者的积极举报与新闻媒体的舆论监督,很多重大的食品安全事件是很难被发现的。但如何保证新闻媒体舆论监督客观、公正、真实即是本课题研究的难点,也是本课题研究的目的。

运用信息经济学理论,研究食品安全信息披露制度。食品安全信息披露充分与否,对是否能发挥市场调节的决定性作用极其重要。从法律的视角来看,食品安全信息披露的义务来源于公民的知情权,是企业与监管部门应尽的义务。食品生产经营企业与食品安全监管部门在信息披露时,与消费者形成了两类性质不同的法律关系。前者是民事法律关系,后者是行政法律关系。这导致了食品生产经营企业和食品安全监管部门在违反信息披露义务时所承担的责任方式不同。只要政府与企业依法履行其食品安全信息披露义务,就可以充分发挥市场调节作用。

采取理论与实证相结合、归纳与分类相结合的方法,研究农产品种植养殖环节中的食品安全问题、转基因食品安全问题与保健食品安全问题。农产品质量安全与否直接影响其他环节的食品安全,转基因食品与保健食品属于特殊食品,有必要单独研究。

第三节 研究框架与主要内容

一、研究框架

本书总体研究框架设计的逻辑结构为:食品生产经营者最大诚信是基础;政府全程监管重在源头是关键;法律责任是保证;社会与公众参与是补充。并以此构建食品安全监管法律制度研究框架:食品安全监管基本理论研究、食品安全监管主客体研究、食品安全信息不对称研究等。

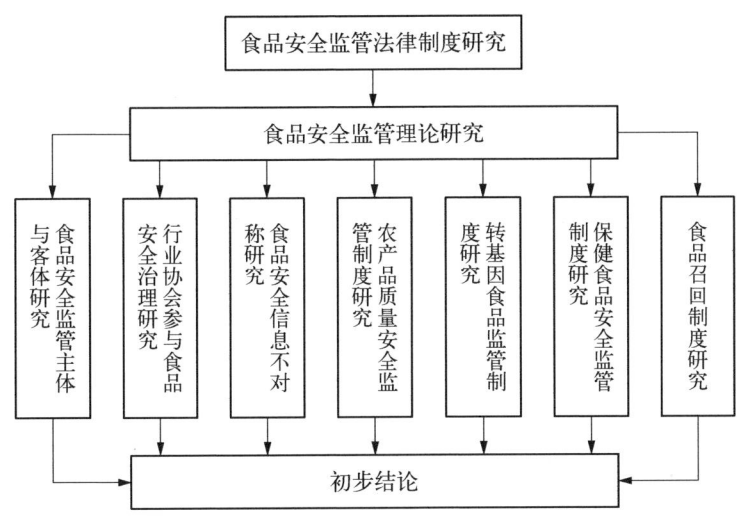

二、研究基本内容

根据上述研究框架,本书研究的基本内容如下:

第一,我国食品安全监管现状研究。这是本书研究的逻辑起点。只有对症下药才能真正解决中国食品安全问题。因此,必须从经济、社会、道德、技术、法律、监管体制、饮食习惯以及其他方面,研究食品安全事故频发的根本原因。比较分析中外导致食品安全事故发生原因的异同,比较分析改革前后导致食品安全事故发生原因的异同,分析研究在经济转型期,我国重大食品安全事故时有发生、一般食品安全事故频发的根本原因。只有这样,才能做到对症下药,解决食品安全问题。目前,导致我国食品安全事故发生的原因是多种多样的,但从主客观原因来看,我国食品安全事件发生,既有食品安全监管部门的主观原因,也有其客观原因;既有食品生产经营企业的主观原因,也有其客观原因。因此,研究分析食品安全事故频发,监管失灵的原因,便成为本书首要研究的问题。

第二,食品安全监管理论研究。理论是行动的指南,没有理论指导的行动是盲目的行动,盲目的行动是不能达到预期目的的。其目的是解决食品安全监管重大理论问题,为构建符合中国国情的食品安全监管法律制度提供理论依据。重点研究中外食品安监管的理论依据,以及如何构建中国食品安全监管理论体系,提出市场调节失灵需要政府监管,政府监管失灵,需要社会参与,而不是学界认为的市场调节失灵需要政府监管,政府监管失灵需要市场调节,为食品安全社会共治提供理论基础。

第三,食品安全监管主体制度研究。其目的是解决食品安全监管越位与缺位问题,实现从农田到餐桌的无缝隙监管。重点从宪法、行政法的视角,研究世界各国食品安全监管的模式,食品安全监管部门设置与权力配置,为我国食品安全监管主体制度改革提供可资借鉴的经验教训;研究我国中央和地方、地方上下级食品安全监管机关之间在保障实施食品安全监管上的职权、职责分工,以及相互合作的路径;研究地方不同食品安全监管机关的职责分工与协作,并根据宪法忠诚和机关忠诚原则,处理食品安全监管机关之间既存在监管缺位又存在监管越位的问题;构建与完善横向和纵向密切结合的食品安全监管主体制度,建立多机构、多主体在食品安全监管中分工协作、关系协调、措施配套完备、责任明确、有效管用的食品安全监管组织管理体系,为实现无缝隙监管打下良好的基础,提供必要的前提条件。

第四,食品安全监管客体或对象研究。其目的是解决分类监管与重点监管问题,将有限的监管资源投放到最需要的地方。我国食品供应链长,从食用农产品种植养殖,到食品生产加工,再到流通销售,最后到食品消费者手中,需要经过种植养殖、生产加工、运输销售等环节,以及各类餐饮企业的参与。而且这些食品生产经营企业规模大小不同,质量管理水平参差不齐,诚信程度各异。因此,必须从纵向上研究哪类食品生产经营企业是监管的重点,为食品安全分类监管提供依据;从横向上研究哪个食品生产经营企业是监管的重点,为食品安全重点监管提供依据。只有纵横交叉选择食品安全监管的客体,才能突出重点,将有限的监管资源用到最需要监管的地方,提高监管效率。

第五,食品安全信息披露制度研究。信息透明是发挥市场调节的前提,通过对食品安全信息披露的理论基础和现实表现的分析,总结出目前我国食品安全信息披露相关法制存在的缺陷,并在借鉴国外成熟立法经验和历次食品安全事故教训的基础上,提出了完善我国食品安全信息披露的具体法律对策。在论证过程中,重点对以下几个问题做了一些粗浅地探讨:关于食品安全信息披露义务的来源问题;食品安全信息披露中各主体之间的法律关系;目前我国食品安全信息披露过程中所存在的问题;完善我国信息统一发布制度的设想;企业不实披露的民事责任问题。

第六,食品行业协会研究。食品行业协会是规范食品市场秩序的重要力量,也是实施行业自律的主体。食品行业协会的有效运作,一方面增强了企业自我约束、自我管理、自我规范、互相监督的责任意识,另一方面弥补了政府食品安全监管不足,降低了行政执法成本。重点研究行业协会参与食品安全规制的理论基础;行业协会参与食品安全规制的现状调查与案例分析;行业协会参与食品安全规制的内部制度和外部制度建设等。

第七,农产品质量安全监管问题研究。农产品质量安全问题产生的原因是多种多样的,但都是由农产品质量安全监管部门、农产品生产经营者、农产品消费者主客观因素所致。要解决农产品质量安全问题,首先,激发农产品质量安全监管部门监管动力,增加其监管压力,充分发挥政府监管的主导作用;其次,强化农产品生产经营者的农产品安全知识,激励其提供优质合格农产品的积极性;再次,加强消费者食品安全知识教育,消除农产品信息不对称问题,发挥农产品质量安全市场调节的决定性作用。

第八,保健食品安全监管研究。保健食品是一项直接关系到人们身体健康和生命安全的产品,保健食品的健康发展关系到国民身体素质水平和国家人口质量问题,保健食品行业的有序发展影响社会主义市场经济的稳定和发展。当前,我国保健食品市场发展较不成熟,消费者对保健食品的专业认识有限,而市面上保健食品种类繁多,广告宣传四处可见,夸大性宣传误导消费者的情况俯拾即是,不规范的市场行为必然要求政府的有效干预。建立有效统一的保健食品监管法律制度是解决保健食品行业发展中面临问题的必然要求。本部分重点研究:保健食品监管理论;保健食品监管法律制度存在的问题;如何完善我国保健食品监管法律制度。

第九,转基因食品安全监管法律问题研究。随着生物技术的快速发展,转基因食品已经走进人们的生活,随之产生的必然是对转基因食品安全性的关注。转基因食品不同于普通的传统食品,是否具有潜在的危害性、致害范围等都尚未明确。因此,本书首先研究转基因食品的安全性问题;在研究欧盟、美国、日本等国家和地区的转基因食品安全立法实践的基础之上,对如何完善我国转基因食品安全法律制度提出了具体的意见与建议。

第十,食品召回制度研究。迄今为止,我国有关食品召回制度的立法,只有《食品安全法》第53条与《食品召回管理规定》。《食品召回管理规定》是由国家质检总局制定的,仅适用于生产环节的食品召回。可见,我国尚未建立从农田到餐桌的全程食品召回制度。从应然角度考虑,食品召回的范围不仅应该覆盖从农田到餐桌的整个食品供应链,还应该覆盖进口食品的进口商。从实然角度考虑,种植养殖环节的食用农产品召回是否可行,值得深入研究。因此,承担食品召回责任的主体应该从食品生产加工企业,扩大到食品批发企业、食品零售企业以及进口食品的经营者。食用农产品的种植养殖户目前暂不宜作为食品召回的责任主体。以责令召回为主建立我国的食品召回模式,激励企业主动召回,统一国家食品召回标准,统一召回信息平台,加强召回食品的后续处理监管。

第二章 文献综述

通过对国内外食品安全监管理论研究文献的总结梳理,可以发现食品安全监管理论的不足及其需要深入研究的领域,为本书的理论研究指明方向。

第一节 国外食品安全监管理论研究现状

一、国外食品安全监管理论研究现状

(一)食品安全监管立法理念

西方发达国家最初的食品安全监管理念是:"只要存在食品消费,就存在食品欺诈。"古撒马利亚曾经通过立法,规定如果旅店的经营者没有提供给其顾客足量的啤酒,将被砍手。1202年英国约翰国王公布了英国第一个食品法,即禁止面包掺假法;1630年美国马萨诸塞湾区殖民地对违反食品监管法的 Nicholas Knopp 公司作出 5 英镑的处罚,1646 年制定了防止面包掺假处罚办法。当时西方国家制定食品安全监管法的主要原因有三:第一,确保食品不缺斤少两;第二,保证

食品安全;第三,满足宗教信仰。其食品监管立法主要规范食品掺假与引人误解的标签。

到了现代,西方国家的食品安全监管立法发生了巨大变化,尤其是美国后来者居上,不仅食品安全监管立法比较完善,立法理念也有较大突破,从过去关注食品单一安全,到强调食品综合安全,不仅要求食品不应包含有可能损害或威胁人体健康的有毒、有害物质,还要求食品必须具有人体需要的营养。食品安全监管研究的重点,也从规范食品掺假和食品标签,扩大到食品添加剂、颜色添加剂、食品安全风险评估、食品召回信息发布、转基因食品、食品安全标准的制定权限等领域;在食品安全责任方面,也从研究食品安全的民事责任、行政责任和刑事责任,到研究有毒食品造成人员伤亡的举证责任,进口食品的安全责任,以及美国公民到外国旅游因食用不安全食品造成人身伤害如何得到救济等领域。2011年1月4日,奥巴马总统签署的《FDA食品安全现代化法》,是过去70多年来美国食品安全监管领域最大的一次改革。美国学者认为,如果全球食物链中的每个生产者对存在致病风险的环节认真对待并且承担起真正的责任,食源性疾病在很大程度上是可以预防、避免的。因此,该法在食品安全监管制度创新方面提出事前预防、严格检查与执法、加强国内各食品安全监管机构合作、强制召回等新理念。

(二) 政府监管之必要

针对政府为什么要介入食品安全监管,国外学者有两种不同的研究视角。一种是从博弈与均衡的视角进行研究。认为监管是各利益主体间的博弈,因此,食品安全监管政策的选择是消费者、生产商、政府等利益团体博弈的均衡解。此类观点的代表物有英国雷丁大学的 Henson 博士和美国马萨诸塞州立大学的 Caswell 教授。因为,不同利益集团的人对食品安全的具体界定(内涵和外延)有不同的理解,对监管的效果也有不同的评判标准。政策制定者为了平衡不同利益集团之间的矛盾,减少对政府的不信任和责难,往往从政治上考虑食品安全监管的目标、监管手段,以恢复公众对其执政能力的信任。玛丽恩·内斯特尔(Marion Nestle, 2004)在《食品政治》一书中认为,美国农产品行业对国会的游说已经限制了政府的监管能力,阻碍了政府提供健康、科学、营养的建议,限制了人们的食品选择,使人们的饮食变化没有季节和地域差别,从而威胁人们的健康。另一种观点认为,政府是公众利益的代理人,实行食品安全监管是弥补市场机制失灵的手段。市场经济是一种以市场为基础配置社会经济资源的经济运行方式,它通过价格信号调节经济体系内各经济主体的各种经济活动。亚当·斯密认为,每一个人行为的动机,主要在于利己,求得自己的利益。利己之心是人类一切经济行为的推动力。要激发利己心对经济的推动力,需要倡导"自由放任"(Laissez-faire)的市场经济。市场经济体制是迄今为止已知的且被实践证明的最有效率的经济制度。然而,现代经济学认为,由于外部性的存在、信息不对称,以及公共物品的生产需要,市场往往在某些领域是失灵的。由于食品安全具有信息不对称、外部不经济以及公共产品的特性,因此,需要政府监管来弥补市场失灵的缺陷(Antel,1995)。按照食品质量信息特性划分了两种情况,即不对称不完全信息(对消费者信息不对称不完全)和对称不完全信息(生产者和消费者都不完全)。作为理性的经济人,生产者追求利润最大化,消费者追求效用最大化,相互对立的两者时时处处都在进行着利益博弈。在市场机制下,食品安全监管政策效能的高低取决于合适的信息制度,这些信息制度的建立和运行需要政府介入。Alan Stone 认为,监管是"政府通过法律的威慑来限制个体和组织的自由选择",其目的在于限制经济主体的决策行为。

(三)食品安全监管模式

关于食品安全监管模式,联合国粮农组织与世界卫生组织在认真总结各国食品安全监管的经验教训基础之上,提出三种可供选择的模式:多部门监管模式、单一部门监管模式、综合部门监管模式。Scott Bass 与 Alan Raul(2004)论证了单一监管部门的优点。

但是,学界认为,各国食品安全形势、食品行业特征、消费者行为模式不同,食品安全监管模式有很大差异(Anne Wilcocky etc.,2004)。现行食品安全监管体系可基本归类为横向监管制度和纵向监管制度(Leon G.M. Gorris,2005)。横向监管制度体现为各种法律法规健全、组织执行机构配套;纵向监管制度体现为实施从农田到餐桌的全过程监管(Caroline Smith DeWaal,2004),常用的方法有食品召回体系、标识制度、追溯制度(Peres B,Barlet N, et al,2007)等。随着食品产业链条的不断延长和国际贸易量的日趋扩大,食品不安全因素越来越复杂、风险越来越大,各国政府不得不重新审视多年来缝缝补补形成的既定食品安全监管制度,纵向监管制度研究成为近年来的研究热点,全程控制理念已被许多国家采纳,也就是说从食品行业整个供应链来调整产业治理结构加强食品安全监管。《欧盟食品安全白皮书》指出,食品安全政策的制定必须建立在统一综合的方法基础上,也就是贯穿"从农田到餐桌"整个食物链,包括所有食品,各成员国之间,欧盟内部和欧盟以外的其他国家、地区,国际和欧盟决策论坛上政策制定的所有环节。作为食品安全管理的国际标准 ISO22000,其目的也在于保证整个食物供应链中没有疏漏。

关于食品供应链中治理结构与食品安全的关系,Maze(2001)运用案例进行了分析;在食品市场上存在的道德风险与产业治理结构中纵向一体化的关系上,Vetter(2002)进行了研究;Hennessy 等(2001)论述了安全食品供应中食品产业领导力量的作用及机制;Weave 等(2001)、Hudson 分别从理论与实证角度分析了食品供应链中的契约协作。他们的研究基于不完全契约理论和交易成本经济学,重点集中在契约协作对食品安全供给影响的理论分析和实证检验上。

一些国家和地区有自己较为独特的监管方法,如英国规制机构要求产业链下游企业对其供应商实行"尽职调查",利用零售商的影响力对上游企业的食品生产活动构成制衡(Christophe Charlier & Egizio Valceschini,2007);欧盟和日本则要求食品生产全过程建立档案,对转基因食品实行需求拉动型管理,实施强制标签(Lin RC,Wang WY & Morris BJ,1999)。

(四)食品安全监管手段研究

① 国外政府监管法律政策的正确制定和有效实施是基于对企业和消费者等微观主体行为的有效认知,国外在市场失灵的情况下,采取的监管方式主要有:诉讼;消费者安全教育和信息提供;发放各类生产许可证;发布行政法规和命令;进行处罚和奖励等。美国、欧盟、德国、日本等都在经济激励的基础上加强了食品预警、检测、认证、追溯、召回、评估、问责等制度。② 在食品安全监管中引入风险分析的理论和方法,由结果管理进入食品生产过程管理阶段。引入经济学的方法,把食品安全纳入市场均衡分析框架中,将复杂的食品安全问题归结为满足食品安全需求的既定目标和提供安全食品的多种可能手段进行选择的问题。代表性人物有 Katherine Clancy(1986)、C.Riston 等。③ 深入研究了 HACCP 体系实施的成本与收益。英国的 Henson,Holt 和 Northen(1999)的实证研究表明,英国乳制品加工企业申请和实施 HACCP 体系的主要成本是员工根据 HACCP 体系的要求建立文件、数据、档案管理方面的成本,实施 HACCP 体系后的最主要收益是企业留住现有客户的能力增强;墨西哥的 Maldonado(2005)的研究表明,墨西哥肉制品加工业实施 HACCP 的主要成本是购置新设备以及进行微生物检测,主要收益则是产品中微生物含量降低。

（五）食品经营企业诚信研究

Kreps(1982)、Roberts&Wilson(1982)等人的信誉模型，研究了信誉对人的行为决策的影响以及企业家信誉机制作用机理；Akerlof(1970)、Klein(1981)等人对企业信誉和产品的质量间的联系进行了研究，指出了产品市场上的逆向选择问题；Allen(1984)认为，经过买卖双方的多次博弈，买方形成一种广泛的信念：产品价格越高，其质量越高；Johanners Horner(2002)从竞争的角度解释了信誉的形成机制；Andersen等(1998)通过对现实信用品市场的考察发现信用品的动态概念；Kirchhff(2000)认为，消费者无法判断信用品真实质量时，会根据产品广告和产品标签内容形成一定的预期。Engel(2006)认为在现实生活中，也有部分生产者本身就愿意生产高质量的产品，他将生产者有限理性引入模型，提出经验品声誉的治理机制。

（六）食品安全责任研究

西方经济发达国家，特别是美国、欧盟以及日本对食品安全法律责任的研究比较深入，但他们研究最多的是食品经营者的侵权责任（如 Jane Massey Draper 等），而不是食品安全监管部门不作为的责任。不过，克尔·罗博克《从义务视角——建立更严格的食品安全制度》与 Marion Nestle 的《食品政治》指出，政府应该承担食品安全监管的责任。这些国家的学者将食品安全法律责任与政治、经济、社会及法治政府结合起来，在研究中大都采用实证主义的研究方法，为我们提供了不可缺少的、可资借鉴的理论资料和实践依据。值得注意的是，西方发达国家在追究责任方面，坚持不能让违法行为得利的理念，不仅严格执法，而且严厉处罚，让违法企业"胆战心惊"。因此，西方发达国家很少发生人为的食品安全事故。

（七）食品安全监管研究的最新动向

食品安全监管制度的实施以提高食品安全绩效为目的，其内容以实现食品安全方针、目标和指标为依据，同时考虑组织的现状和经济技术的可行性。在监管制度的经济分析方面所有 OECD 成员国的政府部门都要求使用科学方法对食品安全监管评估。近年来发达国家开始对食品安全监管进行成本—绩效分析。环境、健康和安全监管成本收益分析（Arrow K.J.，2006）、食品质量调整成本函数模型分析（Antle John M.，2000）等。学者们也将企业履行规制的成本模型（Wang Chun-

Hsuan,Diderrich vina & et,2002)、价格模型(Muth,Mary K.,2003)、一致化分析方法(Davis G.C.,Espinoza M.C.,1998)、博弈论(戴维.M.克雷普斯,2006)等应用于食品安全监管的经济分析中。

二、外国食品安全监管理论评述

国外食品安全问题,特别是西方发达国家食品安全问题,主要是因科学技术发展而引起的食品安全问题或者过失而引起的食品安全问题。对西方发达国近20年发生的食品安全事件研究,不难发现,故意的或人为的食品安全事件几乎没有,即使2013年欧洲"假牛肉"事件,也只是几个利欲熏心的经营者将马肉冒充牛肉,销售到欧盟16个国家,但一旦发现,一查到底,严厉处罚。因此,国外食品安全管理论研究重点有两个:其一是研究如何从农场到餐桌整个食品供应链预防食品安全事故的发生;其二是从科学技术角度如何预防食品安全事故的发生。他们的监管理念、监管手段以及诚信制度建设等方面都体现这一监管特征。

第二节 国内研究现状

一、国内研究食品安全的主要学者

我国对食品安全监管进行综合研究的专家学者主要有：徐景和、李渊、魏益民、刘波、张建成、周应恒、赵明、王海彦、李长健、陈锡文、邓楠、韩俊、唐民皓、张晓燕、蔡美琴、曹斌、张涛、王江华、马丽卿、詹承豫、张永伟、胡楠、周勃、罗小刚、李洪生、张云华、王蕾、杜波、李红枫、谭德凡、秦利、王艳林等。

对中外食品安全监管制度比较研究的专家学者主要有：刘波、徐士新、吴斌、章强华、王胜利、周海鸥、秦富、原英群、于始、王宗玉、李爱君、徐楠轩、吴良志、王兆华、刘雯、李卫东、刘畅、梁进等。

对转基因食品安全研究的专家学者主要有：陈君石、赵兴绪、罗云波、赵兴绪、闻芝梅、许文涛、黄昆仑、邓平建、薛达元、殷丽君、邓平建、张德广、赵兴绪、毛新志、王明远等。

对农产品质量安全研究的专家学者主要有：金发忠、钱永忠、罗云波、刘志扬、李耘、欧阳喜辉、王志刚、刘惠、胡小松、朱彧、孙志永、张玉香、苏昕、毛振宾、任大鹏、陈彦彦等。

对食品国家贸易研究的专家学者主要有：李津京、邵继勇、吴苏燕、石敏俊、王殿华等。

对食品安全监管进行经济学分析的专家学者主要有：詹承豫、王华书、周小梅、颜海娜、蒋抒博、刘宁、岳中刚、吴海华、杨万江、王琳，祁丽芳等。

对食品安全风险管理进行研究的专家学者主要有：赵林度、石阶平、唐晓纯、苏志、于瑞敏、叶军、金培刚、薛庆根等。

其他食品安全研究领域的专家学者主要有：周德翼、吕志轩、张乃明、白新鹏、钱和、包大跃、吕强、陈宗道、李聪、赵文、邓平建、张玉香、李平兰、朱坚、邓晓军等。

二、国内主要研究文献

迄今为止，共出版有关食品安全的专著（教材除外）有200余部，发表相关论文近万篇，博士论文20余篇。

1. 有关食品安全监管基本理论研究

主要专著作有：徐景和的《食品安全综合监督探索研究》与《食品安全综合协调与实务》，魏益民等的《中国食品安全控制研究》，张婷婷的《中国食品安全规制改革研究》，王海彦主编的《食品安全监管》，罗小刚的《食品生产安全监督管理与实务》等。这些著作主要研究食品安全监管基本理论、我国食品安全监管的历史变迁、监管模式、监管手段、监管目标等。关于监管理论，学者们一般从信息经济学角度研究食品的性质，提出国家监管的必要性；关于监管模式学者们有不同的看法，但大多数学者对我国实行分段监管提出质疑，并提出建立统一监管机构的设想；关于监管手段与目标，学者们虽然表述不一，但基本观点是一致的。同时，学者们还大量地介绍了发达国家食品安全理论与监管模式。如，秦富（2003）、林摘（2004）、王兆华（2004）、兰萍（2008）等。可见，中国采取什么监管模式是大家争论的焦点。关于监管模式，世界卫生组织提出三种模式供各国选择：单一监管模式、多部门监管模式与综合监管模式。中国究竟采取哪种监管模式，应该结合中国的国情以及食品安全监管的实际需要而决定。

有关全过程监管的相关研究。刘为军(2006)按所处的历史阶段将食品安全控制划分为传统食品安全控制和现代食品控制,其中现代食品控制以科学的全程综合控制和主动保障控制为标志。鉴于食品安全问题大多产生于食品供应链的不同环节中,越来越多的学者认为,应从供应链角度对食品安全进行控制,夏英等(2001)从质量标准体系和供应链综合管理的角度讨论了食品安全保障问题;食品市场是"柠檬市场",从信息不对称理论出发,王秀清(2002)提出应从食品产业链整体出发进行监管,促进食品质量信号有效传递以确保食品安全;林摘等(2004)对食品产业链中食品安全管理模式进行了研究,通过对食品产业链的分析,认为建立保障食品安全全过程的公共管理机制尤为必要。周婷等(2005)认为,食品从最初的生产到最终食用的整个过程没有进行紧密的链条管理是产生食品安全问题的根本原因,这些过程包括原材料的种植、养殖、生产、加工、食用等全过程,违法链条越来越长(张芳,2007),而全过程规制可避免类似"苏丹红"事件的再次发生(马新,2005)。陆勤丰(2002)、周德翼等(2008)指出,应将食品的种植、生产加工、储藏、流通等环节与政府相关主管部门联合控制,用政府相关部门对食品安全的一体化监管与供应链管理相结合的原则来保障食品安全;韩月明、赵林度(2005)在研究了超市食品的供应链管理和物流的特点后,认为应借鉴配送中心的超市食品的供应链管理的特点来制定食品安全的相关控制方法和保障;吴德俊等(2005)认为,应借鉴生态系统集成原理,建立以食品工农业相结合的安全控制模式,来保障食品质量安全。周峰(2008)研究发现,发达国家在食品监管体系构建中积极推行从田间到餐桌的全过程管理,通过制定完善的质量安全标准、加强质量认证、建立严格的检测监督体系等手段实现整个供应链的全过程管理。毛振宾(2009)指出,国际上食品安全监管制度发展总的趋势是国际化、信息化、一体化、标准化、规范化、法制化、全程化,行政管理强调统一协调、权威高效、权责明晰,技术支撑要求综合性、专业化和成体系,推行政府"可持续性治理"。尽管学界提出实现无缝监管的各种对策,但都没有有效地解决中国食品安全事故频发的实际问题。

2. 有关食品安全监管制度创新研究

到目前为止,有关食品安全监管制度创新的研究,在我国几乎尚属空白。除了2009年刘俊海在《法学论坛》发表的几篇有关食品安全监管制度创新外,既没有出版有关专著,也没有发表其他有关论文。但对本书具有一定参考价值的专著有十余本,其作者分别是:王宏伟、余兴安、钱再见、于喜富、蔡文浩、谭希培、董克用、孙哲、张卫平、苏晓宏、陈富良、李春英、张缨、夏大慰、郭正林。

3. 有关食品安全违法成本研究

迄今为止,国内学者尚未出版有关食品安全违法成本研究的专著,有关食品安全违法成本的论文也仅有1篇,其他相关论文也不到10篇。可以说,我国食品安全违法成本研究刚刚起步。

4. 有关监管手段创新研究

目前我国尚未出版有关食品安全监管手段的专著,但有关著作曾论及食品安全监管手段,如徐景和(2008)等。相关论文也不到10篇,而且大多是实务界的学者撰写,可见,这一问题并未引起理论界的关注。

5. 有关影响食品安全的因素研究

赵霖(2001)、宁望鲁(2001)等指出影响食品安全的因素有8个:① 环境污染;② 种植、养殖业源头污染;③ 食品添加剂(防腐剂);④ 微生物引起的食源性疾病;⑤ 新原料、新工艺带来的食品安全问题,如转基因食品的安全性;⑥ 市场和政府现有措施失灵,如假冒伪劣、食品标识滥用、违法生产经营等;⑦ 科技进步对食品安全的挑战;⑧ 境外食品安全问题对国内的影响。金征宇等(2005)将食品安全的影响因素概括为食品体制、社会因素、环境因素、生活方式改变、人群变化、国际贸易、旅游增加、食品供应全球化贸易的增多等方面,并通过经济角度最终将食品安全的影响因素归纳总结到经济方面。发达国家对食品安全影响因素的研究主要集中在:由于经济发达、科技进步而应用新技术、新工艺导致食品安全的不确定性问题;对食品生物恐怖主义的研究在近10年也被美国等国家的部分学者所关注。国内学者主要关注环境污染,农业种植、养殖业的源头污染,食品添加剂(防腐剂),市场和政府现有措施失灵等因素对食品安全的影响。但对如何防范食品经营者故意掺假掺杂,违规添加违禁物品研究不足。

6. 有关转基因食品安全性研究

主要专著有:赵兴绪《转基因食品生物技术及其安全评价》,陈君石、闻芝梅《转基因食品:基础知识及安全性》,许文涛、黄昆仑《转基因食品社会文化伦理透视》,毛新志《转基因食品的伦理审视》,殷丽君等《转基因食品》,邓平建等《转基因食品食用安全性和营养质量评价及验证》,邓平建《转基因食品释疑》,王明远《转基因生物安全法研究》,薛达元《转基因生物风险与管理:转基因生物与环境国际研讨会论文集》《转基因生物环境影响与安全管理:南京生物安全国际研讨会论文集》《转基因生物风险评估与安全管理:生物安全国际论坛第三次会议论文集》等。关于转基因食品,人们争论的焦点是转基因食品是否安全,无论是自然科学界,还是社会科学界对此都有不同的看法。有的持同质原则,有的持谨慎原则。国外对此也有较大的分歧,转基因技术发达、食品出口国家,如美国持同质原则,欧盟各国则持谨慎原则。

7. 有关食品经营者行为的研究

杨彤(2004)分析了中国食品企业 HACCP 体系及相关法规,通过与国际规则的比较,提出了促进我国 HACCP 体系实施的"双层金字塔"理论,重点提出了食品安全违法成本这一观点。白丽(2004)等通过实证研究考察了实施 HACCP 体系的食品企业的特征,并对食品安全违法成本进行了研究。顾绍平(2007)分析了中国 HACCP 体系的应用现状与对策,认为提高食品安全违法成本应该成为中国政府食品安全监管的重要政策,政府应该从宏观层面制定提高食品安全违法成本的相关政策,应用 HACCP 体系、实施全过程控制的食品安全管理体系。熊正河、陈之贵(2007)研究了中国食品工业良好操作规范(Good Manufacturing Practice,GMP)的应用和发展趋势,认为建立食品 GMP 体系应成为当前食品安全管理体系中的重要组成部分,应通过这一体系合理提出提高食品安全违法成本的方针政策,建设可操作性强的食品工业 GMP 体系。张云华(2007)通过对四川省井研县 58 个村的抽样调查,分析了食品生产厂商实行标准化安全生产的成本和收益。结论表明食品生产厂商遵守标准化安全生产仍能达到较高收益。

8. 有关食品安全责任研究

国内近年来关于食品安全法律责任的研究主要集中在理论研究和应用研究两方面。理论研究:从宏观角度论述的有张旭《食品安全法律责任制度研究》,刘水林《从个人权利到社会责任——对我国食品安全法的整体主义解释》;从微观角度论述的有陆仲寅《浅析食品安全事故法律责任的认定》,彭飞荣《风险与食品安全的法律责任分配》,王正浩《中美食品安全制度中政府责任的比较研究》,张潇《国际食品安全法律责任问题研究》等。应用研究:论述各法定主体应承担的责任的有姚仕真《食品安全事故的国家赔偿责任》,董杰《我国食品安全监管主体行政责任研究》,罗琳娜《论政府监管食品安全的法律责任》,葛笑辰《食品安全法中代言人的法律责任》,陈豪《食品安全法中明确规定食品经营者应承担的法律责任》,孟晓媚《食品安全法中明星代言人连带法律责任研究》;论述承担法律责任的种类的有程之高《违反我国食品安全法的刑事责任追究》,陶丽琴《食品安全法的法定召回义务及其民事责任》,胡易庚《食品安全强制责任保险制度研究》;论述食品安全事故中的行政责任问题的有金梦《食品安全民事责任研究》,王丽丽《食品安全事故民事责任研究》等。上述研究成果,涉及面比较广,对食品安全法律责任作了较为详尽的研究,取得了后人可资借鉴的理论和应用成果。但上述研究成果对食品安全法律责任的基础理论阐述不够深入,对切合中国实际的食品安全法律责任制度构建的探索显得较为薄弱。因此,在食品安全监管中,政府未能及时、准确、恰当地实施食品安全违法责任追究制度,以保证我国食品安全制度的全面落实。

三、国内研究文献评述

我国食品安全监管理论研究落后于实践,且研究体系很不完善,有待于进一步研究。其主要表现是,理论研究多,实证研究少;借鉴外国的多,符合中国实际的少;系统研究少,零碎研究多。比如学界公认我国食品安全事故频发的主要原因之一是处罚过轻,但如何对违法企业进行处罚,违法企业怎样根据其过错程度承担法律责任几乎没有人研究。再如,虽然学者开始运用公共治理理论研究食品安全社会共治,将社会共治的主体界定为企业、政府、第三方,但对这三方的关系研究,仍然没有脱离西方国家的影响,甚至将西方国家的公共治理理论直接应用于我国食品安全社会共治,这样研究所得出的结论不符合中国实际,不能保证中国食品安全,因此,必须研究具有中国特色,且符合中国国情的食品安全监管理论体系,构建中国食品安全社会共治理法律机制。

第三章 食品安全监管基本理论

市场失灵需要政府监管,政府失灵需要充分发挥市场调节,这一逻辑推理似乎是学界,尤其是经济法学界的共识。但笔者却对此有不同的看法,即市场失灵需要政府监管,政府失灵需要社会共治。因此,食品安全社会共治是解决食品安全问题的治本之策。根据利益相关者理论,食品安全社会共治的主体是:政府食品安全监管部门、食品生产经营企业、食品行业协会、食品消费者与社会监督主体。

第一节 食品安全基本概念

食品安全监管理论研究涉及食品、食品安全与食品安全监管等基本概念,由于学界对这些基本概念的理解不同,直接导致我国有关法律法规对这些基本概念作出不同的规定,因此,必须厘清这些基本概念在本书中的基本含义。

一、食品

食品是人类赖以生存和繁衍的物质基础,人们每天必须摄取一定数量的食物来维持自己的生命与健康,保证身体的正常生长、发育和从事各类活动。我国唐朝孙思邈在《千金食治》中写道："安身之本，必资于食……不知食宜者，不足以存生也。"这是对民以食为天的精辟说明。据统计，一个70岁的人在一生中从饮食摄取大约75吨水、17.7吨碳水化合物、2.5吨蛋白质、1.3吨脂类，合计高达96.3吨。

但是，食品不同于食物，食物是可以充饥的东西。对于什么是食品，人们有不同的理解。在《中华人民共和国食品卫生法》中，食品是指各种供人食用或饮用的成品和原料以及按照传统既是食品又是药品的物品，但不包括以治疗为目的的物品。食品应当无毒、无害、符合应当有的营养要求，具有相应的色、香、味等感官性状。《食品生产加工企业质量安全监督管理实施细则（试行）》第3条规定："本细则所称食品是指经过加工、制作并用于销售的供人们食用或者饮用的制品。"而《食品工业基本术语》对食品的定义是："可供人类食用或饮用的物质，包括加工食品、半成品和未加工食品，不包括烟草或只作药品用的物质。"现行《食品安全法》第99条第1款规定："食品，指各种供人食用或者饮用的成品和原料以及按照传统既是食品又是药品的物品，但是不包括以治疗为目的的物品。"也有学者认为："应当将食品界定为用于人食用或饮用的经过加工、半加工或者未经过加工的物质，并包括饮料、口香糖和已用于制作、制备或处理食品的物质，但不包括化妆品、烟草或只作为药品使用的物质。"[①]广义的食品概念还涉及所有生产食品的原料、食品原料种植、养殖过程接触的物质和环境、食品的添加物质、所有直接或间接接触食品的包装材料、设施以及影响食品原有品质的环境。人们对食品含义的理解虽然各不相同，但都是从不同的角度共同揭示了食品的内涵，有利于人们对食品内涵的理解。一般来说食品应具备以下特征：

首先是具有安全性，即食品应当无毒、无害。"无毒无害"是指正常人在正常食用情况下摄入可食状态的食品，不会造成对人体危害。无毒无害不是绝对的，允许食品中含有少量的有毒有害物质，但是不得超过国家食品卫生标准规定的有毒有害物质的限量。这是由食品的特性所决定的，因为食品是一种"经验产品"，甚至是"后经验产品"，对于一种食品，消费者只有购买并食用之后才能对其效用做出比较准确的评价，有时由于残留的剂量比较小和潜伏期的存在，消费者在食用后仍不能立即对该食品的效用做出准确的评价，有的要等到几十年后才知晓结果。因此，食品不能含有任何对人体造成任何危害的成分，必须保证不致人患急、慢性疾患或者

---

① 王艳林.食品安全法概论[M].北京：中国计量出版社，2005：16.

潜在性危害。但在判定食品是否为无毒无害时,应排除某些过敏体质的人食用某种食品或其他原因产生的毒副作用。

其次是符合应当有的营养要求。营养要求不但应包括人体代谢所需的蛋白质、脂肪、碳水化合物、维生素、矿物质等营养素的含量,还应包括该食品的消化吸收率和对人体维持正常的生理的调节作用。如超保质期限的奶粉,溶解度降低,消化吸收率低,易引起婴儿腹泻,即属不符合应当有的营养要求。

再次是具有相应的色、香、味等感官性状,以满足人们不同的嗜好和感官要求。相应的色、香、味是指食品固有的和加工后应有的色、香、味,还应包括各种食物的澄清、混浊,组织状态上的软、硬、松、紧、弹性、韧性、黏、滑、干燥、湿润及其他一切凭人体感觉器官所能判定的性质和状态。

二、食品污染

食品污染,是指食品从原料种植、生长到收获、捕捞、屠宰、加工、贮存、运输、销售到食用前的各个环节受到有毒有害物质的侵袭,造成食品安全性、营养性或感官性发生改变,并含有或人为添加的对人体健康产生急性或慢性危害的物质。随着科学技术的不断发展,各种化学物质的不断产生和应用,有害物质的种类和来源也进一步繁杂,食品污染大致可分为:食品中存在的天然有害物;环境污染物;滥用食品添加剂;食品加工、贮存、运输及烹调过程中产生物质或工具、用具中的污染物。食品污染按外来污染物的性质可分为生物性污染、化学性污染和放射性污染三大类。

(一) 生物性污染

生物性污染是指食品在加工、运输、贮藏、销售过程中被有害的细菌、病毒、寄生虫和真菌等污染。生物性污染主要有:微生物污染、植物自身污染、昆虫污染等。

1. 微生物污染

食品微生物污染,是指食品在加工、运输、贮藏、销售过程中被细菌与细菌毒素、霉菌与霉菌毒素和病毒微生物及其毒素污染。食品微生物污染主要包括细菌及细菌毒素污染和霉菌及霉菌毒素污染。因此,了解微生物污染源及途径,对于维护人体健康,加强食品安全监管具有非常重要的意义。一般说来,污染食品的微生物来源可分为土壤、空气、水、操作人员、动植物、加工设备、包装材料等方面。

土壤。土壤中含有大量的可被微生物利用的碳源和氮源,具有一定的保水性、通气性,有利于微生物的生长繁殖。土壤中细菌和放线菌占有比例最大。其次是真菌、藻类和原生动物。

空气。空气中虽然不具备微生物生长繁殖所需的营养物质和充足的水分条件,而且经常受到日光紫外线照射,不是微生物生长繁殖的场所。但是,空气中确实含有一定数量的微生物,主要为霉菌、放线菌的孢子和细菌的芽孢及酵母。它们来自土壤、水、人和动植物体表的脱落物和呼吸道、消化道的排泄物,随风飘扬而悬浮在大气中。

水。水有淡水与咸水之分,但之中都生存着相应的微生物。由于不同水域中的有机物和无机物种类和含量、温度、酸碱度、含盐量、含氧量及不同深度光照度等的差异,因而各种水域中的微生物种类和数量差异比较大。一般来说,水中有机物质含量越多,微生物的数量也就越大。

人及动物体。从事食品生产加工的人员,如果他们的身体、衣帽不经常清洗,不保持清洁,就会有大量的微生物附着其上,通过皮肤、毛发、衣帽与食品接触而造成污染。在食品的加工、运输、贮藏及销售过程中,如果被鼠、蝇、蟑螂等直接或间接接触,同样会造成食品的微生物污染。试验证明,每只苍蝇带有数百万个细菌,80%的苍蝇肠道中带有痢疾杆菌,鼠类粪便中带有沙门氏菌、钩端螺旋体等病原微生物。当人或动物感染了病原微生物后,体内会存在有不同数量的病原微生物,它们可以通过直接接触或通过呼吸道和消化道向体外排出而污染食品。

加工机械及设备。食品加工机械设备本身没有微生物所需的营养物质,不会污染食品,但在食品加工生产结束时,如果没有及时对机械设备进行彻底灭菌,使原本粘附在加工机械设备上的少量微生物得以在其上大量生长繁殖,成为微生物的污染源。

食品包装材料。食品包装材料如果没有经过严格的处理也会带有微生物。一次性包装材料通常比多次使用的包装材料所带有的微生物数量要少。

2. 植物自身污染

植物自身污染是指可导致食物中毒的食用植物污染,主要有三种:将天然含有对人体有毒有害成分的植物或其加工制品当作食品食用,如桐油、毒蘑菇、大麻油等;在加工过程中未能破坏或除去有毒有害成分的植物当作食品,如木薯、苦杏仁等;在一定生产条件下,产生了大量的有毒有害成分的可食的植物性食品,如发芽的马铃薯等。

3. 昆虫污染

污染食品的昆虫主要包括粮食中的甲虫、螨类、蛾类以及动物食品和发酵食品中的蝇、蛆等。

污染食品的寄生虫主要有绦虫、旋毛虫、中华枝睾吸虫和蛔虫等。污染源主要是患者、病畜和水生物。污染物一般是通过患者或病畜的粪便污染水源或土壤,然后再使家畜、鱼类和蔬菜受到感染或污染。

粮食和各种食品的贮存条件不良,容易滋生各种仓储害虫。例如粮食中的甲虫类、蛾类和螨类;鱼、肉、酱或咸菜中的蝇蛆以及咸鱼中的干酪蝇幼虫等。枣、栗、饼干、点心等含糖较多的食品特别容易受到侵害。昆虫污染可使大量食品遭到破坏,但尚未发现受昆虫污染的食品对人体健康造成显著的危害。

(二) 化学性污染

化学性污染,是指农用化学物质、食品添加剂、食品包装容器与材料和工业废弃物的污染,汞、镉、铅、砷、氰化物、有机磷、有机氯、亚硝酸盐和亚硝胺及其他有机或无机化合物等所造成的污染,以及食品在烘烤、熏、腌、腊制中使用高温烹调不当产生的致癌物质、食品加工机械管道等造成的污染。化学性食物中毒的发病率仅次于细菌性食物中毒。最常见的是因农药、化肥、鼠药、亚硝酸盐及镉、铅、砷等有毒化学物质大量混入食品所致。这类食物中毒的症状比较严重。

食品的化学污染来源广、品种多、成分复杂,主要包括以下六类:① 无机污染物质。污染水体的无机污染物质有酸、碱和一些无机盐类。酸碱污染使水体的pH值发生变化,妨碍水体自净作用,还会腐蚀船舶和水下建筑物,影响渔业。② 无机有毒物质。污染水体的无机有毒物质主要是重金属等有潜在长期影响的物质,主要有汞、镉、铅、砷等元素。③ 有机有毒物质。污染水体的有机有毒物质主要是各种有机农药、多环芳烃、芳香烃等。它们大多是人工合成的物质,化学性质很稳定,很难被生物所分解。④ 需氧污染物质。生活污水和某些工业废水中所含的碳水化合物、蛋白质、脂肪和酚、醇等有机物质可在微生物的作用下进行分解。在分解过程中需要大量氧气,故称之为需氧污染物质。⑤ 植物营养物质。主要是生活与工业污水中的含氮、磷等植物营养物质,以及农田排水中残余的氮和磷。⑥ 油类污染物质。主要指石油对水体的污染,尤其海洋采油和油轮事故污染最甚。但危害最严重的是化学农药、有害金属、多环芳烃类如苯并(a)芘、N-亚硝基化合物等污染物。

化学性污染物对人体的危害有急性危害、慢性危害和远期危害。急性中毒时表现为集体性食物中毒,污染物有农药,金属铅、铜、砷、汞等。慢性中毒主要发生在砷、汞、镉等金属的长期摄食。远期危害主要表现为致畸、致癌、致突变的"三致"后果。

造成化学性污染的原因有以下几种:① 农业用化学物质的广泛应用和使用不当。② 使用不合卫生要求的食品添加剂。③ 使用质量不合卫生要求的包装容器,造成容器上的可溶性有害物质在接触食品时进入食品,如陶瓷中的铅、聚氯乙烯塑料中的氯乙烯单体都有可能转移进入食品。又如包装蜡纸上的石蜡可能含有苯并(a)芘,彩色油墨和印刷纸张中可能含有多氯联苯,它们都特别容易向富含油脂的食物中移溶。④ 工业的不合理排放所造成的环境污染也会通过食物链危害人体健康。

(三) 放射性污染

放射性污染,是指由于人类活动造成物料、人体、场所、环境介质表面或者内部出现超过国家标准的放射性物质或者射线。食品的放射性污染,是指食品吸附或吸收外来的(人为的)放射性核素,使其放射性高于自然本底。放射性核素通过食物链可以进行生物富集作用。放射性污染通过食品污染而进入人体内,可以导致血液学改变、组织病变,甚至致癌、致畸等,威胁人体健康。

食品中的放射性物质既有来自地壳中的放射性物质,称为天然本底,也有来自核武器试验或和平利用放射能所产生的放射性物质,即人为的放射性污染。食品可以吸附或吸收外来的放射线核素中半衰期较长的 139Cs 和 90Co 最具卫生学意义。

据统计,天然本底放射性核素已经超过 40 种,它们分布于空气、土壤与水体中,也参与外环境与生物体间的物质交换过程中。因此,动植物体内均有不同程度的放射性核素存在。

人为的放射性污染主要来自核爆炸的沉降尘、核工业与其他工农业生产活动及医学与其他科学实验中使用核素后的废弃物(水、气、渣)污染、意外事故泄漏等。核爆炸试验、核爆炸裂变产物中具有意义的核素一般产量大、半衰期较长,摄入量较高,或者虽然产量小但在体内排出期长,如锶 89、锶 90、铯 137、碘 131 等。核试验后,这些放射性物质能较长时期存在于土壤和动植物组织中。

三、食品安全

"人人有饭吃"曾是人类世世代代奋斗的目标,第二次世界大战后联合国一成立,就设立了联合国粮食与农业组织(Food and Agriculture Organization of the United Nations),简称联合国粮农组织(FAO),其主要任务是在全球实现"粮食安全"(Food Security),即粮食的供需安全。但直到1974年11月,联合国粮农组织在世界粮食大会上通过《世界粮食安全国际约定》,才第一次提出了"食物安全"的概念。其定义为:"保证任何人、在任何时候都能得到为了生存和健康所需要的足够的粮食。"同时还提出了一个粮食安全系数,即世界粮食结转库存(期末库存)至少相当于当年粮食消费量的17%～18%。在17%以上为安全,低于17%为不安全,低于14%为粮食紧急状态。最初的粮食安全概念主要讲的是数量要求,即必须有足够的物质保证,体现出对粮食的自然属性的重视。由于1970年全球经历了第二次世界大战以后30年来最严重的粮食危机,所以,1974年11月的世界粮食大会通过的《消除饥饿与营养不良世界宣言》与《世界粮食安全国际约定》一致认为,消灭饥饿是国际大家庭中每个国家,特别是发达国家和有援助能力的其他国家的共同目标,保证世界粮食安全是一项国际性的责任。

然而,随着世界经济和社会的发展及科技的进步,人人能够"获得足够、安全和富有营养的食物"成为人们奋斗的目标。粮食与食物安全的概念也随着人民生活水平的提高发生了变化。1983年联合国粮农组织又将食物安全的最终目标确定为"确保所有人在任何时候都有能力获得他们所需要的基本食物"。时任联合国粮农组织总干事的爱德华·萨乌马解释"确保所有人在任何时候既买得到又买得起他们所需要的基本食品"时说,这个概念包括四项具体要求:① 确保生产足够多的食品(Availability of Food),即为适应人口增长和饮食结构变化提供持续有保障的食品供应的能力;② 最大限度地稳定食品供应(Sustainability of Food Supply),即确保市场食品价格稳定并处于合理水平之下,使消费者能够承担得起;③ 确保所有人都能获得满足基本营养需求的食品(Accessibility to Food),这包括两个方面的含义,一是有足够的食品供应以满足消费者需求,二是消费者有足够的购买力,能够买得起;④ 食品质量安全(Food Safety/Quality and Preference),即消费者所购买和消费的食品是安全的、高质量的,并符合其消费偏好。也就是说为确保粮食安全,既要发展生产,提高粮食供应量,又要建立起稳定的粮食供应机制,同时还要不断增加收入,提高购买力。这一论述使粮食安全的概念更加丰富,目标更加明确。1996年11月世界粮食首脑会议通过的《罗马宣言》和《行动计划》,对世界食物安全的表述是:"只有当所有人在任何时候都能够在物质上和经济上获得足够、安全和富有营养的食物,来满足其积极和健康生活的膳食需要和食物喜好时,才实现了食物安全。"①可见,经过 20 余年的发展,"食物安全"的概念已经发生了很大变化。

实际上,联合国粮农组织最初提出食品安全保障(Food Security)的概念时,已经涵盖了食物供需平衡和营养平衡及食品质量安全(Food Safety)。但由于当时全世界正面临着严重的粮食危机,我国粮食也长期短缺,就将 Food Security 翻译为"粮食安全"。② 可是在 20 世纪 80 年代我国及其他国家的温饱问题得到解决以后,"粮食安全"一词已经不能全面表达"食品安全"的内涵,尤其是环境污染、食品污染以及重大食品安全事件频繁发生,"食品安全"成为当今世界关注的热点。

但是关于食品安全的概念,不仅有关国际组织有不同认识,学术界也有不同的看法。世界粮农组织(WFO)对食品安全的定义是,为每个人在任何时候都能得到安全的和富有营养的食物,以维持一种健康、活跃的生活。世界银行对食品安全的定义为:所有人在任何时候都能获得足够的食品,保证正常的生活。国际食品卫生法典委员会将食品安全定义为:食品安全是指消费者在摄入食品时,食品中不含有害物质,不存在引起急性中毒、不良反应或潜在疾病的危险性。或者是指食品中不应包含有可能损害或威胁人体健康的有毒、有害物质或因素,从而导致消费者急性或慢性中毒或感染疾病,或产生危及消费者及其后代健康的隐患。世界卫生组织(WHO)从食品卫生的角度,将食品安全定义为:确保食品消费对人类健康没有直接或潜在的不良影响。从食品质量安全的角度考虑,又将食品安全界定为:"对食品按其原定用途进行制作、食用时不会使消费者健康受到损害的一种担保。"

在学术界,人们对食品安全的概念也有不同的理解,概括起来有广义与狭义之分。广义的食品安全是指食品数量安全、食品质量安全、食品来源可持续性安全和食品卫生安全。狭义的食品安全仅指食品质量安全或食品卫生安全。

食品数量安全。亦称食品安全保障,是指一个单位范畴(国家、地区或家庭)能够生产或提供维持其基本生存所需的膳食需要,从数量上反映居民食品消费需求的能力。它是通过这一单位范畴的食品获取能力来反映,以发展生产、保障供给为特征。强调食品数量安全是人类的基本生存权利。食品数量安全问题在任何时候

---

① 任丽梅.构建我国食品安全保障网[J].前进论坛,2003(6):33-34.
② 由于当时世界正面临着严重的粮食危机,所以当时将 Food 翻译成为粮食,但《牛津高阶英汉双解词典》对 food 的解释为:1. any substance that people or animals eat or drink or plants take in to maintain life and growth; 2. specific kind of food.

都是各国,特别是发展中国家所需要解决的首要问题,事关国家之存亡,没有哪一个国家不重视食品数量安全,特别是像中国这样的人口大国,食品数量安全尤其重要。令人鼓舞的是经过世界各国多年坚持不懈的努力,目前,全球食品数量安全问题从总体上基本得以解决,食品供给已不再是主要矛盾,虽然一些地区与不同人群之间仍然存在不同程度的食品数量安全问题。

食品质量安全。是指一个单位范畴(国家、地区或家庭)从生产或提供的食品中获得营养充足、卫生安全的食品消费以满足其正常生理需要,即维持生存生长或保证从疾病、体力劳动等各种活动引起的疲乏中恢复正常的能力。食品质量安全状态就是一个国家或地区的食品中各种危害物对消费者健康的影响程度。它是以确保食品卫生、营养结构合理为特征。强调食品质量安全是人类维持健康生活的权利。[1] 随着食品数量供应得到保障,维护食品质量安全的要求日益变得迫切,全世界面临控制食品安全的严峻考验。

食品来源的可持续性安全。从发展的角度,要求食物的获取注重对生态环境的良好保护和资源利用的可持续性,即确保食物来源的可持续性。食品是人类的生存基础,它能否可持续获取关系人类未来的生存和发展。每一个国家都必须保护好环境,合理利用自然资源,切实保障食品的可持续获取,使食品供给既能满足当代人的需求,又不对满足后代人的需要产生威胁。可见,食品的可持续获得是食品数量安全的内容之一,已经成为食品安全的重要内容。

食品卫生安全。即指为防止食品在生产、收获、加工、运输、贮藏、销售等各个环节被有害物质(包括物理、化学、微生物等方面)污染,使食品有益于人体健康,所采取的各项措施。食品卫生安全主要是防止在食品中出现威胁人类健康的有毒有害因素,保护人类健康,提供有益健康的食品。

2006年2月27日国务院制定的《国家重大食品安全事故应急预案》将食品安全定义为:"食品中不应包含有可能损害或威胁人体健康的有毒、有害物质或不安全因素,不可导致消费者急性、慢性中毒或感染疾病,不能产生危及消费者及其后代健康的隐患。"[2]可见,在该预案中,食品安全主要是指食品质量卫生安全。它既包括生产安全,也包括经营安全;既包括结果安全,也包括过程安全;既包括现实安全,也包括未来安全。但该预案对食品安全的定义不包括食品可持续性安全,尽管该预案在附则部分指出:"食品安全的范围:包括食品数量安全、食品质量安全、食

---

[1] 李哲敏.食品安全内涵及评价指标体系研究[J].北京农业职业学院学报,2004(01):19-23.
[2] 参见2006年2月27日国务院《国家重大食品安全事故应急预案》附则部分。

品卫生安全。"①《食品安全法》规定："食品安全,指食品无毒、无害,符合应当有的营养要求,对人体健康不造成任何急性、亚急性或者慢性危害。"因此,《食品安全法》对食品安全的规定侧重于食品的卫生安全或质量安全,而将不涉及质量安全的掺假掺杂食品排除在《食品安全法》调整之外。

事实上,食品生产经营者损害食品消费者的利益,主要表现在两个方面:其一是食品被污染或添加有毒有害物质,损害食品消费者的身体健康;其二是制售掺假掺杂食品,侵害食品消费者的经济利益。

通过上述分析可知,从食品安全的概念提出到现在,40年来,社会经济发生了巨大变化,人们对"食品安全"概念的认识也不断深化。从最初将食品安全简单地理解为数量安全,到现在对食品安全概念的综合理解,尽管人们并没有取得一致的认识,但食品安全的内涵包括了几个大的方面:从数量的角度,要求人们既能买得到、又买得起需要的基本食物;从质量的角度,要求食物的营养全面、结构合理、卫生健康;从发展的角度,要求食物的获取注重生态环境的保护和资源利用的可持续性。

但在本书中,我们仅从法律意义来理解食品安全的概念,即食品安全是指食品(食物)的种植、养殖、加工、包装、贮藏、运输、销售、消费等活动符合国家强制标准和要求,不存在可能损害或威胁人体健康的有毒有害物质以导致消费者病亡或者危及消费者及其后代的隐患,且不存在任何掺假掺杂,即使这些掺假掺杂物品对人体健康没有任何危害。该概念表明,食品安全涵盖从田间到餐桌的全过程安全,既包括现实安全,也包括未来安全,还防止经营者经济欺诈。

食品安全具有三个显著特征:

第一是质量安全。食品是否存在质量安全隐患,应当以食品安全标准作为判断依据。食品安全标准是指食品安全国家标准、食品安全地方标准和食品安全企业标准。质量安全包括安全性状、营养性状与外观性状。安全性状包括物理指标、化学指标与生物指标;营养性状包括卫生指标与营养指标;外观性状包括包装指标与感官指标。值得注意的是,有不少学者认为,2004年安徽阜阳奶粉事件不属于食品质量安全事件,而是食品造假事件。② 营养不达标不能被认为是不安全食品,而是假冒奶粉。奶粉生产企业将非乳品原料冒充干燥浓缩鲜乳,不能满足婴幼儿

---

① 参见2006年2月27日国务院《国家重大食品安全事故应急预案》附则部分。
② 刘录民.我国食品安全监管体系研究[D].咸阳:西北农林科技大学,2009.

生长发育所必需的营养性状,直接导致 12 名婴儿死亡。如果成人食用这些奶粉不会产生任何安全问题。笔者对此持不同意见。因为,国家对婴幼儿奶粉标准有特别规定,凡是不符合该标准的婴幼儿奶粉都是不安全食品。

第二是不存在经济欺诈,主要是指食品不存在有毒有害物质,但存在掺假掺杂、以次充好、虚假标签等等欺诈消费者的行为。因此,"不安全的食品"并不仅仅指有毒有害的食品和"不符合应当的营养要求的食品",还包括掺假掺杂食品、假冒伪劣食品等。自 2008 年三聚氰胺奶粉事件曝光之后,"不安全"食品或称"问题"食品的报道屡屡见诸报端。记者在报道时常常会在问题食品名称前冠以"剧毒""致癌"等字眼,以提示人们这些食品的有毒有害性,比如南阳毒韭菜、沈阳毒豆芽、宜昌毒生姜、海南毒豇豆、台湾塑化剂有毒食品、毒竹笋……然而,"有毒有害"仅仅是"不安全"食品的一种表现,还有另外一种表现也应引起足够的重视,那就是"不符合应当的营养要求"。比如"牛肉膏"。2011 年 4 月 15 日新华网报道了"多地用牛肉膏制造假牛肉多吃致癌"的新闻,①一时间人心惶惶,很多人都对自己在外食用的牛肉产生了怀疑和恐惧。不过,报道发出仅仅一天之后,就有人发出了一篇"辟谣"文章,指出"牛肉膏"被妖魔化了,认为"不能仅仅因为它(牛肉膏)是'添加剂'就认为它有害,甚至用'慢性中毒,畸形甚至可能致癌'来吓唬公众"。② 随后《南方周末》也刊登了《广州工商局:牛肉膏未被国家禁用算合法》的报道,指出"牛肉精粉(膏)是一种复合食品添加剂,适量食用对人体健康是无害的"。③ 至此,人们始觉虚惊一场。然而,笔者对此仍然不无担忧。因为,牛肉膏作为一种食品添加剂被适量使用虽然无毒无害,但是却使得人们追求的营养价值完全落空。人们本来购买牛肉、食用牛肉是为了追求其蛋白质含量高、脂肪含量低、氨基酸组成比猪肉更接近人体需要的营养价值,然而牛肉膏的使用显然使得这种价值大打折扣,甚至完全不能满足人们对于营养的需求。如果长期食用这样的"牛肉",即使不会致癌,是不是可能会导致营养的缺乏和失衡?笔者认为,这种营养的缺乏和失衡导致的危害也许并不亚于直接的毒害。"大头娃娃"事件也是"不符合应当的营养要求"的食品导致消费者受损受害的典型例证,就是因为某些劣质奶粉的蛋白质、脂肪等营养成分不达标,不能满足婴儿对于营养的需求,从而导致婴儿长期的营养匮乏,积重难返,严重地影响了婴儿的成长发育,危害巨大。因而笔者认为,这种"不符合应当的

---

① 2011 年 4 月 15 日新华网:http://news.sina.com.cn/h/news/2011-04-15/140522299247.shtml
② 2011 年 4 月 16 日果壳网"谣言粉碎机"主题站 http://www.guokr.com/article/20710/
③ 2011 年 4 月 19 日南方周末网 http://www.infzm.com/content/57955

营养要求"的"不安全"食物同样要引起足够的重视,不能仅仅因为"无毒无害"就放松警惕。

第三是"食品安全"是一种相对的安全。美国学者 Jones 将食品安全分为绝对安全和相对安全两个不同的概念[①]。所谓绝对安全是指确保消费者不可能因食用某种食物而危及健康或造成伤害的一种承诺,也就是绝对没有风险。绝对食品安全强调的是食品的"零风险"。相对安全被定义为一种食物或成分在合理食用方式和正常食量的情况下不会导致对健康损害的实际确定性。[②] 由于食品生产过程中不可避免的污染、有限的科学技术无法检测出所有的有毒有害物质、消费者身体状况不同、不同主体对有毒有害的认识不同等原因,"零风险"的食品是不可能存在的。我国《食品安全法》中采用了"无毒无害"的表述,这里的"无毒无害"所指的就是食品的相对安全,也就是把食品的风险控制在可以接受的范围之内。"食品安全"的相对性意味着:一方面,在现有的技术条件资源等情况下,我们要在绝对安全和不安全之间找到一个平衡的位置,如何找到这个平衡点,就是我们所要解决的问题,所以我国《食品安全法》在总则之后,第二章专章规定了"食品安全风险监测和评估",确立了风险评估制度;另一方面,判断食品安全与否不能依据消费者或其他主体的主观判断和认识,而要依据国家制定的各种食品安全标准等客观指标。

第二节 食品安全监管立法

一、外国食品安全监管体制及其立法

许多国家都是通过立法,加强食品安全的法律制度建设来实现对食品安全的监督管理,尤其是经济发达国家,在这方面取得了显著的成效,有一些经验值得我国借鉴。不同国家和地区的食品安全监管体制呈现出多样化的特征。世界粮农组织与世界卫生组织根据世界各国对食品安全监管的方式不同,将其分为三种监管

---

① 杨洁彬,王晶.食品安全性[M].北京:中国轻工业出版社,1999:6.
② 刘录民,侯军歧,景为.食品安全概念的理论分析[J].西安电子科技大学学报(社会科学版),2008,18(4):53-59.

模式:多机构食品监管体系、单一机构食品监督体系与综合监管体系。① 从理论上分析,每种监管模式都具有其优点与不足。多部门监管模式的最大优点是能够最大限度地发挥专业监管的优势,提高监管的科学性,其弊端是缺乏统一协调,在监管权上常常混淆不清,导致监管缺位与越位并存。单一监管模式的优点是,对食品安全统一实施监管,避免监管越位与缺位,其缺陷是专业化监管水平较低,很难实现从农田到餐桌统一监管。综合监管模式在某种意义上可以汲取单一监管与多部门监管的优点。因此,目前采取这种模式监管的国家比较多。

(一)美国与日本食品安全监管模式及其立法

美国与日本是多部门食品安全监管的典型,但因为这两个国家政治体制不同、文化传统不同,其监管模式也略有差异。

1. 美国的食品安全监管模式及其立法

美国的食品安全法规体系被公认为是较完备的。从1906年和1907年的《食品和药品法》和《肉类检验法》到今天为止的近百年的时间里,美国制定和修订了30多部法律。这些法律从一开始就集中于食品供应的不同领域,而且所秉承的食品安全原则也不同。主要的有《联邦食品、药品和化妆品法》《公共卫生服务法》《联邦肉类检验法》《禽类产品检验法》《蛋类产品检验法》《联邦杀虫剂、杀真菌剂和灭鼠剂法》《食品质量保障法》等。其中以《联邦食品、药物、化妆品法》为核心,它为食品安全的管理提供了基本原则和框架。

此外,美国的《联邦管理法典》第21章食品与药品部分,包括了各种具体的食品管理规则。根据《联邦食品、药物、化妆品法》,美国食品药物管理局(FDA)还制定并发布了FDA食品法典和食品生产的卫生标准。前者适用于食品零售业包括餐馆和杂货店,指导零售食品企业在其操作上提高食品的安全性;后者包括了现行制造、包装和保存食品行业的"良好生产规范(GMP)"。

美国的宪法规定了国家的食品安全系统由政府的立法、执法和司法三个部门负责。国会和各州议会颁布立法部门制定的法规;执法部门包括美国农业部、美国食品药物管理局、美国环保署、各州农业部利用联邦备忘录发布法律法规并负责执行和修订;司法部门对强制执法行动、监管工作或一些政策法规产生的争端给出公

---

① 徐景和.食品安全综合监督探索研究[M].北京:中国医药科技出版社,2008:361-364.张云华.中外食品安全监管体制比较[M]//食品药品蓝皮书.北京:社会科学文献出版社,2009.

正的裁决。

美国的食品安全监管体系以行政区域划分,包括地方、州、联邦三个层次。由于美国各州有自己的立法权,因此美国联邦和州一级的食品安全均有相关的法律法规,对其辖区内的食品安全事务及其管理权限进行规定。[①] 美国对食品安全的立法非常详细,很多法律法规都是单独对某一类食品进行规定,比如:《蛋类产品检查法》《联邦肉类检查法》等。

在联邦一级,监管机构主要有三个:① 卫生和公众服务部(HHS)。下面设有多个执行部门,最重要的有食品药品管理局与疾病控制和预防中心(CDC)。食品药品管理局负责所有洲际贸易中的国产和进口食品安全(不包括肉类、家禽和部分蛋类产品),以及食品添加剂、动物饲料和兽药安全;疾病控制和预防中心负责公共健康监督以及传染病的预防。② 美国农业部(USDA)。其下属的食品安全及检验局负责确保所有国产和进口肉类、家禽和部分蛋类产品的安全;动植物健康及检验局负责动植物健康;农业市场司负责经济作物产品的等级和标准。③ 美国国家环境保护署(EPA)。负责杀虫剂产品的生产许可证发放,以及制定食品和动物饲料中杀虫剂残留标准,还有有关有毒化学物质的管理和研究。

总体来看,美国上述各部门间的分工都是由法律规定的。这种垂直监管的模式避免了各部门推卸责任、重复监管的弊端,各部门在独立监管的同时可以相互制约。但这种模式也存在明显的漏洞,主要表现在没有一个统一的领导机构,联邦政府部门之间、联邦与地方之间的执法活动缺乏协调,一定程度上影响了监管效率。

2. 日本食品安全监管研究模式及其立法

日本也是世界上食品安全监管法律体系比较健全的国家之一。日本以《食品卫生法》为基本法,建立起食品安全监管法律体系。该法经过全面修正,对所有食品都有极为详细的规定,如所有食品和添加剂,必须在洁净卫生状态下进行采集、生产、加工、使用、烹调、储藏、搬运和陈列。自日本发现了疯牛病后,日本政府决定成立由科学家和专家组成的独立委员会——食品安全委员会,并由政府任命担当大臣,委员会将对食品安全性进行评价,下设常设事务局,同时还提出了全面改正《食品卫生法》、确保食品安全的"改革宣言"。该宣言强调《食品卫生法》的目的要从确保食品卫生改为确保食品安全,必须明确规定国家和地方政府在食品安全方面应负的责任。专门对农林水产省和厚生省的食品安全管理工作进行协调。食品

---

① 王中亮.食品安全监管体制的国际比较及启示[J].上海经济研究,2007(12):19-25.

安全委员会是一个独立地进行风险评估的机构,独立于其他管理机构。食品安全委员会的职责有以下几个方面:以科学、独立的方式进行风险评估,并基于风险评估结果提出相应的建议;对各种食源性事件和紧急情况做出反应。但是,日本的食品安全委员会不承担制定标准、行政处理职责。我国食品安全委员会也是在借鉴日本经验基础上设立的。

日本食品质量安全立法主要有五个方面:食品质量卫生;农产品质量;投入品(农药、兽药、饲料添加剂等)质量;动物防疫;植物保护等。日本《家畜传染病防治法》将向日本出口偶蹄动物及其产品的国家分为四类。中国属一类国家,即不允许中国向日本出口偶蹄类动物的内脏、肉、火腿与烤肉,除非这些产品在日本农林水产省注册的工厂中生产。日本厚生省根据日本《食品卫生法》开展食品质量安全管理工作,农林水产省根据《农林物资标准化及质量标识管理法》开展工作。

日本食品质量安全标准分两大类:食品质量标准和安全卫生标准,包括动植物疫病,有毒有害物质残留等。日本厚生省颁布了2 000多个农产品质量标准和1 000多个农药残留限量标准。农林水产省颁布了351种农产品品质规格。[①] 为了保证农产品质量安全,日本有一套严格的认证体系。农产品认证一般由中介组织承担,包括常规农产品认证和特殊认证。有机农产品认证为特殊认证,其标志是JAS,生产者自愿提出申请认证。外国的有机食品如果没贴JAS标志,就不许进口和销售。农产品质量安全认证体系已经成为日本食品质量安全管理的重要手段,并为广大消费者所普遍接受。[②]

日本食品安全监管体制是按照食品生产、加工、销售流通等环节来确定有关政府部门的职责。日本食品安全体系有多部门机构共同实施监管的特征。与美国不同的是设有专门的风险评估与风险管理机构,独立运用风险管理原则,共同构成一个综合管理系统。该系统的机构包括食品安全委员会、厚生劳动省与农林水产省等。厚生劳动省主要负责食品加工和流通环节的监督管理,包括组织制定农产品农药残留标准和加工食品卫生安全标准,对进口食品的安全检测,国内食品加工的经营许可等。农林水产省主要负责国内生鲜初级农产品的安全管理,农业投入品的监管,进口农产品动植物检疫,国产和进口粮食的安全检查,屠宰厂的设施建设等。[③]

---

① 刘北辰.发达国家食品安全监管体系概览[J].广东科技,2007,26(9):19-20.
② 王中亮.食品安全监管体制的国际比较及其启示[J].上海经济研究,2007(12):19-25.
③ 苏方宁.发达国家食品安全监管体系概观及其启示[J].农产品质量与安全,2006(6).

(二) 加拿大、德国、丹麦与澳大利亚食品安全监管模式及其立法

加拿大、德国、丹麦、澳大利亚等国家是单一部门监管模式的典型。

1. 加拿大食品安全监管及其立法

加拿大以农业部为主导部门,采取分级管理、相互合作、广泛参与的食物安全管理模式。1997年加拿大议会通过了《加拿大食品监督署法》,决定将原来分属于农业食品部、渔业和海洋部、卫生部、工业部等多个部门的食品安全监管职能,集中在农业部之下设立一个专门的食品安全监督机构——加拿大食品监督署(类似于中国部委管理的国家局或者部属事业单位)。加拿大的卫生部负责制定所有在加拿大出售的食品的安全及营养质量技术法规和标准。这两个部门相互合作,各司其职,统一负责加拿大食品安全、动物健康和植物保护的监督管理工作。市政当局负责向经营最终食品的饭店提供公共健康的标准,并对其进行监督。政府要求农民、渔民、食品加工者、进口商、运输商和零售商根据标准、技术法规和指南来生产、加工和经营。家庭、饭店和机构食堂的厨师则要根据食品零售商、加工企业和政府提供的指南加工食品。卫生部与食品监督署签署了一个理解备忘录,规定双方各自的作用与责任,并规定了两个机构之间有效工作关系的原则和机制。[①]

加拿大食品安全技术协调体系分为技术法规和标准两类,两者分工明确,属性不同。加拿大食品安全技术协调体系当中的技术法规有关食品的安全及营养质量要求,是强制性执行政府法规,内容包括农产品生产技术规范、质量等级、标签标识、安全卫生要求及农药、兽药、种子、肥料、饲料、饲料添加剂、植物生长调节剂、设备等农业投入品生产、经营和使用等。这些技术法规由政府部门组织,有时也会由政府授权自律性行业协会、社会团体组织各方面利益主体一道制定,最后以法律规章的形式公布。

2 德国食品安全监管及其立法

德国是一个由16个州组成的联邦制国家。它既是世界上四大食品出口国之一,也是食品进口大国。早在1879年,德国就制定了《食品法》,并以该法为核心构建了德国食品安全法律体系。目前实行的《食品法》包罗万象,所列条款多达几十万个,涉及全部食品产业链,包括植物保护、动物健康、善待动物的饲养方式、食品标签标识等。为了保证食品安全,德国对食品生产和流通的每一个环节都进行严

---

① 罗杰,任端平,杨云霞.我国食品安全监管体制的缺陷与完善[J].食品科学,2006,27(7):250-253.

格的检查和监督。无论是屠宰场还是食品加工厂,无论是商店还是食品在转运过程中,食品必须处在冷冻状态,不新鲜的肉绝对不允许上市出售。为了保证国家制定的《食品法》得到实施,国家设立了覆盖全国的食品检查机构,联邦政府、每个州和各地方政府都设有负责检查食品质量的卫生部门。

在2001年疯牛病发生之前,德国食品安全监管分别由联邦卫生部和联邦食品农业林业部共同负责。疯牛病发生之后,德国对食品安全监管机构做了较大调整,将食品安全监管工作交由联邦消费者保护、食品与农业部(BMELV),并于2002年下设立两个局——联邦消费者保护与食品安全局(BVL)和联邦风险评估研究局(BFR),同时,还有管理联邦研究中心(FR)。食品安全局负责风险管理,应对突发事件,协调国内各州食品安全事务以及与欧盟有关机构的联系。一旦确认某种食品有害健康,将由生产商、进口商或者州食品监管部门通过新闻公报等形式向公众发出警告,并尽早中止有害食品的流通。风险评估研究局是研究与发展毒理学的专门部门,独立负责食品安全健康风险评估与消费者关系密切的产品风险评估,负责风险信息的传送,将风险评估结果如实提交风险管理部门。风险管理部门依照风险评估结果进行风险管理,这些管理活动包括标准、法律和实施指南的制定、食品安全事故应急处理等。

3. 丹麦食品安全监管模式

丹麦是欧盟成员国之一,土壤肥沃,农牧渔业高度发达。总人口约529万,生产的农产品可供1500万人口消费,可养活三倍于丹麦人口的人。[①] 1995年之前,丹麦的食品安全监管工作分别由农业部、渔业部和食品部三大部门共同承担。1995年丹麦政府将农业部与渔业部合并,成立农业和渔业部。1996年12月,丹麦再次对食品安全监管体制进行了较大改革,将食品部的食品安全监管职能转移给农业和渔业部,成立食品和农业渔业部(DVFA),实现了由一个单一机构对全国食品安全实施统一监管的目标。丹麦食品和农业渔业部下设三个部门:丹麦兽类和食品监管部门、丹麦植物食品监管部门与丹麦渔业监管部门。2004年丹麦政府将兽类和食品监管部门的职责转移给新成立的家庭和消费者事务部。

丹麦政府经过几次机构改革,真正实现了单一机构负责食品安全监管的目的。改变了原来政出多门,结构复杂的状况,使丹麦的食品安全质量大幅度提高。丹麦政府这种单一监管模式,最适合小国家或地区,对我国没有多少可资借鉴的经验。

---

① 孙树侠.丹麦食品安全考察印象记[J].江西食品工业,2005(3):54-55.

4. 澳大利亚食品安全监管模式及其立法

澳大利亚食品安全监管模式,属于典型的"综合型"食品安全监管模式。自1788年殖民期伊始,澳大利亚食品数量短缺与食品质量低劣两大问题并存,一些不法商家就在面包中掺假掺杂,牟取暴利,民众苦不堪言。因此,澳大利亚食品安全监管立法可以追溯到1838年的《防止面包造假法》和1863年的《防止食品饮料造假法》,[1]但真正全面规范食品安全的法律应该首推1905年颁布的《维多利亚纯粹食品法》,这部法律在1908年巴黎召开的一个国际会议上被称为是世界上最完善最先进的食品安全法。[2] 1949年"澳大利亚食品技术联盟委员会"成立,标志着澳大利亚正式成立政府食品安全监管部门,承担起监管食品质量安全的职责。

二、中国食品安全监管立法

我国食品安全立法经历了从无到有,逐步完善的发展过程,大致分为四个阶段。

(一)食品安全监管萌芽期(1949—1979)

这一时期的食品安全监管特点是:食品生产经营单位由其主管部门负责监管,食品集贸市场与食品摊贩分别由商业、工商行政管理、供销合作监管,卫生部门负责食品卫生的监督工作和技术指导的监管体制。

众所周知,新中国成立后,中国急需解决的问题是食物短缺问题,而不是食品安全问题。因此,在之后的30年时间里,党和政府一直将解决国民的温饱问题作为民生的头等大事来抓。由于这一时期实行计划经济,食品生产经营企业不存在以营利为目的的激烈竞争,只存在社会主义竞赛,根本不存在食品掺假掺杂等人为的食品安全问题,食品安全问题主要是食品污染。因此,这一时期的食品安全问题主要是防止食品污染与食物中毒,食品安全监管由当时的卫生部负责。1953年1月政务院第167次会议批准,在全国各省、市、区、县建立卫生防疫站,[3]标志着我国

---

[1] 肖平辉.澳大利亚食品安全管理历史演进[J].太平洋学报,2007(4):57-70.

[2] Food quality in Australia. A Report on food Safety Monitoring in Australia, Papers delivered at a meeting of the Sicience and Industry Forum of the Astruralian Academy of Science on 19 February 1977, Reprt Number 22, Canberra: Australian Academy of Science, 177, pp.7-8.

[3] 戴志澄.中国卫生防疫体系五十年回顾——纪念卫生防疫体系建立50周年[J].中国公共卫生管理,2003,19(5):377-380.

食品卫生工作的正式起步,重点是解决全国食物中毒问题。同年 7 月 17 日,卫生部颁布了新中国成立后第一部食品卫生部门规章,即《清凉饮食物管理暂行办法》,成为我国食品安全监管法制建设从无到有的里程碑。1953 年到 1959 年期间,卫生部又陆续颁布了对肉品、酱油、水产、蛋制品、饮料、酒等食品的卫生管理规定,共计 24 部规章。① 1960 年 1 月 18 日国务院转发国家科委、卫生部、轻工业部拟定的《食用合成染料管理暂行办法》,即新中国第一部食品添加剂管理办法。1965 年 8 月 17 日,国务院颁布了《食品卫生管理试行条例》(以下简称《试行条例》),即第一部由国务院颁布的食品安全监管条例。《试行条例》共 17 条,是十几年食品安全监管经验的总结,其宗旨是防止食物中有害因素引起食物中毒、肠道传染病等疾病,增进人民身体健康。第 2 条第 2 款明确规定,"卫生部门应当负责食品卫生的监督工作和技术指导",同时要求"卫生部根据需要,逐步研究制定各种主要的食品、食品原料、食品附加剂、食品包装材料(包括容器)的卫生标准(包括检验方法)"。分别对食品原料、食品生产厂家、食品运输及食品从业人员等各方面的卫生条件作了详尽规定。在食品安全监管体制上,对食品生产加工企业监管,确立了以食品生产经营主管部门监管为主,卫生监管部门辅助监督与技术指导的食品安全监管体制;对于食品集市贸易、食品摊贩分别由商业、工商行政管理、供销合作监管。

(二)多部门分段或分品种监管模式(1979—2004)

这一时期的食品安全监管体制的特点,是在坚持预防为主的立法理念基础之上,除了继续坚持食品生产经营单位及其主管部门共同对食品卫生负责外,确立了多部门监管的模式。详言之,流通领域的食品卫生监管工作,由工商行政管理部门负责;生产加工环节的食品卫生监督工作,由食品卫生监督机构负责;畜、禽兽医卫生检验工作,分别由农牧渔业部门负责;铁道、交通行政主管部门设立的食品卫生监督机构,依法行使运输过程中的食品卫生监督职责。

1979 年 8 月 27 日颁布的《中华人民共和国食品卫生管理条例》(以下简称《条例》),标志我国食品安全监管立法进入一个崭新的阶段。《条例》首次确定了食品安全监管的范围:"一切全民所有制和集体所有制单位(包括集体食堂)所生产、经营的以及经工商行政管理部门准许上市的食品、食品原料、食品添加剂和食品包装

---

① 赵辰,时福礼,陈建敏,等.阐述我国食品卫生法制的发展[J].中国卫生监督杂志,2012,19(2):129-132.

材料,在生产、加工、收购、储存、运输、销售过程中的卫生状况,都属于本条例管理的范围。""食品",指已经过加工和能够直接食用的各种食物和饮料、豆制品、调味品、瓜果、茶叶等;"食品原料",指粮食、油料、糖料、肉类、蛋类、薯类、蔬菜、水产品等;"食品添加剂",指在食品生产、加工、保藏等过程中为防腐、改善色香味和品质等而加入的化学合成或天然物质;"食品包装材料",指包装、盛放食品的容器、工具、纸等。其次,规定食品安全监管标准为国家标准、部标准和地区标准。国家标准是指量大面宽、涉及广大人民身体健康的食品卫生标准,由卫生部或有关部门会同卫生部制订;部标准是指国务院各主管部门所生产和经营的、需要在全国范围内统一规定的食品卫生标准,由卫生部或国务院主管部门会同卫生部制订、下达执行;地区标准是指没有制订国家标准和部标准的其他食品的卫生标准,由省、自治区、直辖市的卫生部门会同有关部门制订。再次,确立了食品生产、经营单位及其主管部门共同对食品卫生负责;各级卫生部门负责本行政区内食品卫生监督管理、抽查检验和技术指导工作,以及进口食品与食品原料卫生检验与监督工作;国家商品检验局负责出口食品和食品原料进行检验和管理工作。

但是随着经济体制改革的深入,全所有制食品生产经营企业与集体所有制食品生产经营企业,逐步实施承包经营或租赁经营,企业的逐利性越来越突出,对食品安全越来越不重视,直接导致1982年食物中毒事故52起,中毒人数1 097人。[①]卫生部紧急制订了《食物中毒调查报告办法》《农村集市贸易食品卫生管理试行办法》等规章,以及大量的国家食品卫生标准。在此基础上,于1982年11月19日,全国人大常委会通过了《中华人民共和国食品卫生法(试行)》(以下简称《食品卫生法(试行)》)。《食品卫生法(试行)》与《条例》相比,在食品安全监管体制上并未有实质性改变,但立法理念发生了重点转变——预防为主的理念贯穿于《食品卫生法(试行)》始终,比如许可证制度等。

《食品卫生法(试行)》颁布后,经济体制改革持续深入,国务院机构改革开始,其目的是简政放权,理顺政府与企业的关系。在这种背景下,国务院决定撤销轻工业部,成立中国轻工总会。肉制品、酒类、水产品、植物油、粮食、食品饮料制造行业的企业在体制上虽然与轻工业部分离,但仍然由中国轻工总会主管,只是已经不是原来意义上行政管理。尤其是社会主义市场制度的建立,大量的私营经济涌入食品生产经营领域,频繁发生的食品安全事故,越来越引起人们的关注,尽管卫生部

---

① 赵辰,时福礼,陈建敏,等.阐述我国食品卫生法制的发展[J].中国卫生监管杂志,2012,19(2):129-132.

在这一时期制定了120余件行政规章,但仍然没有扭转食品安全事故频发的状态。因此,人们呼吁修改《食品卫生法(试行)》,全国人大常委会认真总结《食品卫生法(试行)》实施12年来的经验教训之后,于1995年10月30日颁布《中华人民共和国食品卫生法》(以下简称《食品卫生法》),这标志着我国食品安全监管立法进入一个崭新的时代。《食品卫生法》在我国食品安全监管立法中具有里程碑的意义,对我国食品安全监管产生深远的影响。

《食品卫生法》在立法理念上进一步坚持预防为主的理念,并在有关条款中作出明确细致的规定。第一次以法律的形式确认"国务院卫生行政部门主管全国食品卫生监督管理工作,国务院有关部门在各自的职责范围内负责食品卫生管理工作",而非《食品卫生法(试行)》所规定的"各级卫生行政部门领导食品卫生监督工作"。《食品卫生法》第32条规定:"县级以上地方人民政府卫生行政部门在管辖范围内行使食品卫生监督职责。铁道、交通行政主管部门设立的食品卫生监督机构,行使国务院卫生行政部门会同国务院有关部门规定的食品卫生监督职责。"详而言之,《食品卫生法》确立了卫生部负责全国食品卫生监管工作,县级以上地方卫生行政主管部门负责本地区食品卫生监管工作;城乡集市贸易的食品卫生管理工作由工商行政管理部门负责,食品卫生监督检验工作由卫生行政部门负责;铁道、交通行政主管部门负责运输中的食品卫生监督工作。

其次,在食品卫生标准方面,集中授权卫生部负责。不管是食品卫生标准,还是食品添加剂卫生标准都必须经卫生部审查同意,否则不得实施。即使是农药、化肥等农用化学物质的安全性评价,也必须经卫生部审查同意。没有国家卫生标准的食品,省、自治区、直辖市人民政府可以制定地方卫生标准,但必须在卫生部和国务院标准化行政主管部门备案。废止了《食品卫生法(试行)》规定的部颁标准,仍然不承认企业标准。

再次,加大了对违法企业的处罚力度。《食品卫生法(试行)》有关法律责任一章仅有5条,而且处罚力度较轻。《食品卫生法》有关法律责任的条款不仅多达15条,而且处罚力度比《食品卫生法(试行)》更加严厉,特别是首次规定根据违法所得确定处罚金额,体现了食品安全立法日趋合理性与成熟。

最后,首次规定了食品召回制度及其对召回食品的处理方法。生产经营禁止生产经营的食品的,责令停止生产经营,立即公告收回已售出的食品,并销毁该食品;违法生产经营不符合营养、卫生标准的专供婴幼儿的主、辅食品的,责令停止生产经营,立即公告收回已售出的食品,并销毁该食品。

(三) 分段监管为主,品种监管为辅的模式(2004—2013)

这一时期的食品安全监管的特点是:分段监管为主,品种监管为辅。换言之,食品生产加工由国家质监部门负责监管,餐饮服务业由食品药品监管部门负责监管,流通领域的食品安全由工商部门负责监管,食用农产品由农业主管部门负责监管等。

《食品卫生法》实施后曾一度有效遏制食品安全问题,但好景不长。一方面是温饱问题解决之后,随着城乡居民收入的提高,人们对食品质量安全要求越来越高。另一方面是个别食品生产经营企业唯利是图,滥用食品添加剂、添加非食品物质、掺假掺杂、滥用兽药农药等,食品安全面临着越来越严峻的挑战。特别是2004年新年伊始,大量营养素含量全面低下的劣质婴儿奶粉通过郑州、合肥、蚌埠和阜阳批发市场流入阜阳农村销售点。劣质奶粉导致婴幼儿生长停滞,免疫力下降,进而并发多种疾病甚至死亡。阜阳市发生了189例婴儿患轻中度营养不良、12例婴儿死亡的恶性事件,造成恶劣影响。阜阳市政府对劣质婴儿奶粉事件负有严重失察、督查不到位的责任,依据《中国共产党纪律处分条例》《国家公务员暂行条例》的有关规定和监察部的建议,安徽省委、省政府按规定程序,给予阜阳市人民政府市长刘庆强行政记大过处分;给予分管工商工作的副市长马明业党内严重警告、行政记大过处分,并责令辞职;给予分管卫生工作的副市长杜长平行政记过处分;给予市政府副秘书长周云莲撤销党内职务、行政撤职处分;给予市工商局局长周毅生党内严重警告、行政记大过处分,并责令辞职;给予市工商局分管市场监管的副局长杨伟撤销党内职务、行政撤职处分;给予市工商局公平交易局局长杨树新开除党籍、行政开除处分,并移送检察机关对其徇私枉法问题作进一步调查;给予市卫生局局长曹化之党内严重警告、行政记大过处分;给予市卫生局分管食品卫生的副局长丁丽玲党内严重警告、行政记大过处分,并责令辞职。截至2004年5月16日,阜阳市公安部门已抓获制售伪劣奶粉犯罪嫌疑人47名,经检察机关批准逮捕40人。这就是震惊全国的安徽省阜阳劣质奶粉事件。[①]

安徽省阜阳市发生的劣质奶粉事件震惊全国,党中央十分重视,直接导致2004年5月17日《国务院办公厅关于印发食品安全专项整治工作方案的通知(国办发〔2004〕43号)》,2004年9月1日《国务院关于进一步加强食品安全工作的决定(国发〔2004〕23号)》和2004年12月25日《关于进一步明确食品安全监管部门

[①] http://www.dtwb.com.cn/news/china/20040610100007.htm 和 http://www.dtwb.com.cn/news/china/20040517204307.htm(2006年12月25日访问)

职责分工有关问题的通知(中央编办发〔2004〕35号)》的产生。这三个文件不仅强调加大对食品安全监管力度,同时对食品安全监管体制与监管职能做了较大调整。

在食品安全监管方面,首先,强调食品源头污染治理,体现预防监管的理念。食品主要来源于食用农产品。食用农产品被污染或者农药残留超标、水产品药物残留超标和兽药残留超标,无论后续生产加工或销售等环节怎么努力,都无法避免不符合国家安全标准的食品产生。因此,国办发〔2004〕43号文件,强调加强农业投入品的监管,开展农业生产资料打假,加大对种植业产品农药残留超标、畜产品违禁药物滥用和兽药残留超标、水产品药物残留超标的整治。同时加大对滥用食品添加剂和使用非食品原料加工食品行为的打击力度。其次,加强食品生产加工环节监管。积极推广农产品标准化生产示范区、无公害农产品生产示范基地、养殖小区、示范农场、出口产品生产基地的建设。严格审查和发放许可证,加强食品生产加工环节监管。清理整顿已获得卫生许可证的食品生产企业,对不符合卫生条件的企业要吊销或收回卫生许可证。以查处食品生产过程中使用非食用原料、病死畜禽、回收的过期食品等违法行为为重点,加强对调味品、米面制品、食用油、肉及肉制品、乳制品、保健食品等食品生产企业的监管,并强化食品生产环节的日常监督和检查。再次,加强食品流通环节监管。督促经营企业落实食品进货查验制度,把好市场准入关。强化对重点食品定期质量监督抽查和强制检验。最后,加强对儿童食品的监管。对全国儿童食品的生产、加工、销售企业进行一次全面普查,摸清底数;对未经批准生产儿童食品的加工点要坚决取缔,对不法分子依法从严从重从快惩处;要进一步完善儿童食品的准入条件。

在食品安全监管体制方面,国发〔2004〕23号文件规定:"按照一个监管环节由一个部门监管的原则,采取分段监管为主、品种监管为辅的方式,进一步理顺食品安全监管职能,明确责任。农业部门负责初级农产品生产环节的监管;质检部门负责食品生产加工环节的监管,将现由卫生部门承担的食品生产加工环节的卫生监管职责划归质检部门;工商部门负责食品流通环节的监管;卫生部门负责餐饮业和食堂等消费环节的监管;食品药品监管部门负责对食品安全的综合监督、组织协调和依法组织查处重大事故。按照责权一致的原则,建立食品安全监管责任制和责任追究制。"

根据国办发〔2004〕43号文件、国发〔2004〕23号文件和中央编办发〔2004〕35号文件以及《食品安全法》,2004—2013年建立的食品安全监管体制具有如下特点:

第一,在监管部门和权属关系方面,采用的是多部门监管的模式,涉及食品安全监管的部门在中央一级主要包括食品安全委员会、农业部、卫生部、国家质量监督检验检疫总局、国家工商行政管理总局、国家食品药品监督管理总局、国家发展和改革委员会、国家环境保护总局、商务部、铁道部、交通部、公安部、财政部等。这些部门除食品药品监督管理局由卫生部管理外,大多由国务院进行直接管理,对国务院负责,向国务院报告工作。在地方行使食品安全监管职能的主要是农业部、卫生部、质检总局、工商总局、国家食品药品监督管理局这五个部门的下属机构,而且它们与其下属机构的权属关系还不尽相同：① 卫生部、农业部采取的是双重管理,各部门在省、市、县的下属机构不仅要对当地政府负责,还要对其上一级机构负责,相关的人事权、财政权由当地政府管辖,业务方面的事项由上级机构管辖。② 国家工商行政管理局和食品药品监督管理局采用的是省以下垂直管理模式,也就是说省以下的这两个部门的相关机构无需对当地政府负责,直接对其上级机构负责,相关的人事权、财政权直接由上级机构负责,不再直接受地方政府的领导,但在省级以上还是实行双重管理。③ 质量监督检验检疫总局的情形较为复杂,其下属的国家出入境管理局采用的是中央垂直管理模式,而其下属的质量技术监督管理局采用的是省以下垂直管理模式。

第二,在职能划分方面,坚持一个环节一个部门监管的原则。农业部门负责初级农产品生产环节的监管;质检部门负责食品生产加工环节的监管,这一部分的职责原来由卫生部门承担,现将其划归质检部门;工商部门负责食品流通环节的监管;卫生部门负责餐饮业和食堂等消费环节的监管;食品药品监管部门负责对食品安全的综合监督、组织协调和依法组织查处重大事故。农业、发展改革和商务部等部分按照各自职责,做好种养殖、食品加工、流通、消费环节的行业管理工作。①

第三,在各监管部门协调合作方面。在食品加工、流通和消费环节,质检部门负责食品生产价格环节质量卫生的日常监管,要严格实行生产许可、强制检验等食品质量安全市场准入制度,严厉查处生产、制造不合格食品及其他质量违法行为,要将生产许可证发放、吊销、注销等情况及时通报卫生、工商部门。工商部门负责食品流通环节的质量监管,要认真做好食品生产经营企业及个体工商户的登记注册工作,取缔无照生产经营食品行为,加强上市食品质量监督检查,严厉查处销售不合格食品及其他质量违法行为,查处食品虚假广告、商标侵权的违法行为,要将

---

① 国家质检总局食品生产监管司.食品安全监管工作文件汇编[M].北京:中国计量出版社,2006:65.

营业执照发放、吊销、注销等情况及时通报质检、卫生部门。卫生部门负责餐饮业、食堂等消费环节的卫生许可和卫生从业人员健康卫生状况的评价与审核。

（四）食品安全综合监管模式（2013至今）

这一时期的食品安全监管体制的特点是：综合监管为主，品种监管为辅。即新成立国家食品药品监管总局对食品安全实施综合监管，农业部对食用农产品安全实施监管，国家质检总局对进出口食品实施监管。

2009年《食品安全法》实施后，国家又于2010年月2月设立国务院食品安全委员会，各级地方政府也相继成立地方食品安全委员会，协调因分段监管造成的监管缺位与监管越位问题。人们期待着这些举措能够在预防与遏制重大食品质量安全事故方面发挥积极的作用。然而，2011年双汇集团公司的"瘦肉精"事件、上海"染色馒头"事件、广州"回炉面包"事件、安徽"牛肉膏"事件等食品安全问题频现，特别是2011年4月20日沈阳"毒豆芽事件"发生后，①工商部门认为，生豆芽不需要领取营业执照，不属于"无照经营"，不应该由工商部门负责监管，应该由质监部门负责。质监部门认为，如果将豆芽菜作为产品质量法调整的产品，将会导致立法和执法的混乱，所以豆芽菜应认定为初级农产品，归农业主管部门监管比较合适。农业部门则认为，按照《农产品质量安全法》规定，在农业活动中获得的动物、植物、微生物初级产品是初级农产品，由农业部门负责监管。而豆芽菜不是初级农产品，是初级农产品的加工品，不应由农业行政部门负责监管。至此毒豆芽引起监管争论，再一次引起人们对我国食品安全监管体制质疑，要求综合监管部门统一负责全国食品安全监管的呼声越来越高。

在这种背景下全国人大通过了《国务院机构改革和职能转变方案》，对我国食品安全监管体制做了较大调整，将国务院食品安全委员会办公室的职责、国家食品药品监督管理局的职责、国家质量监督检验检疫总局的生产环节食品安全监督管理职责、国家工商行政管理总局的流通环节食品安全监督管理职责整合，组建国家食品药品监督管理总局，统一负责全国食品安全监管工作，其主要职责是，对生产、流通、消费环节的食品安全和药品的安全性、有效性实施统一监督管理等。工商行政管理部门不再负责流通领域的食品安全监管工作，质监部门不再负责食品生产加工领域的食品安全监管工作。这两部门相应的食品安全监督管理队伍和检验检

---

① 《沈阳查获40吨毒豆芽 各监管部门均称不归我管》[N]，《法制日报》，2011年4月20日，http://health.sina.com.cn/news/2011-04-20/082422325032.shtml(2014年7月5日访问)

测机构也划转食品药品监督管理部门。

其实,学界对食品安全监管体制的争论,是综合监管与专业化监管的理念不同所引起的。虽然英国、丹麦等欧洲国家建立了单一的食品安全监管机构,但他们的食品安全监管模式不一定符合中国的国情。笔者认为,我国食品安全监管之所以出现监管越位与缺位的根本原因不是监管体制,而是监管理念,即不少监管部门的监管人员没有真正树立起为人民服务的观念,一旦发生食品安全事件,能够推诿的就推诿而不是积极处理。在美国,面包与牛肉分别属于不同监管部门监管,但对于夹肉面包,没有出现无人监管与监管冲突的事件,在中国却发生了无人监管的"毒豆芽事件",监管理念不是监管体制所能解决的。2014年6月29日发生20只麻雀死亡事件,记者在调查中发现"九龙治水"的局面依然存在,食品药品监督、农业、商贸等部门相互推诿。① 另据《春城晚报》2014年7月5日A13版《20只麻雀死亡引发鄂渝糊涂账》一文报道,20只麻雀死亡的原因是呋喃丹中毒,但对大米检测并未发现呋喃丹成分。呋喃丹(Furadan),通用名称是克百威(carbofuran)制剂,属于国家禁止的高毒农药,但这些被国家禁止的农药麻雀怎么吃了,呋喃丹是从哪儿来的,无从得知。食品安全监管不能仅靠麻雀当"实验员",从田间地头到餐桌的食品安全监管怎么保证,跨地区的食品安全监管联动机制,以及运输中的食品安全都在不断地考验我们的食品安全监管机制。无独有偶,上海人民广播电台2014年7月10日报道:上海市徐汇区一家无证经营的面馆,经群众举报一个多月后,仍然在继续经营。虽然经过街道、区、市有关部门协调,但仍然找不到监管单位。工商、环保、食品药品监管等部门相互推诿,谁都认为不应该由自己负责:工商局认为餐馆监管工作应该属于食品药品监管部门负责,食品药品监管部门认为餐馆属于无照经营应该属于工商监管。另外,食品药品监管部门还提出,无证面馆还涉及环保,应该由街道牵头解决。难道无证面馆真的出于监管的真空地带吗?2014年7月15日上海人民广播电台又报道:上海市有两万多户餐饮企业,约占上海市全部餐饮企业四分之一,有固定场所而无证经营。② 这种情况的存在,是否还需要对食品安全监管体制再次进行改革或调整?长春市宽城区汤姆食品厂作为休闲食品的生产厂家,群众举报半年仍然进行生产。③ 这些事实再次告诉人们,监管部门不作为

---

① http://news.qq.com/a/20140705/002872.htm(2014年7月5日访问)
② 2014年7月15日上海人民广播电台7点新闻也报道了上海市有四分之一的有固定经营场所而无证营业的情况。
③ 王轶民:《长春汤姆食品厂被曝产品无证生产 质监局过期半年无监管》,http://www.cnfood.cn/npage/shownews.php?id=18196(2014年7月5日访问)

是食品安全监管的主要问题。特别值得一提的是,有关人士以真实姓名向某个主要负责食品安全的国家部门要求公开餐饮业无证经营的数据,竟然得到没有该数据的答复,建议到各省有关部门咨询,后向上海市工商局申请违法药品广告查处信息公开,一年多过去了没有回复,是信息保密还是其他原因只有上海市工商局知道。2014年7月20日上海东方卫视晚间新闻报道:记者卧底两个多月发现,麦当劳、肯德基、必胜客等国际知名快餐连锁店的肉类供应商——上海福喜食品有限公司存在大量采用过期变质肉类原料的行为。[①] 但在记者两个多月的调查中,上海市食品药品监管局对此却一无所知,铁的事实再一次证明,食品安全监管不到位是我国食品安全问题频发的主要原因。

三、现行食品安全监管法律体系

经过几十年的努力,我国目前已经初步形成了一个以全国人大制定的《食品安全法》《产品质量法》和《农产品质量安全法》等11部法律为核心,[②]以《国务院关于加强食品等产品安全监督管理的特别规定》《生猪屠宰管理条例》《工业产品生产许可证管理条例》《饲料和饲料添加剂管理条例》等22个行政法规及部门、行业和地方制定颁发的有关食品安全方面的各种规范性文件共1 000余件为主体的食品安全监管法律体系。它们是食品安全保障的坚固盾牌,构成我国食品安全法的有机统一体。

《食品安全法》的宗旨是防止食品污染和有害因素对人体的危害,保障人民身体健康,增强人民体质。食品卫生,是指食品的良好性状,也就是食品要达到的标准和要求。包括三个方面:食品必须保证不致人患急、慢性疾病或者潜在性危害;食品应当具有相应的营养,以满足人体维持正常生理功能的需要;食品应当具有相应的色、香、味等感官性状。《食品安全法》调整国家规制食品、食品添加剂、食品容器、包装材料和食品用工具、设备、洗涤剂、消毒剂的生产经营及食品生产经营场所、设施和有关环境监管等过程中产生的法律关系,也包括职工食堂、食品摊贩等。

---

① 《麦当劳、肯德基原料供应商被曝大量使用过期肉》,http://sh.qq.com/a/20140720/023611.htm;http://sc.sina.com.cn/news/z/2014-07-20/2203232556.html(2014年7月20日访问)

② 这11部法律是《中华人民共和国产品质量法》《中华人民共和国标准化法》《中华人民共和国计量法》《中华人民共和国消费者权益保护法》《中华人民共和国农产品质量安全法》《中华人民共和国刑法》《中华人民共和国食品安全法》《中华人民共和国进出口商品检验法》《中华人民共和国进出境动植物检疫法》《中华人民共和国国境卫生检疫法》和《中华人民共和国动物防疫法》。

但《食品安全法》不调整种植业、养殖业等农业活动,因此,并不可能依据《食品安全法》对食品安全从田间到餐桌的全过程进行监管。

《产品质量法》只调整经过加工、制作的食品,而不调整没有经过加工、制作的初级农产品,如农、林、牧、渔等。因此,《产品质量法》也不可能对食品安全从田间到餐桌的全过程进行监管。

《农产品质量安全法》恰好弥补了《食品安全法》和《产品质量法》的不足。它调整的范围包括三个方面:一是调整的产品是农产品。所谓农产品,是指源于农业的初级产品,即在农业活动中获得的植物、动物、微生物及其产品,当然包括种植业、养殖业等农业活动。二是既调整农产品的生产者和销售者,也调整农产品质量安全管理者和相应的检测技术机构和人员等。三是调整的农业生产管理的各个环节,既包括产地环境、农业投入品的科学合理使用、农产品生产和产后处理的标准化管理,也包括农产品的包装、标识、标志和市场准入管理。

第三节 《食品安全法》评述

民以食为天,食以安为先。健全食品安全监管法律体系,确保食品安全,保障人民群众身体健康,生命安全,促进经济发展和社会稳定,是构建社会主义和谐社会的必然要求。从2004年8月国务院决定制定《食品安全法》以来,《食品安全法(草案)》数易其稿,2009年2月28日,十一届全国人大常委会第七次会议以158票赞成、3票反对、4票弃权,高票表决通过,并于同年6月1日起实施。《食品安全法》与《食品卫生法》相比,在制度创新方面取得了巨大成就,但也存一些缺陷。

一、《食品安全法》取得的成就

与《食品卫生法》相比,《食品安全法》取得如下成就:建立了风险评估制度;创制了食品安全风险检测制度;统一了食品安全标准;确立了食品安全信息统一发布制度;明确了食品生产企业是第一责任人等。在此,仅研究以下四个问题。

(一) 充分体现了"农田到餐桌"的全程监管理念

《食品安全法》尊重科学,坚持了从"农田到餐桌"全过程监管重在源头的理念,强调整个食物链各环节按社会分工和协作关系来设计食品安全各项制度和程序,并加以科学衔接,弥补了《食品卫生法》调整的范围未包括种植、养殖环节及与食用农产品(食品原料)相关的农药、兽药、渔药、饲料添加剂、化肥等的不足,并与《农产品质量法》的调整范围进行了科学划分,做到既分工又协作,共同组成食品安全监管法律关系,共同完成食品安全监管的任务。

一般来说,食品安全的全过程监管重在其源头,包括:食品种植、养殖投入品的生产和使用监管,主要是指对化肥、农药、兽药、饲料等农、牧、水产业投入品的生产与使用监管;食品种植、养殖、生产、加工、包装、储存、运输、销售、餐饮等各个环节的监管;食品包装物、食品添加剂的卫生和使用管制;食品生产经营企业、餐饮企业的设立条件及卫生条件监管;食品从业人员的健康和卫生监管;食品商标、标识、广告的真实性和信息充分性监管等。简而言之,食品安全"从农田到餐桌"全过程监管是指,从种植、养殖、加工、运输到销售的整个涉及食品安全链条的监管。这些全过程监管的内容缺一不可。因为,如果有一个环节或一个方面监管不力,就会影响其他环节和方面的监管效果,甚至会影响整个食品安全链条,导致食品安全事故发生。

2014年《中华人民共和国食品安全法(修订草案)征求意见稿》(以下简称《征求意见稿》)总则第2条、第2章、第3章、第5章、第8章等有关条款全面反映了全过程监管重在源头的理念。[①]《征求意见稿》第2条第2款规定:"供食用的源于农业的初级产品(以下称食用农产品)的质量安全管理,遵守农产品质量安全法的规定。但是,制定有关食用农产品的质量安全标准、公布食用农产品安全有关信息,应当遵守本法的有关规定。"据此有些学者可能认为《征求意见稿》不调整食用农产品,因此《征求意见稿》没有坚持"从农田到餐桌"全程监管重在源头的理念。其实这是对《征求意见稿》的误解。众所周知,食品安全法有广义与狭义之分。广义的食品安全法包括一切调整食品安全监管关系的法律法规,狭义的食品安全法仅指食品安全法典。《农产品质量法》属于广义的食品安全法,已经对食物(食品)种植、养殖等作了具体规定,《征求意见稿》就没有必要再作出规定,以便两部法律更好地衔接。因此,《征求意见稿》第2条第1款规定:"在中华人民共和国境内从事下列

---

① 如《征求意见稿》第2、13、14、16、17、27、28、29、31、34等条款。

活动,应当遵守本法:① 食品生产和加工(以下称食品生产),食品流通和餐饮服务(以下称食品经营);② 食品添加剂的生产、经营;③ 用于食品的包装材料、容器、洗涤剂、消毒剂和用于食品生产经营的工具、设备(以下称食品相关产品)的生产、经营;④ 食品生产经营者使用食品添加剂、食品相关产品;⑤ 对食品、食品添加剂和食品相关产品的安全管理。"

《征求意见稿》坚持"从农田到餐桌"全过程监管重在源头的理念,是对 2007 年《国务院关于加强食品等产品安全监督管理的特别规定》(第 503 号国务院令)的肯定。① 因为,《国务院关于加强食品等产品安全监督管理的特别规定》是对此前食品安全监管的总结,具有重要的理论意义与实践价值,对制订食品安全法也具有极其重要的参考价值。事实上,《征求意见稿》不少条款都直接来自《国务院关于加强食品等产品安全监督管理的特别规定》。

《征求意见稿》坚持"从农田到餐桌"全过程监管重在源头的理念符合食品安全监管的国际发展趋势。纵观欧美等国家的食品安全监管法律制度,不难发现这些国家也强调"从农田到餐桌"的整个过程的有效监管,其环节包括生产、收获、加工、包装、运输、贮藏和销售等;其对象包括化肥、农药、饲料、包装材料、运输工具、食品标签等。特别是欧盟于 2000 年公布了《欧盟食品安全白皮书》(*The White Paper on Food Safety in 2000*),并于 2002 年 1 月 28 日正式成立了"欧洲食品质量安全局"(EFSA),颁布了第 178/2002 号指令。《欧盟食品安全白皮书》用 116 项条款对食品安全问题进行了详细阐述,指出食品法以控制"从农田到餐桌"全过程为基础,包括普通动物饲养、动物健康与保健、污染物和农药残留、新型食品、添加剂、香精、包装、辐射、饲料生产、农场主和食品生产者的责任,以及各种农田控制措施等。联合国粮农组织与世界卫生组织于 2003 年发布了《保障食品质量与安全——强化国家食品控制体系指南》,特别强调了"从农田到餐桌"的综合概念,指出在食品生产、加工和销售链条中要始终遵循预防性原则,这是最有效降低风险的途径。要最大限度地保持消费者的利益,最根本的就是把食品质量和安全建立在食品生产从种植(养殖)到消费的整个环节。

(二) 充分体现了加大违法成本的法经济学理念

科斯(Ronald Coase)定理揭示了在交易成本为零的条件下,制度的选择不会

---

① 《国务院关于加强食品等产品安全监督管理的特别规定》第 4 条规定:"生产者生产产品所使用的原料、辅料、添加剂、农业投入品,应当符合法律、行政法规的规定和国家强制性标准"。

影响经济活动的最终效益,然而在交易成本不为零的现实世界里,制度的安排会在不同程度上影响交易的效益。① 正因为如此,我们在制定法律的时候必须重视法律制度的安排,通过改变行为人的违法成本与守法成本的不同设计,制约行为人对守法和违法的选择。对于食品生产经营者来说,在他作出违法与守法的选择时,首先要对守法和违法的成本与收益进行比较分析。当他认为自己要为其违法行为付出的成本比其违法所获得"收益"大,即负收益(严重的行政或刑事处罚等)时,他就会采取守法的方式,否则就不是一个经济人的明智选择。当他认为自己为其违法行为支付较少的成本却能够获得"较多的收益",甚至他对其违法行为不支付任何成本时,他就可能选择违法行为,而不选择守法行为。一般来说,当违法成本一定时,守法成本越低,行为人就越愿意付出,同时也意味着行为人违法成本大,被查处的风险概率高,就越趋向于守法;相反,如果守法成本越高,同时也意味着行为人违法被查处的风险概率越低,处罚力度不大,当事人就越趋向于违法。换言之,当守法成本一定时,违法成本越高,就意味着相对人违法被查处的风险概率越高,处罚力度大,相对人就越趋向于守法。所以,从理论上说,守法成本趋向于零,违法成本趋向于无穷大,行为人就越会趋向于守法,而避免违法。但是,在现实生活中,守法成本为零和违法成本无穷大都是不符合实际的。因此,要科学合理确定守法成本和违法成本以及两者之间的比例关系是规范行为人守法的关键所在,《食品安全法》在这方面做了有益的尝试。

无论从 1982 年的《食品卫生法(试行)》到 1995 年的《食品卫生法》,还是《农产品质量法》《产品质量法》《消费者权利保护法》等,都没有真正从法经济学角度思考问题,没有将加大对违法生产经营者的处罚力度,加重监督管理部门及其工作人员不依法履行职责的法律责任,提高违法行为被查处的风险概率,增加违法成本,减少守法成本,扩大守法收益的理念作为食品安全立法的理念,这也成为我国食品安全事件时有发生的主要原因之一。尤其是 2002 年到 2005 年,我国食品中毒事件、中毒人数、中毒死亡人数都在直线上升,2005 年中毒人数达到 32 553 人,死亡人数达到 381 人。② 2004 年安徽阜阳劣质奶粉事件后,国务院办公厅及相关部委几乎每年都要颁布有关食品安全监管的法规或规章,③加大对食品违法行为的打击力

---

① See Ronald Coase, "The Problem of Social Cost", Journal of Law and Economics, October 1960.
② 孙效敏.健全食品安全监管法律体系,确保构建和谐社会[M]//顾功耘.和谐社会的构建与中国经济法,北京:北京大学出版社,2007.
③ 孙效敏.健全食品安全监管法律体系,确保构建和谐社会[M]//顾功耘.和谐社会的构建与中国经济法,北京:北京大学出版社,2007.

度,取得了明显的效果。① 特别是 2007 年国务院颁布了《关于加强食品等产品安全监督管理的特别规定》,认真总结了以前有关食品安全监管立法的经验教训,针对实践中食品安全存在的突出问题,根据各监督管理部门现有的职责分工,对现行法律、行政法规有关产品安全监督管理的规定,加以重申、明确、补充,使有关食品安全监督管理的规定更具有针对性和可操作性,并以严格责任为主线,进一步明确生产经营者和监督管理部门及其工作人员的责任。《食品安全法》充分肯定了国务院《关于加强食品等产品安全监督管理的特别规定》在有效打击制售假冒伪劣食品行为中的作用,并将加大对违法生产经营者的处罚力度,加重监督管理部门及其工作人员不依法履行职责的法律责任,提高违法行为被查处的风险概率,增加违法成本,减少守法成本的理念作为食品安全立法的理念,具体体现在以下两个方面:

第一,加强惩罚力度,增加违法成本。《食品安全法》强调食品生产、流通或者餐饮服务企业必须按照法定条件和要求取得相关许可证,方可从事生产经营活动。未取得食品生产、流通或者餐饮服务许可证从事食品生产经营活动,或者未经许可生产食品添加剂、食品相关产品,构成非法经营罪,依据刑法第 225 条追究刑事责任。不构成犯罪的,由相关食品监督管理部门依据各自职责,没收其违法所得、产品和用于违法生产的工具、设备、原材料等物品,并根据其货值处以 10 万元以下或 10 倍以上 20 倍以下罚款。② 重申食品生产经营者依法取得食品生产、流通或者餐饮服务许可证后,不再具备法定的生产经营条件仍从事食品生产经营活动,构成非法经营罪,或者生产、销售不符合卫生标准的食品罪,或者生产、销售有毒、有害食品罪,依照刑法第 225 条、第 143 条或者第 144 条的规定追究刑事责任。尚不构成犯罪的,由相关食品监督管理部门依据各自职责,没收违法所得、违法生产经营的食品和用于违法生产经营的工具、设备、食品原料等物品,并根据货值处以 10 万元以下或 10 倍以上 20 倍以下罚款。可见,《食品安全法》对无照经营等违法行为首先考虑其是否构成犯罪,其次才考虑行政处罚,而在此之前的有关食品安全监管立法都是首先考虑行政处罚,其次才考虑是否构成犯罪。看起来《食品安全法》只是在对违法行为处罚时将非法经营等犯罪与行政处罚的认定顺序进行了交换,但它

---

① 2006 年与 2007 年同 2002 年至 2005 年相比,食品中毒事件与死亡人数显著下降。2006 年卫生部共收到全国食物中毒报告 596 起,中毒 18 063 人,死亡 196 人;2007 年中国内地疾病预防控制中心网络直报系统共收到食物中毒报告 506 起,中毒 13 280 人,死亡 258 人。
② 《食品安全法》规定以违法经营的货值为标准作出处罚是我国相关立法的一大突破。因为以前的立法大多按照非法所得额进行处罚,这样使得一些非法经营者社会危害性大,但非法所得少的违法经营者没有得到应有的惩罚。

实质上反映立法者的立法理念的根本转变,是我国相关立法理念的突破,它将对我国相关立法产生深远的影响。另外,值得注意的是,《食品安全法》同时还强调建立对违法行为的不良记录制度。对于食品生产经营者一年内实施同一违法行为累计超过3次的,由原发证部门吊销其食品生产、流通或者餐饮服务许可证,这无疑也增加了违法行为的成本。

  第二,加强监管力度,强化监管部门不作为的法律责任。"徒善不足以为政,徒法不能以自行。"一项法律制度的制定固然很重要,但更重要的是要看这项法律制度的实施如何,它关乎着具体的法治进程。《食品安全法》这方面也作了有益的尝试,以严格责任为主线,进一步明确监督管理部门及其工作人员的责任及不作为的后果。首先明确了县级以上地方人民政府对本行政区域的食品安全监督管理负总责,统一领导、协调本行政区域的食品安全监督管理工作,建立健全食品安全监督管理协调机制;统一领导、指挥食品安全突发事件应对工作;建立食品安全监督管理责任制,对食品安全监督管理部门进行评议、考核。县级以上地方人民政府因不依法履行食品安全监督管理的领导、协调职责,致使本行政区域内一年多次出现产品安全事故、造成严重社会影响的,由监察机关或者任免机关对政府的主要负责人和直接负责的主管人员给予记大过、降级或者撤职的处分。其次明确了县级以上食品生产、流通、餐饮服务监督管理部门的责任及不作为的后果。县级以上食品生产、流通、餐饮服务监督管理部门应当依法对食品生产经营活动实施监督管理。对依法应当取得许可证照而没有取得许可证照从事生产经营活动,或者取得许可证照或者经过认证后,不按照法定条件和要求从事生产经营活动等违法行为,生产、流通、餐饮服务监督管理部门不纠正、不处罚,造成后果的,由监察机关或者任免机关对其主要负责人、直接负责的主管人员和其他直接责任人员给予记大过或者降级的处分;造成严重后果的,对其主要负责人、直接负责的主管人员和其他直接责任人员给予撤职或者开除的处分;其主要负责人、直接负责的主管人员和其他直接责任人员构成滥用职权罪、玩忽职守罪的,依照刑法第397条规定追究刑事责任。

  长期以来,我国食品安全事故不断发生,而且有愈演愈烈的趋势,这种局面的出现,在很大程度上是因为相关政府部门的行政不作为造成的。一些政府机构和官员玩忽职守怠于履行食品安全的监管职责,造成食品市场秩序混乱,重大食品安全事故频频发生。更有甚者,一些官员以权谋私,为不法生产经营者发放行政许可证,造成了极其恶劣的社会影响。法律赋予政府机关的监管职责从一方面讲是行政权力,但更重要的一方面是法律规定的义务,是必须履行的责任。以前的法律都是规定各行政机关怎么做,但很少提及不作为的处罚措施。《食品安全法》从相反的角度规定了执法者拒绝或怠于履行监管职责以及滥用职权的法律责任和处罚措施,使这种问责机制以法律的形式确定下来,使其更规范化而且有强大的法律依据,对食品监管部门的官员有很大的震慑力。

(三)食品安全监管职能分工更加明确

《食品安全法》进一步明确了分工,在立法中引入了企业自律、媒体监督的规定。① 对当时的食品安全监管分工做了详细的说明,明确了各部门的分工,并以法律条文的形式要求国务院设立食品安全委员会来进行全方位的组织协调。② 该法中关于成立国务院食品安全委员会是最大的亮点,食品安全委员会的定位是一个高层次议事协调机构,目前由主管卫生工作的副总理韩正担任委员会主任,对全国的食品安全监管工作进行协调和指导,旨在加强部门间的信息沟通和弥补监管空隙。

《食品安全法》颁布之前,监管部门的数量多时甚至涉及20多个,相当复杂。这次进行了较大的改革,主要包括四个部委。卫生部成为食品安全监管的领导部门,过去群龙闹海却又群龙无首的局面得以改进。但是从《食品安全法》颁布以来的实践来看,卫生部门能否真正有能力承担此项重大任务令人担忧。卫生部门在食品安全方面缺乏人力,现在突然要承担这样的重任,能否在短时间内建立起有足够的人力和能力的职能机构,对其监管责任的承担有很大影响。过去卫生部门只管餐饮卫生,职能相对单一,虽然食品药品监管局也属于卫生部,但实际上食品药品监管局工作的重心在药品的监管,而食品安全方面投入的资源很缺乏。

此外,还有一方面的担心就是,按食物链来进行职能分工,仍然会出现大量的监管空隙,而食品安全事故往往就是在这个环节上出事。③ 三鹿事件就是因为在牛奶收购站这一环节出现了监管空白,作为三聚氰胺源头的奶源收购站竟然不属于上述任何部门的监管范围,最终导致了恶性安全事故的发生。如何把衔接变成无空白对接是一大难题,中国的食品安全监管模式还需要在不断地探索中寻找。

---

① 《中华人民共和国食品安全法》第7条:食品行业协会应当加强行业自律,引导食品生产经营者依法生产经营,推动行业诚信建设,宣传、普及食品安全知识。
② 《中华人民共和国食品安全法》第4条:国务院设立食品安全委员会,其工作职责由国务院规定。
③ 郑风田.解读《食品安全法》:亮点与隐忧[N].国际商报,2009-3-14.

(四)建立统一的食品安全标准制度

食品安全标准的科学性、安全性与可靠性直接关系到广大消费者的人身安全。制定实施严格的食品安全标准是实现食品安全源头治理、防患于未然的前提条件。

食品安全标准的"不标准"一直是我国食品安全监管的一大软肋。一方面我国的相关标准不仅少而且陈旧落后,未能与国际标准接轨,如食品农药残留指标我国仅规定了291条,而国际食品法典则规定了2 439条;[①]另一方面,我国食品标准又太乱,包括各种卫生标准、质量标准、农产品质量标准等,制定主体层次混乱,各标准间相互重复、层次不清甚至相互矛盾。

针对我国食品安全标准的"散、乱、差"问题,《食品安全法》第三章从两个方面对食品安全标准制度进行了制度创新:第一,统一了食品安全标准,将食品安全标准规定为强制性标准,除食品安全标准外不得制定其他的食品强制性标准。《食品安全法》第22条规定:"国务院卫生行政部门对现行的食用农产品质量安全标准、食品卫生标准、食品质量标准和有关食品的行业标准中强制执行的标准予以整合,统一公布为食品安全国家标准。"《食品安全法》给地方留了缓冲的余地,地方在某些条件下可以制定食品安全标准,但是,只能在没有国家标准的情况下,才允许制定食品安全地方标准。第二,确立了食品安全标准的动态调整机制。《食品安全法》第16条规定:"食品安全风险评估结果是制定、修订食品安全标准和对食品安全实施监督管理的科学依据;需要制定、修订相关食品安全国家标准的,国务院卫生行政部门应当立即制定、修订。"第23条第2款也要求:"制定食品安全国家标准时,要依据食品安全风险评估结果并充分考虑食用农产品质量安全风险评估结果,参照相关的国际标准和国际食品安全风险评估结果。"食品安全中的安全隐患(包括食源性疾病、食品污染以及食品中的有害因素)会随着科技的进步,不断显露出来。风险评估是一个长期的、动态的机制,食品安全风险评估结果发生变化,食品安全标准也必须作出相应的改进。建立科学、统一、权威的食品安全标准体系,既能为保障食品安全奠定基础,也对防止各个执法部门以不同标准执法各自为政有很好的预防作用。

(五)废除食品免检制度

食品免检制度设计本身就是极不合理的,并且造成了很多问题。在三鹿事件

---

① 郑风田.解读《食品安全法》:亮点与隐忧[N].国际商报,2009-3-14.

被曝光前,三鹿牛奶一直是国家免检食品,三鹿公司打着免检的旗号招摇过市,坑害了广大消费者。免检意味着监管者放弃了其应履行的监管责任,不管食品是否卫生安全,质量是否合格,只要获得了免检资格,从生产到市场流通的所有环节上便可畅通无阻。同时,免检制度还降低了企业的自律性。由于对利益的追求是企业天然的本性,既然没有了监管,那么企业就会降低标准,以最少的成本获取最大的利益。企业降低自身的管理标准,就无法保证生产出来的产品的质量安全。再者,从市场公平竞争的角度来看,免检制度造成了企业之间的不公平竞争。在信息严重不对称的市场上,获得免检的产品会给消费者造成误导,消费者对其深信不疑,无形之中就给这些企业做了免费的广告,而没有免检资格的商品即使质量过硬也得不到消费者的青睐。

鉴于免检制度的种种弊端,《食品安全法》第60条明令禁止食品安全监督管理部门对任何食品实施免检,并要求监管部门加大食品检验力度:县级以上质量监督、工商行政管理、食品药品监督管理部门应当对食品进行定期或者不定期的抽样检验;对食品进行检验时,要委托符合该法规定的食品检验机构进行,并支付相关费用。鉴于免检制度本身蕴含的法律风险和道德风险,不应只在食品类产品中废除免检制度,要在整个消费品市场上全面废除免检制度,这也是三鹿免检事件给我们的深刻教训。[①]

二、《食品安全法》存在的缺陷

由于历史条件所限,以及人们认识的局限性,《食品安全法》仍然存在一些局限性,正因为如此,《食品安全法》实施仅五年,人们就呼吁对其修改。

(一) 对食品安全概念的理解不足

我国较早规定食品安全概念的法律是《食品卫生法》,该法第6条规定:"食品应当无毒、无害,符合应当有的营养要求,具有相应的色、香、味等感官性状。"《食品卫生法》因其调整范围的局限性,从狭义上界定食品安全的概念,无疑是十分正确的,也是十分必要的,对于保证消费者生命健康安全,加强食品安全监管起到了积极的作用。

---

① 刘俊海.论食品安全监管的制度创新[J].法学论坛,2009,24(3):5-10.

而《食品安全法》本应在吸收《食品卫生法》的有益成果基础之上，对食品安全做广义的理解，但令人遗憾的是，《食品安全法》没有对食品安全做广义的理解，而是做了狭义的界定。该法第99条第2款规定："食品安全，指食品无毒、无害，符合应当有的营养要求，对人体健康不造成任何急性、亚急性或者慢性危害。"这样，《食品安全法》对食品安全概念的理解与《食品卫生法》没有任何本质上的不同。这样对食品安全概念的理解，既不符合现代社会食品安全立法发展的趋势，也不利于保护消费者的合法权益。

第一，食品安全是个广义的概念，而不是狭义的概念。所谓广义的食品安全概念，是指食品不仅应当无毒、无害，符合应当有的营养要求，对人体健康不造成任何急性、亚急性或者慢性危害，且不存在任何掺假掺杂或添加任何非法物质。"三鹿奶粉事件"发生后，国家质检部门的负责人曾对社会公众说明，当时国家食品质量检验的项目不包括三聚氰胺。换句话说，国家有关部门没有检验出三聚氰胺是正常的，没有什么可以指责的，更不需要承担什么责任。这就像病人到医院看病需要对血液进行常规化验，而没有化验肝功能，后来发现病人得了肝炎而不能指责医院没有检验出病人带有肝炎病毒一样简单。正因为如此，该负责人最后总结说，食品安全检验是有限的，食品安全隐患是无限的。这话初听起来似乎不无道理，但是如果我们认真研究此话，就不难发现这是对食品安全概念的误解。因为食品安全是指，食品应当无毒、无害，符合应当有的营养要求，且不存在任何掺假掺杂或非法添加任何添加剂，即使这些掺假掺杂物品与添加剂对人体健康没有任何危害，只要是法律没有规定允许添加，都属于非法的，该添加行为都要受到法律处罚。这一食品安全观早被美国、日本等所接受，而且也正被其他国家的立法所接受，但我国的《食品安全法》没有接受这一食品安全理念，不符合国际食品安全法的立法潮流。

第二，食品生产经营者欺诈消费者的手段是多种多样的，但最主要的有两种：一是食品掺假掺杂，二是添加非法物质。这两种行为虽然不一定对消费者人体健康造成任何危害，但这两种行为都骗取了消费者钱财，应当由《食品安全法》来规范，而不能由《消费者权益保护法》来规范，这是食品安全与一般商品不同的特性所决定的。食品掺假掺杂是指，食品经营者向食品中非法掺入外观、物理性状或形态相似的非同种类物质或同种类劣质物质，使消费者难以从该掺假掺杂物质基本外观进行鉴别的谋利行为。食品掺假掺杂的方法很多。但主要有四种：添加物属于正常食品或原辅料，仅是成本较低；添加物是杂物，诸如在食品中掺入一定数量的外观类似的物质取代原食品成分；在食品中掺入一定数量种类相同但质量低劣的食品取代质量高食品;从食品中提取出部分营养成分后仍冒充成分完整等。但从对消费者人体健康安全来看,食品掺假掺杂既可能是安全的,也可能是不安全的。如果从狭义的食品安全观理解食品安全的概念,掺假掺杂食品对人体无害,食品监管部门就不应该对该掺假掺杂行为进行监管,比如屠宰企业在屠宰猪时注入无毒无害的饮用水,肉食品经营者销售无毒无害的注水猪肉等。但是,无论掺假物质是否对人体健康有害,都应当被食品安全法所禁止。对于无安全隐患的掺假掺杂食品,在美国食品安全法中被称为"经济欺诈",因为掺假掺杂的食品经营者,都是通过掺假掺杂谋取暴利,而消费者没有购买到货真价实的食品。添加非法物质是指,食品经营者向食品中非法掺入非传统食品原料与法定添加剂以外的物质。换言之,任何食品生产加工企业向食品添加任何非传统食品原料或添加尚未列入国家食品添加剂目录的食品添加剂,或超越国家规定使用范围使用食品添加剂,或超过国家规定剂量使用食品添加剂的行为都是非法的。这样要求食品生产加工企业虽然有点苛刻,但这是保护消费者人体健康必不可少的。遗憾的是《食品安全法》没有充分体现广义的食品安全概念,而是在该法第85条规定,对经营腐败变质、油脂酸败、霉变生虫、污秽不洁、混有异物、掺假掺杂或者感官性状异常的食品,有关主管部门按照各自职责分工,没收违法所得、违法生产经营的食品和用于违法生产经营的工具、设备、原料等物品。同时对违法生产经营的食品货值金额不足10 000元的,并处2 000元以上50 000万元以下罚款;货值金额10 000元以上的,并处货值金额五倍以上十倍以下罚款;情节严重的,吊销许可证。

(二) 对食品标签的重要性认识不足

食品标签是指,粘贴、印刷、标记在食品或其包装容器上,用以表示食品名称、质量等级、商品量、食用或者使用方法、生产者或者销售者等相关信息的一切附签、吊牌、文字、图形、符号说明物。《预包装食品标签通则》(GB 7718—2004)规定,食品标签是指食品包装上的文字、图形、符号及一切说明物。食品标签是对食品质量特性、安全特性、食用、饮用说明的描述。它具有如下作用:

其一,食品标签既是食品加工企业必须依法履行其向消费者提供有关食品信息的载体,也是食品加工企业保护自己合法权益的依据。食品标签是食品生产加工企业为自己的食品量身定做的"制服"。它能让消费者一目了然地分辨食品的类别和质量等级等信息,是食品生产加工企业"免费"宣传自己产品,提高产品竞争力,增加市场占有率的有效途径。另外,在食品标签上表明食品的生产日期、保质期和贮存条件等,也是食品生产加工企业保护自己合法权益的合法依据。当消费者超越保质期或贮存条件不符合食品标签说明的要求,造成食品变质、变味等,食用后造成人体健康损害时,食品生产加工企业可以根据食品标签的说明免除其责任。

其二,食品标签既是食品销售企业贮存食品、保管食品、合法销售食品的法律依据,也是食品销售企业保护自己合法权利的法律依据。食品销售企业必须在食品标签注明的保质期之前销售食品,一旦超过保质期必须依法处理,不得销售。食品销售企业按照食品标签的说明贮存、保管条件贮存、保管食品,因食品质量问题给食品消费者造成人体健康损害的,应当承担责任,但可以依据食品标签向食品生产加工企业或前销售企业追偿。

其三,食品标签既是消费者保护自己合法权益,防止食品经营者欺诈的法律依据,也是检验消费者诚信的试金石。美国食品安全法对食品标签必须记载的信息,标签的大小等作出明确具体的规定,一旦食品生产加工企业对食品标签作出不真实的说明,或误导消费者的说明,消费者可以状告食品生产加工企业欺诈。英国食品安全将食品标签信息不真实,或具有误导性信息视为犯罪。《食品安全法》第96条规定:"生产不符合食品安全标准的食品或者销售明知是不符合食品安全标准的食品,消费者除要求赔偿损失外,还可以向生产者或者销售者要求支付价款十倍的赔偿金。"2014年《消费者权益保护法》规定,经营者欺诈消费者时,消费者可以获得三倍赔偿。而要辨认食品是否安全,或食品经营者是否存在欺诈行为的主要依据之一,是看食品标签记载的信息是否与食品的质量等一致。因此,食品标签是消费者维护自己合法权益的法律依据。同时,食品标签也是检验消费者诚信的试金石。食品与一般产品最大的区别之一,就是食品安全纠纷存在"消费者欺诈"。比如部分食品对贮存条件等有特别要求,并在食品标签中予以说明,如果消费者没有按照食品标签的说明贮存食品,或者贮存不当,导致食品变质、变味等,向食品经营者索赔,就构成"消费者欺诈"。所以,在某种意义上说,食品标签是检验消费者诚信的试金石。

正因为食品标签具有以上重要作用,西方发达国家的食品安全法都十分重视规范食品标签行为,并对食品标签应当记载的信息、标签的大小、标签在食品包装的位置等作出了规定。目前,国家质检总局、卫生部等部委颁布了《预包装食品标签通则》《预包装特殊膳食用食品标签通则》《食品营养标签管理规范》《进出口食品标签管理办法》《农业转基因生物标识管理办法》等规章,对食品标签也作了比较详尽的规定,但与发达国家相比还存在一些差距,比如有的国家规定标签应该标明已知的致敏物质,因为有一些人对某些物质过敏,如果不在标签上表明这些成分,不告诉消费者,这些人食用后会急性发病,甚至死亡。苹果汁须标出苹果含量、果糖多少等,以免食品经营者欺诈消费者等。但我国这些规章对食品标签的规定并不尽如人意,甚至存在"漏洞",比如对食品标签的大小及标签在食品包装上的位置等就没有具体规定,而美国在这方面比我国做得好。尽管如此,更糟糕的是我国这些有关食品标签的规章在实践中也没有得到很好执行。因此,我们希望《食品安全法》能在这方面弥补有关规章的不足,但令人遗憾的是,《食品安全法》仅对食品标签作了一般性的规定,尚未对食品生产加工企业没有依法在食品标签表明法定信息,或虚假表示或引人误导的表示承担什么责任作出具体规定,即使有关规章对此作出规定,但也不足以抑制食品生产加工企业的食品标签违法行为。

(三) 对充分发挥消费者的制衡作用认识不足

食品安全不仅是关系人民的生命健康安全的大问题,也是关系国家经济建设劳动力需求能否得到满足的大问题。食用不安全食品不仅影响人们的身体健康,甚至可能剥夺人们的生命,同时还可能增加个人的经济负担与国家的财政负担,使本来经济并不富裕的家庭陷入困境,使本来捉襟见肘的社保资金雪上加霜。因此,党中央国务院十分重视食品安全问题,不断加强对制造、销售掺假掺杂食品、假冒食品、不安全食品的打击力度。但是,由于我国食品生产加工经营企业大约有50万余家,种植养殖点大约有1 200万个,而且以分散经营为特点,加之国家食品安全监管部门人力财力有限,不可能采取"人盯人"的监管模式,而必须充分发挥消费者的制衡作用,鼓励消费者积极同制售不安全食品或掺假掺杂食品的生产加工企业作斗争。但令人遗憾的是,《食品安全法》的制定者没有充分意识到消费者的制衡作用,将《食品安全法(草案)征求意见稿》(以下简称《征求意见稿》)第90条:"食品生产经营者违反本法规定,给消费者造成人身、财产损害的,应当依法承担赔偿责任。食品经营者以假充真或者销售不安全食品,除赔偿消费者的损失以外,消费者还可以要求其支付价款10倍的赔偿金。"修改为《食品安全法》第96条:"违反本法规定,造成人身、财产或者其他损害的,依法承担赔偿责任。生产不符合食品安全标准的食品或者销售明知是不符合食品安全标准的食品,消费者除要求赔偿损失外,还可以向生产者或者销售者要求支付价款10倍的赔偿金。"这无疑是历史的倒退,其原因主要有以下几方面:

第一,10倍赔偿金成为镜中之花。中国有句名言:"困难像弹簧,看你硬不硬,你软它就硬,你硬它就软。"事实上,消费者与食品生产者和经营者是互动关系。消费者的懦弱就是假冒伪劣食品生产者、经营者投机专营的机会,消费者积极主动行使权利,维护自身的合法权益,食品生产者、经营者生产销售假冒伪劣的行为就有所收敛,而不敢肆无忌惮。所以,消费者有无强烈的自我保护意识,在某种意义上说,是抑制食品生产经营者生产销售假冒伪劣食品与消费者合法权益不受非法侵害的关键所在。1993年颁布的《消费者权益保护法》在这方面作了初步尝试,并取得了比较好的效果。该法第49条:"经营者提供商品或者服务有欺诈行为的,应当按照消费者的要求增加赔偿其受到的损失,增加赔偿的金额为消费者购买商品的价款或者接受服务的费用的一倍。"①这就是所谓"退一赔一""双倍赔偿"的法律依据。在"退一赔一"机制的鼓励下,全国各地相继出现了类似"王海式"的打假英雄,让制造销售假冒伪劣商品的经营者"胆战心惊""闻风丧胆"。对于食品以外的一般商品而言,"退一赔一"似乎在一定程度上既可以抑制假冒伪劣商品,也可以保护消费者的合法权益。但是,由于食用不安全食品直接威胁到人们的生命健康,其危害性要比一般假冒伪劣商品大得多,而且购买食品的价款一般也比较少,适用"退一赔一"规则既不利于保护消费者合法权益,也不利于抑制生产销售假冒伪劣食品行为。所以,《食品安全法》第96条规定了生产不符合食品安全标准的食品或者销售明知是不符合食品安全标准的食品,消费者除要求赔偿损失外,还可以向生产者或者销售者要求支付价款10倍的赔偿金。但仔细研究不难发现,消费者购买食品的价格一般不高,试问消费者为了这10倍的赔偿到外地向生产商索赔可行吗?另外,销售不符合食品安全安全标准的企业也往往会以不知为由,抗辩消费者行使10倍的赔偿权,使10倍赔偿权成为空中楼阁。更引人深思的是,该条不包括制售掺假掺杂食品,如果食品生产加工企业生产加工掺假掺杂食品,或者食品销售企业销售明知掺假掺杂食品,消费者就不能得到10倍赔偿。这无疑是一个巨大的历史性倒退。

第二,增加了消费者维权的难度。众所周知,《消费者权益保护法》第49条虽然规定了"退一赔一"或"双倍赔偿"制度,但要真正得到双倍赔偿并非容易。因为,《消费者权益保护法》规定消费者要得到双倍赔偿必须满足以下几个条件:① 经营者有欺诈的故意;② 消费者有因经营者的欺诈而上当受骗的结果;③ 消费者上当受骗的结果与经营者的欺诈有因果关系。在实践中要同时满足这几个条件是比较

---

① 2014年修正的《消费者权益保护法》第55条规定为三倍赔偿。

困难的,有时甚至是不可能的,其主要原因在于消费者证明经营者具有欺诈的故意十分困难。这就使得经营者在很多情况下逃脱了"双倍赔偿"的惩罚。另外,《消费者权益保护法》仅将欺诈作为"双倍赔偿"的唯一条件,也不符合我国的实际。正因为如此,有的学者指出:"除了故意的欺诈以外,恶意的不作为、重大过失、极端轻视他人权利的行为均可以适用惩罚性赔偿制度。"①《征求意见稿》对《消费者权益保护法》进行了扬弃,第 90 条规定:"食品经营者以假充真或者销售不安全食品,除赔偿消费者的损失以外,消费者还可以要求其支付价款 10 倍的赔偿金。"这样,只要消费者能够证明食品生产经营者以假充真或者销售掺假掺杂不安全食品就可以获得其支付价款 10 倍的赔偿金,不需要承担经营者具有欺诈的举证责任,明显地降低了消费者维权的难度,这无疑也是《征求意见稿》一大亮点。② 但令人遗憾的是,《食品安全法》第 96 条的规定完全改变了这一切。

第三,删除了鼓励消费者举报是一大遗憾。公益诉讼制度与举报制度相比较具有诸多优越性,这已被美国等发达国家与发展中国家的实践经验所证实,而且我国也有众多的学者从不同角度对建立公益诉讼制度的可行性与必要性正在进行论证。但是,从我国的实际出发,笔者认为,我国目前实行公益诉讼制度还有很多理论问题与实践问题没有得到解决,不具备实行公益诉讼制度的社会基础,所以,公益诉讼制度目前仍然停留在理论研究阶段,不可能在近几年提到立法日程。这样,在消费者不可能通过公益诉讼的形式同制售假冒伪劣食品与不安全食品的生产经营者做斗争的情况下,我国建立健全消费者奖励举报制度,既可以弥补没有公益诉讼制度的缺陷,也可以有效地遏制制售假冒伪劣的行为。事实上,早在 2001 年 10 月 24 日财政部、工商总局、质检总局就制定了《举报制售假冒伪劣产品违法犯罪活动有功人员奖励办法》(财行〔2001〕175 号),之后各省市也根据自己的实际制定了相关规定。③ 这些制度的实施在一定程度上抑制了制售假冒伪劣食品与不安全食品行为,并取得了较好的效果。2007 年《国务院关于加强食品等产品安全监督管理的特别规定》肯定了这一做法,并在第 19 条规定:"任何组织或者个人对违反本规定的行为有权举报。接到举报的部门应当为举报人保密。举报经调查属实的,受理举报的部门应当给予举报人奖励。农业、卫生、质检、商务、工商、药品等监督

---

① 参见王雪琴.惩罚性赔偿制度研究[M].《民商法论丛》总 20 卷,香港金桥文化出版有限公司,2001:136-137.
② 孙效敏.论《食品安全法(草案)》立法理念四大突破[J].法学杂志,2009,30(2):63-66.
③ 孙效敏.论《食品安全法(草案)》立法理念四大突破[J].法学杂志,2009,30(2):63-66.

管理部门应当公布本单位的电子邮件地址或者举报电话;对接到的举报,应当及时、完整地进行记录并妥善保存。举报的事项属于本部门职责的,应当受理,并依法进行核实、处理、答复;不属于本部门职责的,应当转交有权处理的部门,并告知举报人。"《征求意见稿》第 9 条也做出了类似的规定,即消费者举报食品生产经营企业的违法犯罪行为经查证属实的,有关的食品安全监督管理部门应当对举报人给予奖励。但《食品安全法》不仅没有确认 2007 年《国务院关于加强食品等产品安全监督管理的特别规定》有关奖励举报人的规定,而是删除了《征求意见稿》有关奖励举报人的规定,这不能不说是一大遗憾。[①] 但令人兴奋的是,不少地方政府正在不断加大消费者举报奖励的力度,充分发挥消费者的制衡作用。如 2009 年 4 月 25 日《新民晚报》报道,上海市食品药品监管局向社会公布了《关于对严重危害食品药品安全违法活动的举报给予重奖的通告》,该通告规定,对于举报有功人员,经核实可给予的举报奖励,奖励金额按照 2007 年《上海市食品药品监督管理举报有功人员奖励办法(试行)》规定奖励金额的双倍计算,即奖励金额最低不少于 1 万元,最高达 5 万元。2014 年 7 月 2 日全国人大颁布的《食品安全法修订草案》虽然没有在总则中规定有奖举报制度,但在分则中确认了有奖举报制度。

第四节 食品安全监管基本理论

我国实际部门与学界对食品安全监管研究起步比较晚,这是由我国食品发展的阶段性所决定的。从新中国成立初期到 20 世纪 90 年代,我国食品生产存在着严重的供求矛盾,追求食品数量,解决粮食严重短缺成为政府首要考虑的问题。但随着农业生产的发展,粮食短缺问题基本得到解决,从丰年有余到基本满足,我国食品市场需求矛盾已经由数量需求向质量安全需求转变。尤其是近年来频发的食品安全事件,使人们更加关注食品安全问题。目前,我国学界对食品安全监管理论研究主要有:供应链理论、博弈论、信息不对称等。但本书主要运用信息不对称理论研究食品安全监管问题,故在此仅研究信息不对称。

---

① 孙效敏.论《食品安全法(草案)》立法理念四大突破[J].法学杂志,2009,30(2):63-66.

一、信息不对称理论

信息不对称这一概念最初是肯尼斯·约瑟夫·阿罗于1963年提出的,之后斯蒂格利茨、阿克尔洛夫与斯彭斯三人运用信息不对称理论对市场进行分析,并作出重要贡献,因此而获得2001年诺贝尔经济学奖。我国学者对信息不对称理论研究不到20年,运用信息不对称理论分析食品安全问题的时间更短。学者们普遍认为,按消费者获得商品信息的途径,可以将商品分为三类:搜寻品、经验品和信用品。食品质量具有信用品、经验品与搜寻品依次递减的特征。由于消费者与食品生产经营者之间存在严重信息不对称,造成逆向选择与道德风险,而逆向选择与道德风险是影响食品质量安全问题的根本因素。因此,解决食品质量安全问题的主要方法,就是解决消费者与农产品生产经营者之间信息不对称问题,食品质量安全监管的核心就是想方设法让消费者了解更多的食品安全信息。周德翼、王秀清、林镝、安凡所、尹志洁等学者以信息经济学的相关理论为依据研究和探讨这一相关问题,并得出一些有价值的研究结论。周德翼在分析食品安全管理信息不对称的基础上,提出了整个食品安全管理体系关键取决于政府的宏观管理,只要政府的行为确定,生产者会在利润目标的驱使下,自动寻找有效率的质量安全内部管理方法。深入分析了食品安全管理中各个环节和方面的信息不对称,从理论上论证了政府食品安全管理制度本质上是一个信息管理的成本—收益问题,有效率的宏观管理制度能以最低的质量安全信息管理成本揭示最多的质量安全信息,最大程度地减少食品质量安全管理中的信息不对称。王秀清等认为形成食品安全问题的经济学原因是信息不对称,信息不对称造成了食品市场中的"柠檬问题",生产经营主体的机会主义行为导致低质伪劣食品将高质量食品挤出市场并占领食品市场,食品优质优价机制难以形成。

二、食品安全信息不对称

信息不对称现象,是指交易双方占有的有关交易的信息不均衡,一方比另一方占有较多的信息,处于信息优势地位,而另一方则占有较少的信息,处于信息劣势地位。[①]

---

① 王俊豪.政府管制经济学导论[M].北京:商务印书馆,2001:127.

经济学研究认为,在各种交易市场上,都不同程度地存在着信息不对称的问题,商品市场就是其中典型的例子。在商品市场上,交易双方一般都是生产者、销售者或消费者。其中,生产者往往只生产少数几种产品,能够充分掌握自己所生产产品的真实信息,因此对于销售者而言,其明显处于信息优势地位;销售者虽然不可能像生产者那样拥有第一手的产品信息,但是多年的销售活动和经验,使其对自己所经营商品的质量、可靠性以及性能价格比等信息也有相当的了解,这相对于消费者来说也就形成了较大的信息优势。

食品作为一种特殊的商品,其生产、销售过程中的信息不对称现象更为突出,已成为我国目前食品市场上的普遍问题。具体表现在如下几个方面:①

第一,农业生产资料供给者与农业生产者之间的信息不对称。农药、化肥、饲料添加剂等是农民从事农业生产的主要生产资料,它们质量的好坏,合理使用的剂量范围等会直接影响到农产品的食用安全。但是作为主要使用者的农民群体,整体文化水平较低,安全知识匮乏,对农资真伪、质量的鉴别能力有限,因此对于这些生产资料的了解程度,远远不及供应商了解得深,供应商出于自身经济利益的考量,往往不会主动提供真实信息,由此产生了农业生产资料供给者与农业生产者之间的信息不对称。

第二,农业生产者与农产品加工者之间的信息不对称。农业生产的环境状况、原料的使用情况是保证食品"从田间到餐桌"质量安全的基础。② 然而目前,环境污染造成的有毒有害物质在动植物体内的积蓄,成为食品污染的重要源头之一。在农产品的生产过程中,农药、兽药、化肥添加剂等化学物质过量使用,造成的化学物残留也给食品安全带来了一定的威胁。但是这些隐患的检测需要专业的知识和检测仪器,对于大多数小型农产品加工者来说不仅成本太高,而且也缺乏技术和设备。由此,也产生了农业生产者与农产品加工者之间的信息不对称。

第三,食品生产加工者与销售者之间的信息不对称。基于食品的特性,食品加工过程对于加工企业的生产条件、卫生条件、人员健康条件以及保存运输环境等都有着严格的要求,在这一系列环节中稍有不慎即会发生大量微生物的繁殖,从而给食品消费者的健康带来损害。但对于销售者来说,他们并不具备充分获取食品在加工过程中安全信息的能力,从而产生了食品加工者与销售者之间的信息不对称。

---

① 李红.食品安全信息披露问题研究[D].武汉:华中农业大学,2006:11-12.
② 何坪华,何信生,周德翼.从消费者角度检视我国食品安全信息的缺失[J].河南农业科学,2005,34(12):93-97.

第四,食品销售者与消费者之间的信息不对称。消费者处于食品链的终端,食品信息经过层层缺失,到消费者时容量已十分有限,除了依赖外在感官体验和日常的经验积累外,几乎无法获得与食品安全有关的其他信息(如化学物残留、微生物污染等等)。另一方面,作为食品直接供给者的销售商,其进货渠道、销售行为也会影响到食品的质量安全。如果销售商严把进货关,将低质、"三无"产品拒于门外,使之无法进入流通环节,同时严格自律,规范销售行为,及时下架销毁过期食品、召回有问题食品,则也能在很大程度上减少发生食品安全事故的风险。但是,食品销售商往往却为了牟取自身的经济利益,对这些信息予以隐瞒或者虚假披露,而消费者限于信息搜寻成本的制约,无法确切了解相关信息,由此产生了食品销售者与消费者之间的信息不对称。

三、食品安全信息不对称的影响

(一) 逆向选择,食品安全整体状况恶化

信息不对称有两种情况,在正常情况下,尽管存在着信息不对称,但根据通常所拥有的市场信息也同样可以保证产品和服务的生产与销售有效进行;而在另外一些情形下,信息不对称则会引发逆向选择。所谓逆向选择,简单说来就是由于信息的不对称,市场交易双方中的一方由于比另一方知道的信息少,因而承担了较高成本的现象。[①] 关于逆向选择,诺贝尔奖得主乔治·阿克洛夫在其论文《柠檬市场:质量不确定性和市场机制》中做了深刻而又具有普遍意义的论证。这个著名的"柠檬"问题,主要是描述当产品的卖方对产品质量比买方拥有更多的信息时,就会导致出售低质产品的情况,从而使低质量产品驱逐高质量商品,造成市场上的产品质量持续下降。从这种现象出发,阿克洛夫提出了逆向选择理论,说明信息失衡"可能导致整个市场瘫痪,或是形成对劣质产品的逆向选择"。[②]

我们假定在食品市场上存在两种类型的产品:一种是安全质量较好的食品,另外一种是质量安全较差的食品。在信息不对称的条件下,卖者显然比买者对食

---

① 王俊豪.政府管制经济学导论[M].北京:商务印书馆,2001:128.
② Akerlof.George, The Market for "Lemons": Quality, Uncertainty and the Market Mechanisms, Quarterly Journal of Economic, vol.84, 1970.转引自张涛.食品安全法律规制研究[M].厦门:厦门大学出版社,2006:64.

品的质量属性拥有更多的信息,不安全食品的生产者为牟取私利,往往会将有关食品质量特征的真实信息"隐藏"起来,那么这时,整个市场会出现"以次充好"的现象。由于消费者并不拥有食品市场产品质量的真实信息,消费者也就不能识别食品安全与否,只能根据对整个市场的估计决定购买数量以及支付的价格。安全的食品和不安全的食品被消费者以同样的方式对待,可能导致"劣币驱逐良币"现象的出现。不安全的食品在成本上具有优势,从而在销售上也可能占有优势,而安全的食品则可能因为价格因素被排挤到市场之外。在新一轮的市场竞争中,原本安全食品的生产者为了降低成本,可能更多采取使用化肥、农药或其他损害食品安全质量的行为,从而进一步降低食品的安全质量;原本不安全食品的生产者为了牟取更大的经济利益,可能会进一步扩大采用损害食品安全手段的范围,进而制造出更多的不安全食品。另一方面,当消费者发现所购食品并不如预计的那样安全时,他们就会进一步降低对市场上食品安全质量的估计,降低愿意支付的价格水平。①

这样,市场上食品的安全质量可能陷入恶性循环:消费者不愿意为安全的食品支付高昂的价格,同时,在市场竞争的压力下,更多不安全的食品充斥市场,而生产成本高的安全食品有可能被淘汰出市场,市场上食品的安全质量可能进一步下降。这种恶性循环的结果最终将导致市场的蜕化和"柠檬市场"的出现。②

(二) 成本上升,食品安全监管难度加大

市场经济条件下政府的主要经济职能之一就是加强市场监管,规范市场秩序,运用一定的行政和法律手段对企业的经营行为进行规范和约束,以维护市场的公平竞争环境。然而,政府对市场的监管离不开对市场相关信息的占有,信息占有的越完备,监管成本则越小。假设市场上有关某食品的安全信息是充分的,每个交易环节上的信息都能充分披露,那么市场交易者可以通过对相关信息的掌握和分析来理性选择所需的生产资料或食品,市场机制将充分发挥作用,政府只需要保证市场正常运行,为此所付出的成本应当是很小的。但这种信息充分完备的情况基本属于理论上的研究假设,现实中很难达到,因此政府为加强监管的效果,就必须花费更多的资源来对可能出现食品安全问题的诸多环节逐一监测、检验,以获取相关食品的安全信息。这种监管方式范围广、环节多、专业性和技术性强,加之我国食

---

① 安凡所.非对称信息下农产品的"质量安全"问题与治理模式选择[J].南方经济,2005(6):46-48.
② 周德翼,杨海娟.食物质量安全管理中的信息不对称与政府监管机制[J].中国农村经济,2002(6):29-35.

品生产企业的规模一般较小,地域分布也较分散,这就更加加重了政府在食品安全监管中的成本负担,使政府的监管难度上升,不利于食品市场的健康发展。

(三) 道德风险,消费者权益易受侵犯

信息不对称造成了交易双方的地位不平衡,而信息优势方为了自身利益的最大化,往往会利用其信息优势地位,采用微妙隐蔽的手段,千方百计地藏匿有关信息,从而转嫁本应由自己承担的成本或风险,谋取不正当利益,从而产生了经济理论上所谓的"道德风险"问题。① 在信息不对称的情况下,食品生产经营者的道德风险主要是通过两种方式产生的:一是生产经营者利用消费者对食品价格信息掌握不完全的情况,对消费者封锁价格信息,甚至提供虚假的价格信息,误导消费者上当受骗,谋取不当利益。市场上常见的价格信息欺诈有:不明码标价,不明码实价,谎称降价实际提价,降低食品品质,隐形涨价等。这种情况经过政府多年的监管努力,目前在市场上影响已不是很大。二是生产经营者利用自己对食品了解的信息优势,对食品进行虚假、夸张、失真的宣传或陈述,欺骗消费者,特别是科技含量高、制作工艺复杂的食品。如有些企业用复原奶来制造酸奶、乳酪等奶制品,却向消费者隐瞒其使用复原奶的事实;有些食品原本并不符合绿色食品的标准,但生产企业却私自在包装上标注绿色食品标识。种种这些行为都严重侵害了消费者的合法权益。②

四、解决食品安全信息不对称的途径

既然信息不对称对食品安全存在着巨大的负面影响,那我们就应当在制度上进行适当设计,来缓解食品市场上交易双方信息不对称的矛盾,防止信息优势方利用特殊地位损害食品安全。

在理论上,学界一般把信息区分为私有信息和公有信息。私有信息是指被接近和熟悉此物品的人"私自"观察到,而那些无法接近此物品的人却无从了解或难以了解的信息。该信息只为一个占有者使用,如果他人想获取该信息,必须付出一

---

① 经济学意义上的道德风险是指信息不对称的前提下,信息优势方利用对方无法进行有效监督的条件下,在最大限度地增进自身效用时所作出的不利于对方的行为。参见李会明.非市场失灵理论与中国市场经济实践[M].上海:立信会计出版社,1999:15.

② 刘大洪,廖建求,刘建新.消费信息不对称的法律规制[J].中国工商管理研究,2004,18(3):61-66.

定的成本。公有信息则是大家都知道或者所有有关的人都知道的信息,表现为同一内容的信息可以被两个或两个以上的使用者使用而不需要附加任何条件。正是因为私有信息的存在,才导致了信息不对称的产生。①

食品生产经营者将食品生产的原料、配方、制作流程、原材料来源以及食品的进货渠道、保存期限等信息作为"商业秘密"私自占有,使消费者对于食品的生产—包装—运输—销售的整个过程处于毫不知情的状态,只能通过外观上观察到的食品性状来做出购买与否的判断,要掌握更多的信息必须付出高昂的代价;政府为了对食品市场进行有效监管,运用先进的检验设备和技术,能够获得大量的食品安全信息。但是这些信息除非被公开,一般也只能被行政机构及其相关工作人员所掌握,成为政府的私有信息,公众却无法知悉。

由此可见,要缓解因信息不对称而对食品安全产生的不利影响,就必须将这些由生产者或政府独自所占有的私有信息披露出来公之于众,使之成为能够由市场所有主体所自由获取的公共信息。因此,食品安全信息的披露成为解决信息不对称问题的关键途径。

第五节 食品安全监管标准

一、食品安全标准

食品安全标准是指为了保证食品安全,保障公众健康,对食品生产、加工、流通和销售等全过程中影响食品安全和质量的各种要素以及各关键环节进行控制和管理所规定的统一技术要求。食品安全标准既是食品生产加工企业组织生产加工的依据,也是食品安全监管部门判断食品是否存在有毒有害物质,是否存在掺假掺杂,并对违法企业进行处罚的法律依据,同时也是消费者保护其合法权益的法律依据。

根据《食品安全法》第 20 条的规定,食品安全标准应该包括如下内容:食品、

---

① 王则柯,何洁.信息经济学浅说[M].北京:中国经济出版社,1999:6.

食品相关产品中的致病性微生物、农药残留、兽药残留、重金属、污染物质以及其他危害人体健康物质的限量规定；食品添加剂的品种、使用范围、用量；专供婴幼儿和其他特定人群的主辅食品的营养成分要求；对与食品安全、营养有关的标签、标识、说明书的要求；食品生产经营过程的卫生要求；与食品安全有关的质量要求；食品检验方法与规程；其他需要制定为食品安全标准的内容。目前，我国已有食用农产品质量安全标准、食品卫生标准、食品质量标准以及行业标准近5 000项。卫计委已公布乳品安全标准，食品中污染物、真菌毒素、致病微生物和农药残留限量，食品添加剂和营养强化剂使用、食品生产经营规范、预包装食品标签和营养标签通则等食品安全国家标准，以及相关食品标准、生产经营过程的卫生要求和配套检验方法等共计411项。[①] 这些食品安全标准对提高我国食品安全质量，保护广大人民群众身体健康起到极其重要的作用，但与发达国家相比，仍然存在一定的差距。

根据《食品安全法》第3章规定，我国食品安全标准分为国家标准、地方标准与企业标准。为了及早改变我国食品安全标准相互冲突，标龄过长与标准空缺的状况，原国家卫生部发布了《食品安全国家标准管理办法》(卫生部77号令)、《食品安全地方标准管理办法》(卫监督〔2011〕17号)与《食品安全企业标准备案办法》(卫政法发〔2009〕54号)。

食品安全国家标准是指，由国务院卫生行政部门负责制定、并经食品安全国家标准审评委员会审查通过，再由国务院卫生行政部门对外公布的食品安全标准。

食品安全地方标准是指，没有食品安全国家标准，但需要在省、自治区、直辖市范围内统一实施的，可以由省级人民政府的卫生行政部门组织制定食品安全地方标准。食品安全地方标准包括食品及原料、生产经营过程的卫生要求、与食品安全有关的质量要求、检验方法与规程等食品安全技术要求。但食品添加剂、食品相关产品、新资源食品、保健食品不得制定食品安全地方标准。

食品安全企业标准是指，因企业组织生产的食品没有食品安全国家标准或者地方标准作为依据，而制定的食品安全标准，并以此作为组织生产的依据。国家鼓励食品生产企业制定严于食品安全国家标准或者地方标准的企业标准。企业标准应当报省级卫生行政部门备案，在本企业内部适用。

---

① 中国食品安全标准体系初步建成[N].河南日报,2014-01-17(07).

二、食品安全标准存在的问题

如前所述,根据《食品安全法》第3章规定,我国食品安全标准分为国家标准、地方标准与企业标准,而且食品安全标准是强制性标准。学界对我国食品安全标准一直诟病的原因是:各种标准相互冲突,相互矛盾;有的标准严重滞后,标龄已达10多年都未修改;有些急需的食品安全标准又没有,严重制约食品工业的发展等。但笔者及所在课题组研究发现,我国食品安全标准最大的问题除了目前学界所说的上述问题外,我国食品安全标准体系还存在着问题。

众所周知,食品可以分为预包装食品与非预包装食品。根据《预包装食品标签通则》(GB 7718—2011)的有关规定,预包装食品是指,预先定量包装或者制作在包装材料和容器中的食品,包括预先定量包装以及预先定量制作在包装材料和容器中并且在一定量限范围内具有统一的质量或体积标识的食品。但是为了防止运输过程中食品被污染,对食品进行运输包装或商店称量销售的简易包装水果、蔬菜、水产品、畜肉、禽肉、蛋类、小块糖果、即食快餐盒饭等非定量包装食品,以及不向消费者直接销售的食品和餐饮企业使用的原料、辅料,即使具有包装,不属于预包装食品。预包装食品之外的食品就是非预包装食品。

由于食品经过预包装之后可以延长食品的保质期,短则几天,长则几年。因此,预包装食品既可以在一个行政辖区内销售,也可以在全国销售,而非预包装食品只能在一个行政辖区内销售。这样就会出现一个问题,A省的食品安全地方标准低于B省的食品安全标准。A省某企业的产品在B省销售,B省的食品安全监管部门对A省某企业的产品是依据A省的标准执法还是B省的标准执法?根据A省的食品安全地方标准,该产品符合食品安全地方标准,但根据B省的食品安全地方标准,该产品不符合食品安全地方标准,应该依法处罚。但根据我国地方行政法规的效力范围只限于该行政辖区之内的惯例,B省的食品安全监管部门只能依据B省的食品安全地方标准执法。这样即使A省某企业的产品符合A省的食品安全地方标准,在B省销售,B省的食品安全监管部门必须依法进行处罚否则就是渎职。

更重要的是食品安全标准的提高,必然增加食品生产加工企业的成本,降低其市场竞争力。我国的国情是对地方政府考核的重要依据之一是GDP,而且改革开放后我国食品工业对GDP的贡献一直处于前列,因此,各省为了提高GDP,就有可能制定较低的食品安全地方标准,鼓励本省食品生产加工企业生产加工预包装食品,并销往外省。这样就必然在食品安全地方标准中出现劣币驱走良币的现象。因此,笔者建议食品安全地方标准只适用于非预包装食品,而不适用于预包装食品。

至于制定食品安全企业标准,笔者一直持否定态度。其理由是:第一,《食品安全法》规定,在没有食品安全国家标准与食品安全地方标准的情况下可以制定食品安全企业标准。但我国食品安全标准体系极不完善,至今一些急需要的食品安全国家标准仍然没有制定,处于空白,地方政府制定食品安全地方标准的积极性又不高,让企业制定食品安全企业标准弥补食品安全国家标准的不足,这本身就有国家有关部门不作为之嫌。恐怕除了中国有食品安全企业标准之外,在世界上再也找不到第二个国家。第二,根据经济人的理论,企业制定食品安全企业标准,首先考虑的不是消费者的健康,而是自己的盈利水平与市场竞争力。将涉及消费者生命健康的食品安全标准交给企业制定,是对人民身体健康极其不负责任的表现。因此,在发达国家只有食品安全国家标准与行业标准。在《食品安全法》颁布之前,我国也没有食品安全企业标准,这说明《食品安全法》在食品安全标准方面是一种倒退。第三,食品质量安全具有信任品的性质,即人们在购买之前或食用之后,有时很难判断食品是否含有有毒有害物质,只要食品含有有毒有害物质的量达不到立刻导致食物中毒,发生食品安全事件,消费者一般不会发现,即使后来发生"食品安全事故",也很难证明某种食品与损害之间的因果关系。因此,希望企业制定有利于消费者的食品安全标准,是不现实的。第四,《食品安全法》虽然鼓励企业制定高于食品安全国家标准的企业标准,但这只能是一种美丽的幻觉。除非企业制定的食品安全企业标准所获得利益,大于其执行食品安全国家标准所获得的利益。否则,企业有什么动力制定严于或高于食品安全国家标准的企业标准。

第四章 食品安全监管主体与客体

严格意义上来说,食品安全监管主体是政府食品安全监管部门。目前主要是各级政府农业监管部门、各级政府食品药品监管部门、各级政府质监部门以及其他政府监管部门。由于市场调节失灵,需要政府监管,若政府监管失灵,则需要第三方力量予以弥补,因此,本书研究的食品安全监管主体,不仅包括食品安全监管主体,也包括食品安全监督主体,即社会共治主体。食品安全监管客体是指食品生产加工企业、食品销售企业及餐饮企业,它们是食品安全监管主体监管的对象。

第一节 食品安全监管主体

一、食品安全监管主体

2009年颁布的《食品安全法》确立了我国食品安全监管体制采取分段监管为主,分品种监管为辅的监管体制。食用农产品的种植养殖环节由农业行政主管部门监管;食品流通环节由工商行政主管部门监管;食品生产加工环节由质检部门监管;餐饮业由食品药品监管部门负责监管;生猪屠宰由商务部门负责监管,以及其他政府部门根据各自职责负责相应的食品安全监管工作。但这一监管体制确立后,我国又发生多起重大食品安全事件,导致人们对分段监管的质疑,社会各界呼吁建立全国统一的食品安全监管体制,在这种背景下,中央政府决定对现行食品安全监管体制实施大部制改革。因此,2013年,中共十八届二中全会和全国人大十二届一次会议,分别审议通过了《国务院机构改革和职能转变方案》。

《国务院机构改革和职能转变方案》对现行食品安全监管体制做了较大的调整,确立了综合监管为主,品种监管为辅的食品安全监管体制,即新组建的国家食品药品监管总局对食品安全实施综合监管,新组建的国家卫生和计划生育委员会负责食品安全标准,农业部对食用农产品安全实施监管,国家质检总局对进出口食品实施监管,其他相关部门根据各自的"三定方案",负责相应的食品安全监管工作。

(一) 国家食品药品监督管理总局

1. 国家食品药品监督管理总局的职责

为加强食品监督管理,提高食品安全质量水平,将国务院食品安全委员会办公室的职责、国家食品药品监督管理局的职责、国家质量监督检验检疫总局的生产环节食品安全监督管理职责、国家工商行政管理总局的流通环节食品安全监督管理职责整合,组建国家食品药品监督管理总局。国家食品药品监督管理总局既是国家食品安全综合监管部门,也是中国最主要的食品安全监管部门。

根据《国家食品药品监督管理总局主要职责内设机构和人员编制规定》(国办发〔2013〕24号)的规定,新组建的国家食品药品监督管理总局,在转变监管理念,创新监管方式,充分发挥市场机制、社会监督和行业自律作用,建立食品生产经营企业成为食品安全第一责任人的同时,承担如下食品安全监管职责:

(1) 承担原卫生部确定食品安全检验机构资质认定条件和制定检验规范的职责;整合国家质量监督检验检疫总局、原国家食品药品监督管理局所属食品安全检验检测机构,推进管办分离,实现资源共享,建立法人治理结构,形成统一的食品安全检验检测技术支撑体系;加强食品安全制度建设和综合协调,健全食品风险预警机制和对地方的监督检查机制,构建防范区域性、系统性食品安全风险的机制;推进食品检验检测机构整合,公平对待社会力量提供检验检测服务,加大政府购买服务力度,完善技术支撑保障体系,提高食品监督管理的科学化水平;规范食品行政执法行为,完善行政执法与刑事司法有效衔接的机制,推动加大对食品安全违法犯罪行为的依法惩处力度。

(2) 负责起草食品(含食品添加剂、保健食品,下同)安全、监督管理的法律法规草案,拟订政策规划,制定部门规章,推动建立落实食品安全企业主体责任、地方人民政府负总责的机制,建立食品重大信息直报制度,并组织实施和监督检查,着力防范区域性、系统性食品安全风险。

(3)负责制定食品行政许可的实施办法并监督实施。建立食品安全隐患排查治理机制,制定全国食品安全检查年度计划、重大整顿治理方案并组织落实。负责建立食品安全信息统一公布制度,公布重大食品安全信息。参与制定食品安全风险监测计划、食品安全标准,根据食品安全风险监测计划开展食品安全风险监测工作。

(4)负责制定食品监督管理的稽查制度并组织实施,组织查处重大违法行为。建立问题产品召回和处置制度并监督实施。

(5)负责食品安全事故应急体系建设,组织和指导食品安全事故应急处置和调查处理工作,监督事故查处落实情况。

(6)负责制定食品安全科技发展规划并组织实施,推动食品检验检测体系、电子监管追溯体系和信息化建设。

(7)负责开展食品安全宣传、教育培训、国际交流与合作。推进诚信体系建设。指导地方食品监督管理工作,规范行政执法行为,完善行政执法与刑事司法衔接机制。

(8)承担国务院食品安全委员会日常工作。负责食品安全监督管理综合协调,推动健全协调联动机制。督促检查省级人民政府履行食品安全监督管理职责并负责考核评价。

(9)承办国务院以及国务院食品安全委员会交办的其他事项。

各地食品药品监管部门负责本辖区食品安全综合监管工作。

2.与其他监管部门职责分工

(1)与农业部的有关职责分工。农业部门负责食用农产品从种植养殖环节到进入批发、零售市场或生产加工企业前的质量安全监督管理,负责兽药、饲料、饲料添加剂和职责范围内的农药、肥料等其他农业投入品质量及使用的监督管理。食用农产品进入批发、零售市场或生产加工企业后,按食品由食品药品监督管理部门监督管理。农业部门负责畜禽屠宰环节和生鲜乳收购环节质量安全监督管理。两部门建立食品安全追溯机制,加强协调配合和工作衔接,形成监管合力。

(2)与国家卫生和计划生育委员会的有关职责分工。第一,国家卫生和计划生育委员会负责食品安全风险评估和食品安全标准制定。国家卫生和计划生育委员会会同国家食品药品监督管理总局等部门制定、实施食品安全风险监测计划。国家食品药品监督管理总局应当及时向国家卫生和计划生育委员会提出食品安全风险评估的建议。国家卫生和计划生育委员会对通过食品安全风险监测或者接到举报发现食品可能存在安全隐患的,应当立即组织进行检验和食品安全风险评估,并及时向国家食品药品监督管理总局通报食品安全风险评估结果。对于得出不安全结论的食品,国家食品药品监督管理总局应当立即采取措施。需要制定、修订相关食品安全标准的,国家卫生和计划生育委员会应当尽快制定、修订。完善国家食品安全风险评估中心法人治理结构,健全理事会制度。第二,国家食品药品监督管理总局会同国家卫生和计划生育委员会组织国家药典委员会,制定国家药典。第三,国家卫生和计划生育委员会参与制定食品安全检验机构资质认定的条件和检验规范。

(3)与国家质量监督检验检疫总局的有关职责分工。第一,国家质量监督检验检疫总局负责食品包装材料、容器、食品生产经营工具等食品相关产品生产加工的监督管理。质量监督部门发现食品相关产品可能影响食品安全的,应及时通报食品药品监督管理部门,食品药品监督管理部门应当立即在食品生产、流通消费环节采取措施加以处理。食品药品监督管理部门发现食品安全问题可能是由食品相关产品造成的,应及时通报质量监督部门,质量监督部门应当立即在食品相关产品生产加工环节采取措施加以处理。第二,国家质量监督检验检疫总局负责进出口食品安全、质量监督检验和监督管理。进口的食品以及食品相关产品应当符合我国食品安全国家标准。国家质量监督检验检疫总局应当收集、汇总进出口食品安全信息,并及时通报国家食品药品监督管理总局。境外发生的食品安全事件可能对我国境内造成影响,或者在进口食品中发现严重食品安全问题的,国家质量监督检验检疫总局应当及时采取风险预警或者控制措施,并向国家食品药品监督管理总局通报,国家食品药品监督管理总局应当及时采取相应措施。

(4)与国家工商行政管理总局的有关职责分工。食品药品监督管理部门负责药品、医疗器械、保健食品广告内容审查,工商行政管理部门负责药品、医疗器械、保健食品广告活动的监督检查。食品药品监督管理部门应当对其批准的药品、医疗器械、保健食品广告进行检查,对于违法广告,应当向工商行政管理部门通报并提出处理建议,工商行政管理部门应当依法作出处理,两部门建立健全协调配合机制。

(5)与商务部的有关职责分工。商务部负责拟订促进餐饮服务和酒类流通发展规划和政策,国家食品药品监督管理总局负责餐饮服务食品安全和酒类食品安全的监督管理。

(6)与公安部的有关职责分工。公安部负责组织指导食品药品犯罪案件侦查工作。国家食品药品监督管理总局与公安部建立行政执法和刑事司法工作衔接机制。食品药品监督管理部门发现食品药品违法行为涉嫌犯罪的,应当按照有关规定及时移送公安机关,公安机关应当迅速进行审查,并依法作出立案或者不予立案的决定。公安机关依法提请食品药品监督管理部门作出检验、鉴定、认定等协助的,食品药品监督管理部门应当予以协助。

(二) 农业部

农业部是国务院主管农村经济和综合管理种植业、畜牧业、渔业、农垦、乡镇企业、饲料工业及农业机械化的职能部门。其在食品安全方面的主要职能是对作为食品原料的初级农产品生产环节进行监管,也就是负责农产品种植养殖环节的监管,全面实施无公害食品行动计划;完善农产品质量安全检测体系建设,推进安全优质农产品标准化生产基地建设;组织对种植业产品农药残留、畜禽产品、水产品药物残留超标行为的监测和集中整治,查处禁用限用农药、化学药物的使用;负责定点屠宰场(厂、点)的检验检疫及其监督;起草动植物防疫和检疫的法律法规草案,制定有关标准;协同有关部门对食品安全事故调查处理等。根据《国务院机构改革和职能转变方案》的有关规定,农业部将承担商务部对生猪定点屠宰监督管理职责。

《农产品质量安全法》第3条规定:"县级以上人民政府农业行政主管部门负责农产品质量安全的监督管理工作;县级以上人民政府有关部门按照职责分工,负责农产品质量安全的有关工作。"据此,县级以上农业部门是农产品质量安全的主管部门。具体说来,国务院农业行政主管部门负责农产品质量安全风险评估,并根据评估结果采取相应措施;国务院农业行政主管部门和省级人民政府农业行政主管部门应当按照职责权限,发布有关农产品质量安全状况的信息;县级以上地方人民政府农业行政主管部门负责提出或调整禁止特定农产品生产的区域,报本级人民政府批准后公布,并采取措施,推进保障农产品质量安全的标准化生产综合示范区、示范农场、养殖小区和无规定动植物疫病的建设;国务院农业行政主管部门和省级人民政府农业行政主管部门应当定期对可能危及农产品质量安全的农药、兽药、饲料和饲料添加剂、化肥等农业投入品进行监督抽查,并公布结果;在农产品质量安全监督检查中,发现不符合农产品质量安全标准的农产品,有权查封、扣押。县级以上人民政府有关部门应当按照职责分工,负责农产品质量安全的有关工作。所谓有关部门是指食品药品监管部门、环保部门等。它们根据各自的职责分工,负责农产品质量安全有关工作。

(三) 国家卫生和计划生育委员会

国家卫生和计划生育委员会是《食品安全法》的执法部门之一,主要负责食品安全标准的拟定。根据《国家卫生和计划生育委员会主要职责内设机构和人员编制规定》(国办发〔2013〕50号)的规定,国家卫生和计划生育委员会将确定食品安全检验机构资质认定条件和制定检验规范的职责,划给国家食品药品监督管理总局。

其具体职责是:组织拟订食品安全标准,组织开展食品安全风险监测、评估和交流,承担新食品原料、食品添加剂新品种、食品相关产品新品种的安全性审查,参与拟订食品安全检验机构资质认定的条件和检验规范。与国家食品药品监督管理总局的有关职责分工,参见本节(一)有关部分。

(四) 其他相关部门的食品安全监管职责

根据《国务院机构改革和职能转变方案》的有关规定,商务部负责拟订促进餐饮服务和酒类流通发展规划和政策,负责全国流通领域食品安全组织指导"三绿工程"与"菜篮子"工程。县级以上地方商务主管部门负责本行政区域内流通领域食品安全的行业管理,负责指导、督促市场建立保障食品流通安全的管理制度。实施以培育绿色市场为重点的"三绿工程"。

国家质量监督检验检疫总局是国务院主管全国质量、计量、出入境商品检验、出入境卫生检疫、出入境动植物检疫和认证认可、标准化等工作,并行使行政执法职能的直属机构,负责食品包装材料、容器、食品生产经营工具等食品相关产品生产加工的监督管理。与食品药品监管部门分工,参见本节(一)有关部分。

国家工商行政管理总局是国务院主管市场监督管理和有关行政执法直属机构,负责对违法食品广告、虚假宣传、商标侵权和假冒商品、不正当竞争等行为进行查处,及时将食品生产经营企业或个体工商户营业执照发放、吊销、注销等情况通报食品药品监管部门,以便食品药品监管部门及时根据其职责权限对食品质量安全进行监管。与食品药品监管部门分工,参见本节(一)有关部分。

中国国家标准化管理委员会是国务院授权的履行行政管理职能,统一管理全国标准化工作的主管机构,其主要职责是:参与起草、修订国家标准化法律、法规的工作;拟定和贯彻执行国家标准化工作的方针、政策;拟定全国标准化管理规章,制定相关制度;组织实施标准化法律、法规和规章、制度;负责制定国家标准化事业发展规划;负责组织、协调和编制国家标准(含国家标准样品)的制定、修订计划;负责组织国家标准的制定、修订工作,负责国家标准的统一审查、批准、编号和发布等,包括国家食品安全标准。

国家环境保护总局是负责全国环境保护工作的国务院直属机构,其主要职责是:拟定国家环境保护的方针、政策和法规,制定行政规章;受国务院委托对重大经济和技术政策、发展规划以及重大经济开发计划进行环境影响评价;拟定国家环境保护规划;组织拟定和监督实施国家确定的重点区域、重点流域污染防治规划和生态保护规划;组织编制环境功能区划等。与食品质量安全监管有关的职责主要是制定国家环境质量标准和污染物排放标准并按国家规定的程序发布;负责农产品产地的水体、土壤和大气环境保护,并对影响农产品产地的环境影响进行评价;负责农村生态环境保护;指导全国生态示范区建设和生态农业建设等。

二、监管体制存在的问题

针对我国食品安全事故频发的原因分析,可谓仁者见仁智者见智。但从2004年国家确立分段监管为主,品种监管为辅的监管体制,特别是2009年《食品安全法》从法律上第一次确认了分段监管为主,品种监管为辅以来,食品生产加工环节由国家质监部门负责监管,餐饮服务业由食品药品监管部门负责监管,流通领域的食品安全由工商部门负责监管,食用农产品由农业主管部门负责监管等。但2011年的双汇瘦肉精事件,上海染色馒头事件等具有一定影响的食品安全事件,导致学界对当时的食品安全监管体制质疑,提出建立统一的食品安全监管体制。在这种背景下,2013年,中共十八届二中全会和全国人大十二届一次会议,分别审议通过了《国务院机构改革和职能转变方案》,组建国家食品药品监督管理总局,对食品安全实施综合监管。即使新组建了国家食品药品安全监督管理总局,但从《国家食品药品监督管理总局主要职责内设机构和人员编制规定》(国办发〔2013〕24号)的规定来看,国家食品药品监督管理总局的食品安全监管职责,仍然存在与农业部、国家质量检验检疫总局、国家卫生和计划生育委员会等有关部门交叉配合的问题。

笔者认为,我国食品安全事故频发的一个重要原因是监管部门的不作为或慢作为。2004—2014年这十年时间,我国发生多起重大食品安全事件,但仅对两起食品安全事件的监管人员进行问责。一起是2004年的安徽阜阳奶粉事件,另一起是2008年三鹿奶粉事件。这两起食品安全事件有一个共同的特点,即造成人员死亡。是否没有造成人员死亡,就没有必要对食品安全监管部门问责,值得进一步研究。

据《中国食品安全舆情报告蓝皮书(2012)》统计,2011年食品安全事件,群众举报的案例占37.7%,政府在执法过程中主动披露的案例占比32.1%,由媒体披露的案例占24.5%。在《中国食品安全舆情报告蓝皮书(2013)》的报告中,2012年国内共计有1942起食品安全事件被媒体曝光,[①]这说明媒体监督的作用,同时也说明我国食品安全监管部门监管不到位。《青岛日报》2013年11月2日报道:目前山东省无证餐饮单位约68 000余家。青岛市具有固定经营场所的无证餐饮单位5 715家,占餐饮单位总数的26.4%。2014年7月17日上海人民广播电台也报道上海餐饮业也有大约四分之一的餐饮企业属于无证经营。全国其他地方的情况也差不多。另外,从2004年安徽阜阳劣质奶粉事件,到2014年7月20日上海福喜食品公司任意变更食品保质期事件曝光,这十年间的重大食品安全事件均为媒体曝光之后,食品安全监管部门才积极采取行动。但无论食品安全监管部门采取什么行动总是在媒体曝光之后,这不能不引起人们的思考,我国食品安全事故频发根源是食品安全监管体制的问题,还是问责不到位,导致食品安全监管休眠。

如前所述,世界粮农组织与世界卫生组织根据世界各国对食品安全监管的方式不同,将其分为三种监管模式:多机构食品监管体系、单一机构食品监督体系与综合监管体系三种类型。从理论上分析,每种监管模式都具有其优点与不足。但无论采取哪种监管模式的国家,都没有任何一个国家像我国一样频繁发生重大食品安全事故。在美国夹肉面包,依法应该分别由食品药品监管局与农业部监管,但从未发生夹肉面包监管缺位与监管越位的问题,而在我国却发生了毒豆芽无人监管的尴尬局面,其原因耐人寻味。

2014年7月20日上海电视台晚间新闻报道,记者通过两个多月的暗访,曝光上海福喜食品有限公司将过期肉类原料重新加工、更改保质期后销售给下游企业。仅2014年6月18日,上海福喜食品有限公司就用18吨过期半个月的鸡肉用作原料,制成麦乐鸡,提供给下游企业。2014年6月11日和12日,该公司加工的迷你

---

① 郭兰英,单飞跃,赵文焕.食品安全自媒体监督:现状、问题及其法律规制[J].宏观质量研究,2014(1):76-83.

小牛排使用了10吨过期的半成品。按照食品质量标准,这些材料应当依法作为垃圾处理。新闻报道后,上海市食安办副主任带队第一时间到达上海福喜食品有限公司处理这次食品安全事件。上海食品药品监管局反应之快令人拍手称赞。冰冻三尺并非一日之寒。福喜公司的问题存在了多久、范围多大,都是未知数。媒体记者对上海福喜公司调查了两个多月,发现了诸多问题,期间上海市食药监部门却未能发现这一问题。这不能不让人思考:中国食品安全重大事件为什么总是在新闻媒体报道之后,监管部门才知道。是不作为?是不认真履行监管职责?是被俘获?还是上海福喜食品有限公司逃避监管的能力极强?值得食品安全监管部门认真思考。如果属于前者就是渎职,甚至是犯罪行为。如果是后者就应该认真反省食品安全监管理念,创新监管方法。

上海有关食品安全监管部门不仅没有发现上海福喜食品公司违规生产,反而将其评为2014年食品安全生产先进单位。如果不能落实严肃的问责机制,其危害性是不言而喻的。

事实上,在十八届三中全会之前,每当重大食品安全事故发生之后,食品安全监管部门不仅没有认真从主观查找食品安全事故频发的原因,反而给自己监管不作为或慢作为寻找理论依据,提出所谓的"安全的食品是生产出来不是监管出来的",并以西方发达国家为例,证明论点的正确性。甚至个别食品监管部门的主要负责人在接受新闻媒体采访或在有关会议上不断强调"安全的食品是生产出来不是监管出来的"。至今仍可以在网络上查找到数以百计的这样报道。言外之意是,我国的食品安全事件几乎与食品安全监管部门无关,并以此推卸食品安全监管部门不作为的责任。

然而,我国与西方国家的国情不同,西方国家食品安全监管法制健全,有法必依,执法必严,违法必究,并以严厉的处罚与严格的执法作为食品生产加工企业建立诚信制度的基础,而我国在某种程度上还存在有法不依、执法不严、违法不究的现象。食品生产加工企业尚未建立起诚信制度,劣币驱逐良币的事情还普遍存在,希望安全的食品是生产出来的只能是一种幻想。因此,十八届三中全会之后,政府有关文件明确提出"安全的食品是生产出来的,也是监管出来的"。李克强总理在2013年政府工作报告中,曾提出严守法规和标准,用最严格的监管、最严厉的处罚、最严肃的问责,坚决治理餐桌上的污染,切实保障"舌尖上的安全"。

这些事实足以说明,我国食品安全监管不到位还十分严重。因此,《食品安全法修订草案》应该加大对监管部门不作为、慢作为的问责力度,否则,再好的法律得不到有效执行,也只能是一张白纸。因此,本书认为,目前预防食品安全事故频发,应该加强对食品安全监管部门不作为或慢作为的问责,而不单单是不断改革食品安全监管体制。

第二节　食品安全监管客体

一、食品生产加工企业

(一)食品生产加工企业

食品生产加工企业,是指有固定的厂房(场所),加工设备和设施,按照一定的工艺流程,制作、加工、分装用于销售的食品的单位和个人(个体工商户)。食品生产、加工是指运用一定的加工设备和设施,以及科学的生产加工方法将食品原材料进行加工制成各种供人们食用的食品的行为。食品生产、加工是食品供应链的第一道顺序,是确保食品安全的第一环节。

食品生产加工具有非常重要的意义:第一,食品生产加工能够使不易长期保存的食用农产品延长保存期,以此调节市场供求关系,满足不同时间段人们的消费需求。第二,保持供求平衡,维护物价稳定。有一些农副产品由于具有不易长期保存的自然属性,在收获季节供给大于需求,价格低廉,甚至出现成本与价格倒挂的现象,不仅影响食用农产品提供者的生产积极性,甚至造成食用农产品的浪费。对这些食用农产品进行加工制作,不仅可以延长保存期,更重要的是可以避免食物浪费,满足不同的人们需求。第三,能够使作为食品原材料的食用农产品更安全、更富有营养。有些食用农产品通过加工制作可以消除食用农产品中的有害物质,不仅使食品的外观、色泽、口感更好,而且更富有营养。

(二)食品生产加工环节存在的安全问题

食品加工环节也是最容易发生食品安全问题的环节。加强食品生产加工环节监管,对预防食品安全事故具有极其重要的意义。笔者通过调查,发现在生产加工环节,我国食品质量总体水平还不高,"重许可、轻监管"较为突出,假冒伪劣食品还没有从根本上得到遏制,社会影响恶劣的重大食品安全事故仍然时有发生。从食品生加工企业在食品安全事件中是否有过错,可以将食品生产加工环节安全问题分为两大类:其一是故意行为造成的食品安全问题;其二是非故意或重大过失造成的食品安全问题。

1. 故意行为造成的食品安全问题

(1) 虚假标识欺骗消费者

食品标签是食品生产加工企业必须依法履行其向消费者提供有关食品信息的载体,也是食品监管部门对其进行监管的法律依据。然而,食品标示虚假无处不存在,严重侵害消费者的知情权。邓晖对惠州市2007—2012年月饼、糕点、桶装饮用水等食品的标签进行调查发现,6年来,月饼产品共抽检3 068批次,其中,2007—2009年食品标签抽检不合格率4.70%,2010—2012年的食品标签抽检不合格率9.24%;糕点产品2007—2009年的食品标签抽检不合格率为0.06%,2010—2012年的食品标签抽检不合格率5.6%;桶装饮用水2007—2009年的食品标签抽检不合格率4.02%,2010—2012年的食品标签抽检不合格率6.91%。① 2013年四川省标准化院课题组在对四川省21个市州340家企业18个食品种类的标签样本进行的抽样检查也发现同样的问题,营养成分的标识率为81.76%,标识合格率仅为73.82%。2012年,四川省质监系统接到群众食品投诉案件71件,其中食品标识就有47件。② 眉山质监局的统计数据显示,2012年109起食品投诉中,食品标签标识的投诉就有93件,占85.3%,食品标签标识投诉增长迅猛。

食品标签标识主要存在产品名称不规范不能反映产品真实属性、配料表标注不符合规范要求、生产日期标注不规范或虚假标注、净含量标注不规范、生产者或经销商等信息标注不齐全、贮存条件不标注以及营养成分标注不全等。食品标识错误严重侵犯消费者的知情权。不仅欺诈消费者,损害其经济利益,而且可能侵害消费者身体健康,导致食品安全问题发生。

(2) 掺杂掺假,以假充真,以次充好欺骗消费者

在食品生产加工环节掺杂、掺假,以假充真,以次充好,欺骗消费者。从近几年新闻媒体曝光的食品安全事件来看,食品生产加工掺杂、掺假,以假充真,以次充好

---

① 邓晖.2007—2012年惠州市重点生产加工食品质量状况的调查研究[D].广州:南方医科大学,2013.
② 《饼干包装不见"饼干"食品标签标识存7大问题》,四川日报网,http://politics.scdaily.cn/shms/content/2013-01/16/content_4605686.htm? node=4725(2014年7月10日访问)

的现象较突出,不仅损害消费者的经济利益,而且也侵害消费者身体健康。

掺假,是指食品生产经营企业为了增加食品重量或体积,降低生产成本,故意向食品中加入杂质或者异物等非固有的食品成分的违法行为。如木耳中掺混硫酸镁。

掺杂,是指向食品中非法掺入非同类或同种类劣质食品原料欺骗消费者的违法行为。如大米中掺入沙石,糯米中掺入大米等。

以假充真,是指食品根本不具有某种成分,而冒充具有该种成分的违法行为。比如,"橙汁"根本没有橙子的成分,而是用人工色素勾兑的;将部分葵花籽油或花生油代替芝麻油等。

以次充好,是指故意以低等级、低档次的食品冒充高等级、高档次食品,或者以过期的食品原料食品冒充正品或者新产品的违法行为。如陈化粮冒充当年新粮食;抽取脂肪的牛乳制成乳粉,仍称其为全脂乳粉出售;对发霉变质的食品或食品原料,经过表面涂抹色素、油料等处理,以正常食品销售等。

在食品生产加工过程中掺杂掺假,以假冒真,以次充好,既侵害了消费者的知情权,也可能造成食品安全事故,是一种非常严重的违法行为。

(3)无标生产加工多,损害消费者生命健康权

《食品安全法》第29条规定:"国家对食品生产经营实行许可制度。从事食品生产、食品流通、餐饮服务,应当依法取得食品生产许可、食品流通许可、餐饮服务许可。"据此,所有从食品生产加工的企业必须取得食品生产许可证,否则不得从事食品生产加工。国家质检总局将所有的食品按照类别划分为28大类,并将这28大类,500多种食品全部纳入生产许可管理。目前,我国从事食品生产加工的企业大约45万家,10人以下的小作坊35万家,29%的小作坊无标生产,60%的企业和小作坊出厂不检验或根本不具备检验能力。① 这些小作坊特点是"数量多、规模小、分布散、条件差、工艺乱"。

王晓晖在对南通4 497家食品生产加工企业调查中,发现有标生产的企业有面上1 355家,无标生产的3 142家,分别占企业总数的30%和70%。有标企业中,执行国标的577家,执行行业标准的261家,执行企业标准的411家,执行地方标准的106家,分别占有标企业总数的43%、19%、30%和8%。无标企业占了七成,有标企业中,以企业标准和国家标准为主。但在执行企业标准的企业中,有的企业

---

① 马国胜.破解食品生产加工环节监管瓶颈的对策与建议[J].科技资讯,2013(17):247-249.

标准没有及时到标准化管理部门进行备案,有的已失效多年,实际属于无标生产。①

这些数据虽然不能准确反映我国无标生产的实际,但从另一个侧面说明我国无标生产的情况还比较严重,应成为食品安全监管部门的监管重点。

2. 非故意或过失造成的食品安全问题

(1) 从业人员产品质量意识低影响食品安全

目前规模以上的食品生产加工企业的从业人员无论从学历,还是产品质量意识都比较高,而规模以下的食品生产加工企业则不同,他们聘用的从业人员大多是附近的农民工、下岗职工等,这些工人文化素养低,产品意识淡薄,不能完全保证产品质量。特别是管理人员产品质量意识不强,对食品安全影响更大。因为企业从业人员的质量意识对其行为起着指导作用,没有较强的产品质量意识不能生产出符合国家食品安全标准的食品。换言之,有什么样产品质量意识,就生产出什么样的食品。尽管不少企业建立了一线操作人员、管理人员、检验人员培训教育制度,但是由于食品生产加工企业人员流动性大,很难持久执行。

(2) 机械设备被污染影响食品安全

食品生产加工机械是保证食品质量安全的硬件,食品生产加工机械影响食品安全主要有两个方面:其一是食品生产加工机械不能正常运转或者根本达不到生产安全食品的要求而影响食品安全。其二是没有建立有效的防控措施,导致食品生产加工机械被污染而影响食品安全。在调研中发现,不少小规模的食品生产加工企业的生产设备不能到达生产安全食品的要求,如一个桶装水生产企业生产设备达不到生产纯净水的要求,导致纯净水电导率不合格,超标达到 8 倍多,质量水平与纯净水相去甚远。另外,小型企业无相应的检验检测设备,也是食品安全隐患之一。因为,在食品的生产制造过程中,检验检测过程是确保食品质量必不可少的一个环节。根据法律规定,食品生产加工企业没有检验检测设备,应当委托具有资质的检验检测机构检验检测,但在现实中一年也委托不了几次。值得注意的是,还有一些企业检验检测设备不齐全,检验检测技术匮乏,导致出厂的食品质量无法保证。

(3) 原材料进厂把关不严影响食品安全

原材料进厂把关不严。原材料是食品生产加工的基础,原材料的质量决定着最终生产加工出来的食品质量,不安全的原材料不可能生产出安全食品。因此,《食品安全法》第 36 条规定:"食品生产者采购食品原料、食品添加剂、食品相关产

---

① 王晓晖.食品生产加工监管体系研究[D].上海:上海交通大学,2010.

品,应当查验供货者的许可证和产品合格证明文件;对无法提供合格证明文件的食品原料,应当依照食品安全标准进行检验;不得采购或者使用不符合食品安全标准的食品原料、食品添加剂、食品相关产品。"同时要求建立进货查验记录制度、食品出厂检验记录制度,如实记录法律规定记录的事项,或者保留载有相关信息的进货或者销售票据。记录、票据的保存期限不得少于2年。但在实际中,不少企业,尤其是规模以下企业或者受利益驱动或者是为了降低成本,往往忽略了对原材料供货商的查验或者检验,导致不合格甚至有害的原材料进入生产中,直接促成了食品安全问题的发生。

二、食品销售企业

(一)食品销售企业

食品销售企业,是指从事食品交易活动的批发、零售、现场制作销售等活动的单位或个人,包括集贸市场、超市、百货店、仓储式会员店、便利店、食杂店、个体工商户等。食品销售企业销售的食品应当符合国家标准、行业标准或者地方标准中涉及人体健康和人身安全的强制性标准,即符合安全标准。不符合安全标准的食品,不得加工和销售。为了能在食品质量事故发生时及时追溯,食品销售企业还必须建立进货检查检验制度,索取所有进货物的检验、检疫、检测合格的证明,并建立台账。一般说来,食品经营者必须持证持照、亮证亮照经营,并落实如下责任:

在进货时,查验供货单位资质,索取供货单位营业执照、许可证复印件等;查验食品质量,索取食品质量合格证明、检验检疫报告、销售凭证及其他相关标识等,并存档备查。同时,还要查验食品的外观质量、包装标识,保证入市食品供货商资格合法,进货渠道正常,食品质量合格。对无证、无票、手续不全或无法证实是合法来源的食品予以退回,不予进货。

在购进食品时,建立进货台账,如实记录进货时间、商品名称、规格、数量、商品来源、索证种类等内容。在批发店、批发市场销售食品时,建立销售台账,如实记录销售时间、商品名称、规格、数量、单价、销售去向等内容。做到账目清楚,并妥善保存,接受国家监管的检查。

在销售重要食品时,应主动向购买方出具由工商部门监制的"商品销售信誉卡",明确所售食品的质量和售后服务保证。做好上柜食品尤其是易变质食品的经常性清查,发现质量不合格和超过保质期的食品,应立即撤下柜台,停止销售。对消费者投诉并查实存在严重质量问题、影响人身和财产安全的食品,应立即查阅销货台账,去信、去电或通过媒体通告形式,召回所售食品,并及时进行封存、销毁或退回生产厂家,并做好善后工作。

食品经销商在经营活动中禁止下列行为:① 销售注水或者注入其他物质的畜禽和畜禽产品;② 销售注水或者注入其他物质的水果、蔬菜、畜禽和畜禽产品或者非定点屠宰厂生产、加工的畜禽产品;③ 加工、销售无法追溯来源的动物及其产品;④ 收购不符合安全标准的产品。

(二) 食品流通环存在的食品安全问题

1. 变更食品保质期

食品保质期是指,预包装食品在标签指明的贮存条件下,保持品质的期限。目前,我国食品保质期主要存在两个问题:一个是由于我国对食品保质期没有强制性法规定,食品生产加工企业一般根据"经验"或企业标准确定食品保质期。还有部分企业,特别是小微食品生产加工企业,由于技术落后、设备不足,"自由确定"保质期。事实上,如何科学地确定保质期仍然是一个技术难题。另一个是食品销售企业或生产企业任意变更食品保质期。由于我国对食品保质期打印没有强制性规定,不少企业采用喷墨打印,可以任意修改保质期。这已不是什么新问题,而是一个行业的潜规则。①

2. 销售"三无"食品

所谓"三无"食品是指,无生产日期、无保质期、无生产加工企业名称与地址的食品。"三无"食品主要是小食品,种类繁多,一般集中在中小学校附近或者农村。② 食用"三无"食品对中小学生健康成长极为不利,甚至对身体健康造成伤害。但是为什么"三无"食品能够长期存在?除了价格低廉与学生缺乏食品安全知识外,食品安全监管不到位,不作为与慢作为也是一个不可忽视的原因。因此,2014年4月云南省昆明市东川区政协委员谢冬梅提交了《加强中小学校周边食品安全的建议》,呼吁社会各界必须重视中小学校周边食品安全问题。③ 2013年武汉市共

---

① 苏晓洲,张淼淼.揭开食品保质期黑幕:保质期随便更改[J].科技视界,2011(9):9-10.
② 崔恒清."三无食品"包围学校不可漠视[N].中国食品安全报,2014-02-18(B01);济南农村市场三无食品泛滥[N].中国食品报,2011-09-19(003).
③ 严查"三无"食品 保障学生健康[N].云南政协报,2014-04-14(002).

查处 219 家商户在经营"三无"食用油,年销售量约 34 万吨,2013 年 8 月安徽阜阳在查处"三无"食品活动中,共销毁"三无"食品 1 281.44 公斤。① 2010 年河北省灵寿县工商局以《食品安全法》实施为契机,出动执法人员 2 579 人次,检查食品经营门点 6 549 户次,扣留收缴过期或"三无"食品 6 966.77 公斤,查处制售假冒伪劣等各类食品违法案件 79 起。②

3. 销售假冒伪劣食品与过期食品

据莫鸣等学者对 2005—2012 年 359 个食品安全事件,进行认真分析研究发现,过期食品安全事件 64 个,假冒劣质食品安全事件 52 个,分别占 359 个食品安全事件的 17.83% 和 14.48%。③ 可见,目前我国超市销售假冒伪劣与过期食品的问题十分突出。超市销售假冒伪劣与过期食品除了追求经济利益之外,是否还有其他原因?通过实证研究可以发现,超市销售假冒伪劣食品与过期食品主要发生进货验收环节与销售环节。在进货验收环节,主要是超市没有严格按照《食品安全法》的规定,查验供货商的资质,或者故意购买掺假掺杂食品。在销售环节,主要是通过变更保质期、更换食品包装袋等行为故意销售过期食品。

三、餐饮企业食品安全问题

(一) 餐饮企业

餐饮企业是指,对食用农产品通过即时加工制作等,向消费者专门提供各种餐饮与服务的企业。与一般食品生产加工企业相比,餐饮企业具有如下两个特点:

第一,一个餐饮企业一般同时生产加工几十种甚至几百种产品,每种食品采用的原料与加工方式都不尽相同,而且以手工操作为主。餐饮企业这一特点与食品生产加工企业以统一工序机械化生产具有很大区别,也给餐饮食品安全带来相当大的安全隐患与不确定因素。

第二,我国餐饮企业从五星级宾馆的餐馆,到马路旁边的小摊点,既有拥有先进生产加工设备的大型餐饮企业,也有设备简陋的小微餐饮企业;既有具有食品安

---

① 王雪.武汉全面封杀"三无"食用油[J].食品安全导刊,2013(16):59.李广超.阜阳集中销毁"三无"食品和假劣药品[J].食品安全导刊,2013(16):59.
② 灵寿查获大量三无食品[N].石家庄日报,2010-01-05(7).
③ 莫鸣,安玉发,何忠伟.超市食品安全的关键监管点与控制对策——基于 359 个超市食品安全事件的分析[J].财经理论与实践,2014(1):137-140.

全保证能力的餐饮企业,也有不具有食品安全基本保障能力的餐饮企业,而且中小型餐饮企业占据绝大多数。食品生产加工企业则不同,大中型企业的产品几乎占领所有超市与大卖场。小作坊式的食品生产加工企业一般都是手工制作的传统食品,其产品市场占有率很低。因此,餐饮企业的食品安全风险,要比食品生产加工企业的食品安全风险高得多。近几年原卫生部公布的食物中毒人数已充分说明这一点。

第三,餐饮企业主要为顾客提供可以直接食用的即食食品,既有经过加工制作可以直接食用的熟热菜,也有只需加工制作不需加热就可以食用的熟卤制品及冷菜等,标准化制作程序几乎不可能。因此,餐饮企业的即食食品被微生物污染的风险比食品生产加工的预包装食品大得多。

(二) 餐饮企业存在的食品安全问题

1. 无证经营餐饮企业多

我国餐饮企业从特大型,到路边小吃摊点,各种类型的餐饮企业千差万别,监管难度极大。据笔者所在的课题组调查,从绝对数量来看,有四分之一的餐饮企业属于无证经营。这一数据也得到相关公开资料的支持。据《青岛日报》2013 年 11 月 2 日报道:目前山东省无证餐饮单位约 68 000 余家。青岛市具有固定经营场所的无证餐饮单位 5 715 家,占餐饮单位总数的 26.4%,其中,无证经营餐馆 3 638 家,食堂 554 家,小吃店 1 124 家,快餐店 399 家。从经营类别看,以餐馆和小吃店居多;从分布地域看,主要集中在城乡接合部、农村地区和中心镇农贸市场周边。① 另一项调查结果也显示:常熟市新建城区中聚集了规模以上企业 50 余家,同时还有近百家小型个体或私营企业,总从业人口超过 10 万。区域内共有食品经营户 889 家。其中有证经营 625 家,持证率 70.3%;无证经营食品 264 家,其中餐饮业 121 家,食品零售业 72 家,食品加工业 26 家,食品摊贩 45 家。②

2. 假冒伪劣食品多

在调查中发现,个别大型餐饮企业虽然提供的食品不含有毒有害物质,但存在欺诈消费者的情况,将食用明胶制作的人工合成鱼翅当作真鱼翅销售,普通消费者根本无法辨认。将牛肉膏涂抹到猪肉上,猪肉就变成"牛肉"。北京市丰台区工商

---

① 孙利国.餐饮企业无证经营问题研析[N].青岛日报,2013-11-02(5).
② 沈苏英.常熟市新建城区无证经营食品的成因、危害及治理对策分析[J].中国卫生监督杂志,2011,18(6):569-571.

局在北京京深海鲜市场的干货调料区调查证明了这一点。①

3. 滥用添加剂

滥用添加剂主要有两种情况：第一种是非故意地滥用食品添加剂。有相当一部分餐饮企业经营者及从业人员几乎不知道《食品添加剂卫生管理办法》《食品添加剂使用卫生标准》等规定，缺乏食品添加剂卫生知识。他们对食品添加剂使用的范围和计量基本模糊不清，对添加非食用物质和滥用食品添加剂的危害也知之甚少，更谈不上规范使用食品添加剂。第二种是有意识地滥用食品添加剂。餐饮企业故意滥用食品添加剂是人人皆知的事情。最常见的是滥用"飘香剂""辣椒精""火锅红""一滴香""一滴鲜"等化学添加剂。用这些化学添加剂勾兑成的火锅底料香辣味扑鼻，让人食欲大增。山西省临汾市卫生局卫生监督所董献民在调研中发现，在面点食品中，超量使用甜味剂主要是"糖精钠"甜蜜素；油条、油饼中超量使用膨松剂硫酸铝钾，造成油条中铝的残留量超标；卤制肉时超量使用护色剂亚硝酸钠比较普遍。② 一个饭店的厨师告诉笔者："颜色特别鲜红的牛肉肯定有问题，饭店做牛肉一般都用色素，如果菜品颜色不自然，就再用酱油遮盖一下，所以做出来的菜色很好看。"

4. 进货食品原料不明

依据《食品安全法》第39条与《餐饮服务食品安全监督管理办法》第12条之规定，餐饮企业采购食品原料，应当查验供货者的许可证和食品合格的证明文件等文件，并如实记录采购食品原料的名称、规格、数量、生产批号、保质期、供货者名称及联系方式、进货日期等内容，或者保留载有上述信息的进货票据。在现实生活中，有不少餐饮企业，特别是无证餐饮企业为了节省成本，不认真查验供货商的资质，不建立采购登记制度，甚至采购的食品原料是"三无"产品，个别餐饮企业对超过保质期或已经腐败变质的食品原料经过化学处理后加工成食品。这些食品不仅微生物指标超标，而且含有有毒有害物质，对人体健康具有极大的危害。

四、解决之对策

上述分析了食品生产加工企业、食品销售企业与餐饮企业制售有毒有害食品、

---

① 沈娟.餐饮业质量安全顽疾难除[N].国际商报,2013-03-15(A03).
② 董献民,郝春桂.山西省临汾市餐饮服务单位食品添加剂使用存在的问题与管理措施[J].实用医技杂志,2014,21(2):206-207.

掺假掺杂食品、假冒伪劣食品的一些主要现象。其深层次的原因是食品生产加工企业、食品销售企业与餐饮企业利用信息不对称、食品安全监管部门监管手段落后、监管力量不足、有法不依、执法不严等客观条件，违法从事食品生产经营活动，是对利润的无限贪婪。正如马克思在《资本论》中所说的一段话："一旦有适当的利润，资本就胆大起来；如果有百分之十的利润，它就保证被到处使用；有百分之二十的利润，它就活跃起来；有百分之五十的利润，它就铤而走险；为了百分之百的利润，它就敢践踏人间法律；它有百分之三百的利润，它就敢犯任何罪行。甚至冒绞首的危险。"食品生产加工企业、食品经销企业与餐饮企业都是以营利为目的的经济人。在激烈的市场竞争中，他们会采取一切措施，甚至不择手段牟利。

为了防范食品安全事故频发，学界一般认为，可以通过加大违法成本，激励企业守法。因此，2013年4月28日，最高人民法院审判委员会第1576次会议、最高人民检察院第十二届检察委员会第5次会议通过了《最高人民法院、最高人民检察院关于办理危害食品安全刑事案件适用法律若干问题的解释》，自2013年5月4日起施行。但2014年7月20日还是发生上海福喜食品安全事件，刑拘6人。因此，本书认为，解决我国食品安全事故频发问题，除了采取加大处罚力度，增加违法成本，落实监管部门严肃问责之外，还必须充分发挥新闻媒体与消费者的监督作用（详尽论述参见本章第三节）。

第三节 消费者与新闻媒体监督

一、消费者与新闻媒体监督的理论基础

（一）食品安全市场调节失灵

一般来说，从事食品生产经营活动，对投资者的资金、设备等要求不高，准入门槛比较低。因此，不少中国人无论在国内还是在国外创业都从餐饮开始。也正因为食品行业准入门槛低，食品行业竞争也比其他行业更加激烈。在市场激烈的竞

争中,食品生产经营企业为了获取竞争优势,通常采取两种方式:一是以优质的服务赢得客户;二是以优质的产品赢得客户。

但在现实生活中,个别食品生产经营企业对利润无限贪婪,学会了利用其信息优势,进行不正当竞争。通过制售假冒伪劣食品、掺假掺杂食品、有毒有害食品等手段,以低廉的价格获得更多的交易机会。用信息经济学的理论解释,就是在食品消费中,既存在食品安全信息绝对不完全,也存在食品安全相对不完全。前者是指无论食品生产经营者还是消费者所掌握的食品安全信息都是不完全的,即信息绝对不完全。比如食用农产品安全风险可能来自于土壤重金属超标或者其他环境污染,而种植养殖的农户对此一无所知。但在食品安全信息绝对不完全中,食品生产经营者毕竟比消费者掌握更多的食品安全信息,即信息相对不完全。正是因为食品生产经营者掌握相对较多的信息,消费者掌握相对较少的信息,决定了消费者总是处于劣势地位,且食品的品质具有信任品、经验品与搜寻品的特征。对于信任品,消费者在消费之前或之后,也无从判断其品质;对于经验品,消费者在消费之后或多次消费之后才能判断其品质;对于搜寻品消费者在消费之前就可以判断其品质。因此,消费者在购买食品或者在餐饮店用餐时很难准确判断食品的品质。这样,食品生产经营者为了在激烈的市场竞争中立于不败之地,就有提供不安全食品与掺假掺杂食品的内在动力与外在条件,即食品安全市场调节失灵。

(二) 食品安全政府监管失灵

虽然消费者在与食品生产经营者的博弈中,因信息不对称而处于劣势,但这并不等于说消费者因此忍气吞声,任由食品生产经营者欺诈。此时,消费者作为纳税人,政府作为人民的公仆,政府所需要的一切费用及其工作人员的工资等都是由纳税人支付。因此,消费者有权利要求政府对食品安全进行监管,保证消费者食用到安全的食品,政府有义务满足消费者的这一要求。这就是为什么政府要承担食品安全监管责任的理论依据。在这个意义上说,政府对食品安全承担监管责任不是其积极主动的行为,而是在消费者的要求下被动的作为,这是造成食品安全监管部门监管内在动力不足的主要原因。另外,对2004—2014年这十年的发生的食品安全事件研究可以发现,食品安全监管部门监管缺位,甚至渎职,几乎不承担任何责任,这又造成食品安全监管部门没有积极主动实施监管的外在压力。在既没有监管的内在动力,又缺乏监管的外在压力的情况下,监管失灵是必然的。

从另一方面来说,即使食品安全监管部门主要负责人为了荣誉、升迁为人服务,或者担心被问责等原因而认真负责食品安全监管工作,也不可能完全避免政府监管失灵。这是由以下几个因素所决定的:第一,食品安全监管部门与食品生经营企业之间存在着信息不对称。食品生产经营企业处于信息优势地位,食品安全监管部门处于信息劣势地位。食品生产经营企业可以利用其信息优势逃避食品安全监管部门的监管,食品安全监管部门不可能发现所有的掺假掺杂食品、假冒伪劣食品、有毒有害食品等。第二,食品安全监管人员的知识有限性与食品生产经营者造假手段"无限性"。食品安全监管人员的知识有限性,首先是由其监管人员的数量有限所决定的;其次并非所有的食品安全监管人员都精通监管业务。食品生产经营者造假手段"无限性",是由食品生产经营者数量庞大,而且都是"造假"高手所决定的。第三,政府监管经费有限与监管成本过高并存,问责不到位与监管者被捕获并存等,也是一些食品安全违法行为不能得到有效制裁的重要原因。

值得注意的是,食品安全政府监管失灵,还可能因监管部门与食品生产经营企业合谋而发生。这里所说的合谋不是指被俘获,而是指食品安全监管部门与食品生产经营企业因共同的利益合谋"欺骗"消费者。一是政府为了减少食品安全事件对本地区 GDP 的影响而隐瞒食品安全信息;另一种政府为了减少消费者对食品安全监管部门不满意,而隐瞒食品安全信息。因为食品安全存在三种博弈:第一种是消费者与食品生产经营企业之间的博弈;第二种是消费者与食品安全监管部门之间的博弈;第三种是食品安全监管部门与食品生产经营企业之间的博弈。在第一种博弈中,消费者处于信息劣势而不可能胜出。如果消费者在第一种博弈中能战胜食品生产经营企业,市场调节就能充分发挥作用,不需要政府监管。正因为在第一种博弈中,市场调节失灵,消费者不得不要求政府对食品安全实施监管,即第二种博弈。在消费者与食品安全监管部门之间的博弈,食品安全监管部门的监管力度,取决于消费者对政府的态度。消费者对食品安全监管部门施加压力大,他们的监管力度就大,即第三种博弈。加之,可以将假冒伪劣食品、掺假掺杂食品、有毒有害食品等分为"吃倒你的食品"与"吃不倒你的食品"。对于"吃倒你的食品"完全可以由市场调节,对于"吃不倒你的食品"应该有政府监管。在"吃不倒你的食品"发生重大食品安全事件时,个别政府部门为了维护自己的"面子",就有与食品生产经营企业合谋的可能性,隐瞒食品安全信息,"蒙骗"消费者。他们认为消费者因不知情,既不会对政府产生不满情绪,也不会影响当地的 GDP。可以说这种合谋,从眼前利益来看,可以取得"双赢的效果",即消费者既不可能对政府食品安全监管

"不满意",也不可能对食品生产经营企业制售的假冒伪劣食品、掺假掺杂食品、有毒有害食品产生"不满"。但有时,政府有关部门也可能弄巧成拙,如有人向黄浦江丢入 6 万多头死猪,而有关部门一再表示对水质没有影响,但百姓心里都清楚,只是他们无奈而已,但这种无奈达到一定程度,就可能爆发,引起人们对政府的强烈不满,严重损害政府在人民群众中的威信。从长远来看,这种隐瞒食品安全信息的行为,还会导致劣币驱逐良币,社会危害性极大。比如 2004 年安徽阜阳奶粉事件,起初地方食品安全监管部门与有关企业合谋隐瞒,但最后被媒体披露后,才真相大白;2008 年三鹿奶粉事件,不仅地方政府隐瞒事实真相,而且还协助三鹿公司公关;2010 年地方食品安全监管门检查出金浩茶油有问题,但地方食品安全监管部门协助有关企业隐瞒该信息半年之久等。这些事实都说明,食品安全监管门与食品生产经营企业具有合谋的可能性,导致食品安全监管失灵。

总之,食品安全政府监管失灵是客观存在的,我们只能采取有效措施将政府监管失灵限定在消费者能接受的范围之内,而不可能根本消除食品安全政府监管失灵。

(三) 弥补"双失灵"之理论

通过上述分析可知,食品安全市场调节失灵,需要政府监管。政府监管失灵,需要寻求市场与政府之外的第三方矫正政府监管失灵。第三方矫正政府监管失灵必须达到:弥补政府监管不足,揭露食品安全监管部门与食品生产经营企业合谋。能同时达到这两个目的的第三方,只有消费者与新闻媒体。

1. 消费者参与食品安全监督的理论依据

在食品消费方面,消费者承担的风险与食品生产经营企业承担的风险是极其不对称的。消费者在食品消费中承担的风险既有经济风险,也有生命健康风险,而且生命健康风险一旦发生,是无法用金钱衡量的,有时也是无法挽回的。食品生产经营企业则不同,它们只承担经济风险。因此,消费者对制售假冒伪劣食品、掺假掺杂食品,特别是有毒有害食品的生产经营者深恶痛绝。一旦消费者获悉被食品生产经营者欺诈,就具有与欺诈者作斗争的极大动力。

另外,消费者食用了不安全食品,给其生命健康造成的损害,在多数情况下是轻度的,不易被消费者立刻发现。有些食源性疾病是慢性的,经过很长一段时间才能被消费者发现。尤其是当致病细菌可以与其他多种食品关联起来或通过其他方式进行传播时,让消费者证明自己生命健康遭受的损害与某个食品经营者有关更是困难重重。在治疗费用与诉讼成本的比较下,消费者只好选择放弃诉讼,并将这种无奈转化为对政府的"不满"。

为了化解消费者对政府的"不满",最大限度地调动消费者制衡食品生产经营企业者制售假冒伪劣食品、掺假掺杂食品、有毒有害食品的积极性,发达国家一般采取三种方式:第一,鼓励消费者参与食品安全法律制定与执行,让食品安全法律充分反映广大人民群众的意志,最大限度地保护消费者的利益,美国《行政程序法》与《自由信息法》对此有明确规定。第二,鼓励消费者对食品安全监管部门的执法进行全程监督,欢迎消费者的批评与建议,同时政府也及时公布食品安监管信息,为消费者监督提供方便,让任何一个消费者都可以很方便地在美国食品药品监管局与农业部官方网站查找到所需要的食品安全信息。第三,建立食品安全有奖举报制度,最大限度地挖掘消费者自我保护的内在动力与获取奖励的外在激励,充分发挥其制衡作用。

这样,消费者参与食品安全监督,既可以解决政府食品安全监管不到位的问题,又能节约政府食品安全监管成本,减少国家财政支出,还可以培养消费者的正确消费观,可谓一石多鸟。日本《食品安全基本法》第13条、第65条等条款,对消费者参与食品安全监督也作出了具体规定,比如第65条规定:"为了在食品卫生的相关政策中反应国民或居民的意见,促进相关人员相互之间交换信息和意见,厚生劳动大臣和都道府县知事等应当公布该政策的实施情况,并就该政策广泛征求国民或居民的意见。"

根据《食品安全法》以及其他相关法律的规定,我国从以下三个方面规定了消费者参与食品安全监督的权利:对食品安全监管部门的执法活动提出批评和建议;依法请求食品安全监管部门公开食品安全监管信息,保证消费者的知情权;建立食品安全有奖举报制度。但这三种制度因其本身存在着明显的缺陷,而没有得到很好的执行。事实上,消费者的食品安全执法监督权与食信息品安全知情权形同虚设,对此人人皆知,不必多言。食品安全有奖举报制度,有关部门还有不同认识。因此,我国有必要借鉴西方发达国家鼓励消费者参与食品安全监督的积极经验,不断改进我国消费者参与食品安全监督制度。

总之,消费者参与食品安全监督理论依据,是利用消费者自我保护免受不安全食品侵害的内在动力,以及通过有奖举报制度,利用经济刺激激发消费者同制售假冒伪劣食品、掺假掺杂食品、有毒有害食品作斗争的积极性,弥补政府食品安全监管失灵,同时消费者也可以对食品安全监管门实施监督,防范食品安全监管门与食品生产经营企业合谋。

2. 新闻媒体参与食品安全监督的理论依据

新闻媒体监督是指，针对食品生产经营企业违反食品安全法律法规与技术性法律规范，制售假冒伪劣食品、掺假掺杂食品、有毒有害食品等违法行为，以及食品安全监管部门不作为、慢作为，甚至渎职犯罪，通过媒体曝光，约束食品生产经营企业的违法行为，迫使食品安全监管部门有法必依、违法必究、执法必严的舆论监督。

新闻媒体参与食品安全监督的理论依据相对比较简单，即牟利与正义感。这是由新闻媒体的性质所决定的。新闻媒体作为企业，虽然也以营利为目的，但新闻媒体与一般企业不同，它在追求利润最大化的同时，也要兼顾社会正义，鼓励社会正能量。另一方面，新闻媒体作为企业，其产品信息是以"全裸体"的形式展现在读者、观众、听众面前。读者可以根据自己的价值观对新闻媒体实施舆论监督，提出批评意见与建议。可见，新闻媒体与消费者（读者、观众、听众等）之间不存在信息不对称。当然新闻媒体也可能传递虚假或不真实的食品安全信息，误导消费者，这需要政府监管，但这不是本书研究的范围。

新闻媒体对食品安全监管部门或食品生产经营企业实施舆论监督，也要支付高昂的成本。这些成本一般产生于食品安全的负面报道，正面报道一般不会有什么成本，或者说成本很低，几乎可以忽略不予考虑。新闻媒体对食品安全事件的负面报道成本主要包括：第一，高昂的暗访成本。新闻媒体记者通过非官方渠道或者暗访食品生产加工企业、食品经营企业、餐饮企业等所支付的成本。这些成本之所以很高，是因为记者既不能从食品安全监管部门获得他们需要的食品安全信息，也不能从食品生产经营企业那里获得他们需要的食品安全信息。他们只能从暗访中获取希望获得的食品安全信息，但暗访费时费力，记者的人身安全有时还受到威胁。第二，可能的索赔。因为记者不是食品安全专家，可能因专业知识所限，对食品安全性质定性不准，报道欠客观等原因面临被曝光，食品生产经营企业索赔的风险成本，农夫山泉状告《京华时报》一案足以说明这一成本的存在。

问题是既然新闻媒体对食品安全事件的负面报道要承担高昂的成本，为什么很多新闻媒体还乐于报道此事？其原因是新闻媒体负面报道食品安全事件支付巨大成本的同时，也获得丰厚的回报——提高其知名度。从读者、观众或听众的新闻需求心里分析可以看出，他们在欣赏正面新闻的同时，更喜欢负面新闻，特别是爆炸性的负面新闻，对社会"黑幕"深层次的揭露。在某种意义上说，揭露社会黑幕，包括食品安全事件，是提高新闻媒体知名度的一种方法。一旦新闻媒体达到一定的知名度，其受众增加，发行量增加，收视率与收听率提高，随之而来的不仅是广告客户增加,而且广告收费提高。就某个食品安全事件的报道,可能出现效益与成本倒挂,但总体而言收益大于成本。另一方面,新闻媒体报道食品安全负面新闻有时不是为了牟利,或提高知名度,而是出于社会正义,但新闻媒体主观为社会、为正义,客观上也给其带来一定的收益。

总之,新闻媒体参与食品安全新闻媒体监督的积极性,来自增加自身的知名度,获得更多收益与社会的良知。

二、消费者参与食品安全监督——有奖举报

消费者参与食品安全监督的目的是弥补政府监管失灵,其方法主要有两种:一种是消费者对政府食品安全监管部门依法实施监督,检举揭发政府食品安全监管人员在执法过程中的不作为、慢作为,甚至渎职犯罪行为。另一种消费者向政府举报食品生产经营企业制售假冒伪劣食品、掺假掺杂食品、有毒有害食品以及其他不符合食品安全国家标准食品的违法行为。本书仅研究后者。

《食品安全法》是否规定有奖举报制度,一直是人们争论的问题之一。2006年6月《中华人民共和国食品安全法(征求意见稿)》没有规定有奖举报制度,但2008年《中华人民共和国食品安全法(征求意见稿)》第9条第2款规定了有奖举报制度,2009年通过的《中华人民共和国食品安全法》删除了有奖举报制度,2013年11月公布的《中华人民共和国食品安全法(修订征求意见稿)》第101条又明确规定国家建立有奖举报制度,2014年7月2日,全国人大公布的《中华人民共和国食品安全法(修订草案征求意见稿)》第114条仅规定:"对查证属实的举报,给予举报人奖励。"这不仅是表述上的差异,而是认识上的差异。本书认为,食品安全有奖举报制度最大的作用是弥补政府监管失灵,要充分发挥有奖举报制度的作用,在对举报人实施严格的保密措施同时,还要加大奖励力度。

(一)充分认识有奖举报制度的理论意义与实践价值

从公开发表的有关论著文献来看,我国学界尚未充分认识有奖举报制度具有弥补政府食品安全监管不足,解决政府监管失灵问题的实用价值与理论意义。目前法学界普遍认为,市场失灵,需要政府监管。政府失灵需要市场调节。似乎市场失灵与政府监管互为补充,相辅相成。似乎只要充分发挥市场调节与政府监管的作用,就可以保证食品安全。但我国食品安全事件频发的事实证明,食品安全市场

调节失灵可以在一定程度上由政府监管矫正,但政府监管失灵并非可以由市调节弥补。因为食品质量具有信任品、经验品与搜寻品的特征,政府与食品生产经营企业之间,以及消费者与食品生产经营企业之间存在着严重的信息不对称,造成在食品安全领域,很难充分发挥市场调节与政府监管的作用,即在食品安全领域既存在市场调节失灵,也存在政府监管失灵,也就是人们所说的"双失灵"。市场调节失灵是由信息不对称所决定,因此发挥市场调节的前提就是解决食品安全信息不对称问题,但市场本身又解决不了消费者与食品生产经营企业之间的信息不对称问题。因此,需要政府监管解决消费者与食品生产经营企业之间的信息不对称问题。但由于政府监管存在内在动力缺乏与外在压力不足,监管经费有限与监管力量不足,监管人员被收买与监管体制设计难以达到应然的科学并存,造成监管缺位。以及监管体制设计难以达到应然的科学与政府监管寻租的冲动并存,造成监管越位。即使政府监管不存在上述问题,也存在政府监管人员知识有限与信息不对称问题,因此,在现实生活中,政府监管失灵是必然的。要解决政府监管失灵,必须寻找政府监管与市场调节之外的第三方力量,即发挥社会监督的力量,其中最主要的是建立有奖举报制度,最大限度地发动所有的消费者,同制售不符合国家食品安全标准的生产经营者作斗争。

食品与一般工业产品不同。消费者购买不符合国家标准的工业产品后,一般是遭受经济损失,不会伤害消费者的生命健康。而食品则不同,消费者食用不符合食品安全标准的食品后,不仅遭受经济上的损失,而且身体健康也可能受到伤害,甚至付出生命的代价。因此,消费者对制售有毒有害食品的生产经营者深恶痛绝,具有极强的自我保护的内在动力。有奖举报制度,可以进一步激励消费者揭露制售假冒伪劣食品的生产经营者,充分发挥其制衡制售有毒有害或假冒伪劣食品的作用,既可以解决政府监管失灵的问题,又能节约政府监管成本,减少国家财政支出,还可以培养消费者的正确消费观。可见,有奖举报制度最适合于政府监管失灵的领域。

正因为如此,其他国家都通过立法建立有奖举报制度。美国食品安全有奖举报保护制度最早可以追溯到1863年颁布的 *The United States False Claims Act*,1986年美国对该法进行了修订,颁布了 *Whistleblower Protection Act*(吹哨人保护法)。英国于1998年制定了英国第一个举报者保护法 *The Public Interest Disclosure Act* 1998,虽然该法没有专门对食品安全有奖举报做出明确规定,但食品安全举报人,也属于该法的保护对象。印度于2009年制定举报者保护法 *Right* to Information Act，马来西亚于 2010 年颁布了 Whistleblower Protection Act 2010，牙买加在借鉴英国 The Public Interest Disclosure Act 1998 的基础上，于 2011 制定了 The Protected Disclosures Act，2011，爱尔兰政府于 2012 年通过了 The Whistleblower Protection Law，新西兰、南非、加纳、韩国、乌干达、肯尼亚和卢旺达，及欧洲人权法院都规定举报人保护措施，并于 2010 年 11 月 15 日生效。完善的举报人保护制度，可以解除举报人的后顾之忧。

（二）完善举报人保护制度的两项措施

1. 建立匿名举报制度

食品安全有奖举报制度的最核心的内容之一，是对举报人的保护。在美国，如果举报人举报重大案件，国家不仅为举报人终生保密，而且在必要的时候还将为举报人变更身份证件，提供新的住所，以防止被举报人打击报复。同时一旦发现打击举报的行为，将严惩不贷，以此最大限度地消除举报人的后顾之忧。因为美国政府熟谙举报制度是否能够充分发挥其应有的作用，取决于国家对举报人的保护程度如何。比如水门事件的爆料人，在其去世后才暴露其身份。而我国至今尚未有一部全国统一的举报人保护法律或法规。现行的食品安全有奖举报制度都是地方性法规或地方性规章，其法律位阶低不说，而且对举报人的保护存在明显缺陷，不能充分保护举报人的利益，严重影响发挥举报人的制衡作用。

笔者对我国 31 个省、自治区、直辖市有关食品安全有奖举报制度进行认真研究后发现，目前各省市食品安全有奖举报制度存在两个主要缺陷：其一是要求举报人采取实名制举报，即使个别省不采取实名制举报，但在领取奖励时也要登记其身份证号码。只有北京市规定，对于特别重大的食品安全犯罪案件可以实行匿名举报。其二是对政府有关人员非法泄露举报人信息，承担什么样的法律责任没有具体规定。这样，举报人担心举报信息泄露后，遭受被举报人打击报复而不愿意主动举报，直接影响发挥食品安全有奖举报制度的作用。

事实上，举报人信息被泄露事件在我国时有发生。2011 年 8 月 10 日，河北省殷清利律师举报某市阳光超市龙湖店销售不合格香油，他不仅没有收到监管部门处理意见，反而却接到超市要求殷清利撤销举报投诉。同年 8 月 16 日他买柴鸡蛋时发现其已过保质期，投诉 5 天后，意外接到鸡蛋供应商的电话。无独有偶，山西省的刘先生也遇到类似的尴尬事。2012 年 12 月 25 日上午，他发现一个批发市场销售地沟油并向有关部门举报，监管部门告诉他下午他们去现场处理，结果监管部门的工作人员与他到达现场后,发现原来销售的地沟油已不见了。2013 年 1 月,辽宁省食品安全办公室首批奖励 76 名食品安全举报有功人员,但有 44 人担心遭受打击报复而未来领奖。可见,完善举报人保护制度是充分发挥食品安全有奖举报作用的前提。

值得注意的是,举报人除了担心遭受被举报人打击报复之外,还要经受精神与道德的考验。日本有一个居民,举报一家日本牛奶公司销售有毒奶粉,直接导致该牛奶公司破产,工人失业,举报人信息泄露出去之后,人们指责他是"叛徒",是导致企业破产、工人失业的罪魁祸首,举报人在心理上与精神上遭受了极大打击。同样可以肯定的是,如果爆料人因其爆料上海福喜公司违规使用过期原料加工食品,供应下游企业,而直接导致该公司破产,工人失业,并波及其上下游企业,在就业压力大的今天,爆料人也要经受精神与道德的考验。一旦泄露爆料人的信息,即使没有人对其进行打击报复,他心理承受的压力是可想而知的。因此,国家应该采取一切有效措施对举报人实施保护,目前最可行的是推行匿名举报制度,简便易行。

2. 加大举报人的奖励力度

能否充分调动举报人的积极性,除了对举报人采取严密的保护措施之外,还取决于对举报人的奖励力度。众所周知,重赏之下必有勇夫,堡垒最容易从内部攻破。因此,要想让举报制度充分发挥其弥补政府监管失灵的作用,在调动外部人举报的同时,更主要的是调动内部人举报。因为,只有食品生产经营企业的内部员工,特别是企业的高管,他们对本企业制假售假等违法性最清楚。因此,重大食品安全事件的举报人一般是企业内部员工,而非其他人员。上海染色馒头事件及上海福喜事件等,都是内部人爆料,媒体暗访才能揭露其黑幕。因为,非企业员工很难掌握企业内部违规制售假冒伪劣食品、有毒有害食品、掺假掺杂食品的详尽信息。所以,外部人举报的食品安全违法案件,一般不是重大食品安全案件。但外部人举报对于查处违法案件仍有极其重要的作用。

食品生产经营企业的内部员工,尤其是高管,他们的就业优势在于食品生产经营企业。一旦暴露其举报行为,给他们重新到其他行业就业造成一定的困难。加大奖励力度可以解除举报人经济上的后顾之忧,否则,举报人权衡利弊之后,可能保持沉默。目前,我国大部分省市均根据举报信息的真实程度,以及对违法行为处罚货值金额的多少确定奖励数额,这样的规定具有一定的合理性,但仍然存在如下缺陷:第一奖励金额偏低,不利于激励举报人举报。比如上海市规定属于事实举报的,奖励金额为该案处罚决定认定货值金额的 2% 至 5%;属于线索举报的,奖励金额为该案处罚决定认定货值金额的1%至2%,单项奖励金额不低于500元。重大的食品安全举报将适当提高奖励金额,最高不超过20万元,其他地区的奖励金额更少,这样的奖励力度不可能调动内部人举报的积极性。因为,一个食品生产经营企业的高管年薪十几万元,甚至几十万元,因举报获取几万元的奖励而失去工作,可行性几乎没有。目前内部人举报几乎都是因为被公司辞去工作,或者与公司发生纠纷达不到预期目的而举报的。因此,要调动举报人的积极性,必须加大奖励力度。第二,奖励资金设置不科学。根据《关于建立食品安全有奖举报制度的指导意见(食安办〔2011〕25号)》及各地方政府的有关规定,有奖举报资金的来源,都是通过财政预算设立专项资金来解决。这样就存在两个问题:其一是专项资金不够;其二是专项资金用不完,如2012年上海市财政预算安排食品安全有奖举报专项资金500万元,结果共发放食品安全举报奖励费37万余元,只占500万元食品安全举报专项奖励资金的7.4%。因此,笔者建议,我国可以根据举报信息的真实程度与处罚金额的大小,确定一定比例奖励给举报人,比如10%。

三、新闻媒体参与食品安全监督——舆论监督

新闻媒体对食品安全实施舆论监督可以达到两个目的:一个是充分发挥食品安全市场调节作用;另一个是弥补政府监管失灵。李佳洁等对2011年食品伙伴网报道的食品安全新闻进行了分析研究,发现群众举报占食品安全新闻报道的52.4%(向食品安全监管部门举报占22.3%,向新闻媒体举报占30.1%),食品安全监管部门发现的食品安全问题报道占25.7%,记者暗访食品安全问题21.9%。[①] 如果将记者暗访的21.9%与群众向媒体举报的30.1%加在一起,新闻媒体报道的食品安全案件占到52%。从近几年的曝光的重大食品安全事件来看,几乎都是新闻媒体曝光之后,食品安全监管部门才立刻查处。这充分说明新闻媒体舆论监督,是食品安全社会共治不可或缺的一支重要力量。

具体而言,新闻媒体舆论监督具有如下五个方面的作用:

第一,影响企业收入。新闻媒体通过新闻报道,或者专题报道等形式向消费者传递食品不安全信息,既可以引起消费者抵制购买不安全食品,也可能引导消费者到信誉好的食品生产经营企业购买食品,有利于发挥市场调节作用,如南京冠生园

---

① 李佳洁,王宁,郑风田.媒体对食品作坊式企业安全监管作用机制研究[J].中国食物与营养,2014,20(2):9-13.

食品公司用过期原料做月饼馅被新闻媒体曝光后，因消费者拒绝购买其产品而破产倒闭。

第二，迫使企业提高质量管理水平。新闻媒体通过新闻报道，或者专题报道等形式宣传食品不安全信息，可以降低社会对食品生产经营企业的评价，影响企业信用水平，使企业借款更加困难，并迫使其提高安全生产管理水平，向社会提供安全食品，否则可能被市场所淘汰。

第三，追究法律责任。新闻媒体通过新闻报道，或者专题报道等形式曝光食品安全事件，一般都会引起食品安全监管部门的重视。重大食品安全事件被新闻媒体曝光后，食品安全监管门可能立刻采取行动，对被曝光的食品生产经营企业实施监督检查，涉嫌违法犯罪的，还可能迅速被公安机关采取强制措施。2014年7月20日，上海东方卫视报道上海福喜食品公司通过修改保质期等方法，向下游企业提供过期食品原料，上海市食品药品监管局已查封涉嫌原料144吨，刑事拘留5名管理人员。

第四，防止食品安全监管部门与食品生产经营企业合谋。新闻媒体作为"扒粪者"，①揭露食品生产加工企业内幕，可以有效地阻断食品安全监管部门与食品生产经营企业的合谋，防止其隐瞒食品安全信息。

第五，弥补政府监管失灵。新闻媒体监督的重要作用还在于降低政府监管成本，弥补政府监管失灵。由于食品安全监管部门与食品生产经营企业之间存在信息不对称，政府食品安全监管部门不可能获得食品生产经营企业所有的违法信息，也不能对所有违法企业实施处罚。新闻媒体可运用其特有的敏锐性与接触公众人群广泛的特点，收集食品安全信息，并进行甄别取舍，选择具有典型意义的食品安全事件进行报道，有利于解决食品安全监管部门与食品生产经营企业之间的信息不对称，上级食品安全监管部门与下级食品安全监管部门之间的信息不对称。前者可以降低或减少食品安全监管部门的监管成本，后者可以发现下级食品安全监管部门不作为或慢作为，并对其实施监督。

因此，世界各国都通过法律的形式支持新闻媒体参与食品安全监督，我国也不例外。《食品安全法》第8条规定："新闻媒体应当开展食品安全法律、法规以及食

---

① "扒粪者"，一语出自美国第26任总统西奥多·罗斯福。英国作家班扬在《天路历程》中描写了一个怪人：此君手拿粪耙，目不斜视，一门心思拾地上的秽物，连天国的王冠也不希罕。班扬的原意是讽刺那些只关注肉体而忽略精神的人。1906年4月，罗斯福借用这个"典故"，把那些专门揭丑的记者称之为"扒粪者"。指那些有正义感的新闻记者，他们盯着种种不公与腐败现象，凭借高度的职业责任感将丑恶的事实真相拖到公众视野——曝光，他们是社会正义的代言人，是新闻正义的践行者。

品安全标准和知识的公益宣传,并对违反本法的行为进行舆论监督。"

但是,我国《食品安全法》还远远不能满足新闻媒体对食品安全舆论监督的需求,其原因主要是人们对新闻媒体的舆论监督还存在一些不同的认识。有个别人认为,最近几年食品安全事件报道过多,给我国食品市场产生重大影响,使人们对食品安全产生疑虑。甚至原卫生部的官员提出建立新闻媒体记者黑名单制度,[①]给记者报道食品安全负面新闻设定严格的条件。因此,在这种理念的支配下,2014年7月2日,全国人大公布的《食品安全法修订草案》第11条第2、3款规定:"新闻媒体应当开展食品安全法律、法规以及食品安全标准和知识的公益宣传,并对违反本法的行为进行舆论监督。有关食品安全的宣传报道应当客观、真实、公正。"

可见,《食品安全法修订草案》与《食品安全法》第8条相比,增加了"有关食品安全的宣传报道应当客观、真实、公正"的规定,这实际上是人们对新闻媒体舆论监督的认识发生了微妙的变化。笔者对此持不同看法,认为我国新闻媒体对食品安全事件的报道不是太多而是太少,尽管个别记者在报道食品安全负面新闻时,有夸大事实的情况,但基本上不存在捏造事实的虚假报道,基本事实还是正确的。因为,在食品安全负面新闻报道方面,新闻媒体与被报道的食品生产经营企业之间不存在信息不对称问题。如果新闻媒体作出不真实的报道可能导致相关企业的索赔,即使有点夸大也可能招致企业起诉,农夫山泉公司状告《京华时报》一案就说明这一问题。因此,新闻媒体报道食品安全负面新闻一般是很认真,很敬业的。但有时也可能因为记者专业知识有限,对有关事件定性不准,对有关专业术语理解不准确,而产生有瑕疵的报道。但这些问题很容易解决,一个是要求记者加强专业学习,一个是要求记者向有关专业技术人员请教。

从2004年的安徽阜阳奶粉事件、2008年的三聚氰胺事件、2011年的双汇瘦肉精事件,到2014年这十年间的发生的所有重大食品安全事件,几乎全部是新闻媒体报道后,有关食品安全监管部门才积极监督检查。没有新闻媒体的报道,这些不良企业不知还要制售假冒伪劣食品、有毒有害食品多久,有多少无辜的消费者深受其害。

因此,我们建议不仅应该删除《食品安全法修订草案(征求意见稿)》"有关食品安全的宣传报道应当客观、真实、公正"的规定,而且应该增加"鼓励"两个字,即"国家鼓励新闻媒体对违反本法的行为进行舆论监督",而不是给新闻媒体舆论监督设置障碍。

---

① 倪国华,郑风田.媒体监管的交易成本对食品安全监管效率的影响——一个制度体系模型及其均衡分析[J].经济学季刊,2014,13(1):559-582.

第五章 行业协会参与食品安全治理

食品安全治理既可能出现市场调节失灵,也可能出现政府监管失灵,还可能出现市场调节与政府监管双失灵。食品行业协会参与食品安全治理,可以在一定程度上缓解食品安全治理双失灵。

第一节 行业协会的概念及其特征

目前,学界对行业协会的概念尚未形成共识。本书在参考多篇文献,综合学者研究观点的基础之上,认为,行业协会是由同行业的法人、其他组织、公民在共同利益的基础之上组成的,对全行业实行行业管理的非营利性社会团体。我国食品行业协会众多,既有全国性的食品行业协会,也有各级地方行业协会。其中影响比较大的国家级食品行业协会有中国食品工业协会、中国食品科学技术学会、中国绿色食品协会、中国焙烤食品糖制品工业协会、中国食品添加剂和配料协会等。中国食品行业协会可以分为三种:一种是综合性食品行业协会,如中国食品工业协会;一种是学术性食品行业协会,如中国食品科学技术学会;一种是专业性的行业协会,如中国食品添加剂和配料协会。但不管那种食品行业协会,学界一般认为具有如下几个主要特点:

非政府性。即指行业协会相对于政府具有独立性。它应当由有关组织自愿组成;其组织具有自主性,在内部实行自我管理,一般不受政府的直接控制,但有时要受政府监督;其工作人员不属于国家公务员系列;主要经费来源不是国家财政拨款。① 非政府性是行业协会保持独立自治的基础,也决定了行业协会承担着国家(政府)与企业(成员)之间的联结和沟通任务,它使"私营部门与公共部门之间达致有效联系"。但是在我国的实践中,传统的行业协会对政府仍然具有较大的依附性,影响了行业协会的独立自治。

自治性。这是行业协会的最本质特征。2009 年通过的《国食品安全法》第 7 条规定了行业协会在食品安全工作中的职责:"食品行业协会应当加强行业自律,引导食品生产经营者依法生产经营,推动行业诚信建设,宣传、普及食品安全知识。"其中,行业自律和诚信建设尤为重要,而这两种职能的发挥都与行业协会的自治性密不可分。行业协会进行自我组织、自我管理、自我约束的自治权是行业协会能够独立存在并发挥重要作用所必须享有的权利。

非营利性。即指行业协会不以营利为目的,而以发展行业的共同利益,维护成员的合法权益为目的。目前已有的立法无一例外地明确要求行业协会具有非营利性。

公益性。公益性强调行业协会关怀公共利益,这里的公共利益不仅包括特殊的公共利益,还包括普遍的公共利益。具体到食品安全领域,食品安全本身就涉及公共利益公共安全,因而食品行业协会不仅应关怀该行业成员的利益(特殊公共利益)还应该关怀全体社会成员的利益(普遍公共利益)。这就要求行业协会作为成员企业的利益代表的同时,又要对成员企业进行引导、管理、监督,避免成员企业为了贪图私利而损害人民大众的食品安全利益。

但本书认为,行业协会是作为政府与企业之间的一个非政府组织。它具有两个本质特点:其一是成员企业利益的代表;②其二是为政府服务。

---

① 黎军.行业协会的几个基本问题[J].河北法学,2006,24(7):26-29.
② 新华网北京 2014 年 1 月 10 日报道:2013 年 12 月 9 日北京市工商局发布了餐饮行业 6 种不公平格式条款违法,并要求餐饮企业开展为期一个月的自查自纠。这些条款包括禁止自带酒水、消毒餐具收费、限包间最低消费、减少订席不提前通知收全款、丢物责任自负、顾客不接受餐厅建议视为自动放弃食品卫生投诉权,"消费者反映最强烈、与法理基本观点最抵触"。针对北京市工商局的这一要求,中国烹饪协会代表会员企业的共同利益,及时向国家工商行政管理总局发出关于请求纠正北京市工商局对"餐饮行业 6 种不公平格式条款"不当处理的公开信,认为北京市工商局的行政作为"不公平表述"以偏概全,与餐饮行业实际背离;"违法定性"理由牵强,餐饮企业权益亟须保护;行政干预违背改革原则,监管决策需要客观理性。并于 2014 年 1 月 3 日,中国烹饪协会在官网上发文称,为了避免行政机关对市场行为进行不当干预,中国烹饪(转下页)

行业协会作为其成员企业利益的代表有三重含义：第一，代表本行业协会的成员企业与政府博弈。正如有的学者在研究美国行业协会时指出的那样，"行业协会成立的最初目的之一便是抵御政府的干预"。① 因为，食品行业协会可以将分散的会员企业组织起来，形成一个强大的组织力量，既可以改变单个企业与政府博弈的弱小地位，还可以节约与政府博弈的成本，更主要的是这种强大的群体力量对政府制定食品安全监管政策法规、食品安全标准等的影响力，远非某个食品企业所能做到的。第二，代表本行业协会的企业与其他行业协会的企业进行博弈。食品行业协会成立之后不仅可以代表会员企业与政府进行博弈，在其会员企业与其他协会会员企业发生利益冲突，与相关行业协会进行博弈，最大限度地保护其会员企业的利益。在十多年前，深圳市各商业银行业共同要求零售商业企业承担拉卡消费百分之五十的费用，针对深圳市商业银行这一行为，深圳市零售业协会代表会员企业一方面向国家有关部门反映零售企业的诉求，一方面呼吁其成员企业暂停拉卡消费，最后政府有关部门支持了深圳市零售业协会的诉求。深圳零售业协会保护了其会员企业的利益。当然深圳市零售业协会呼吁其成员企业暂停拉卡消费，涉嫌垄断，不值得提倡。第三，维护行业公平竞争的市场秩序，对违反行业规范的成员企业进行处罚。行业协会作为一个自治团体，是为全部成员服务的，它不像单个成员那样只注重自身的利益，不考虑他人利益。行业协会的宗旨是为协会全体成员服务，谋取利益。因此，它会利用其通过对本行业的充分调查而掌握的信息优势，从全局考虑本行业的发展前景，从而作出符合本行业普遍利益的决策。食品行业协会能够凭借其信息优势，制定和发布本行业的食品安全标准等公众迫切需要知晓的食品安全信息。对违反本行业协会章程，破坏竞争秩序的行为进行处罚。

企业之所以自愿加入行业协会，主要出于自身利益的考虑，即企业加入行业协会所获得的利益远远大于其支付的成本，否则没有一个企业自愿加入行业协会，除非是政府强制其加入。国家之所以支持行业协会的发展，是因为行业协会能够为国家服务，监督本协会的成员企业执行国家政策法规。

（接上页）协会和中国旅游饭店业协会研究决定，向全国人大发出《关于请求全国人大就餐饮行业争议条款适用法律的相关问题作出解释的公开信》。这是行业协会代表其会员企业与政府博弈的典型案例。参见《政府监管、市场自律——协会不能打酱油，更不能帮倒忙》，http://www.bj.xinhuanet.com/jzzg/2014-01/10/c_118922704.htm，2014年6月30日访问。另外，《中国医药报》2013年8月20日第1版以《国家总局听取22家食品行业协会意见》为题，报道了国家食品药品监管总局听取22家食品行业协会，代表其全体会员企业提出有关食品安全监管的意见与建议。

① 鲁篱.论行业协会自治与国家干预的互动[J].西南民族大学学报，2006(9)：75-79+49.

第二节 食品行业协会参与食品安全治理的理论基础

食品行业协会参与食品安全治理的主要理论依据是,弥补政府监管失灵的不足。如前所述,食品安全政府监管失灵,主要有两个原因:其一是监管人员的知识有限性与监管人员获得食品安全监管信息的有限性;其二是政府监管资金的有限性与监管力量的有限性。这两种有限性决定了政府监管总是"缺位"的。食品行业协会参与食品安全治理,可以弥补食品安全政府监管之不足,在一定程度上填补政府监管的空白。

第一,对会员企业实施"合规"监管。食品行业协会为政府服务的内容之一,就是对本协会的会员企业实施"合规"监管,确保会员企业严格依法从事食品生产经营活动,对于不依法经营的会员企业依据协会章程予以处罚。食品行业协会对其会员企业的处罚权,来自团体契约,食品行业协会通过制定行业规范性文件,对行业成员的行为加以必要的规范和引导,并通过有效地协调行业成员之间的利益冲突和矛盾,建立有序的行业竞争秩序和行业发展秩序;同时,行业协会作为行业整体利益的代表,通过与政府以及行业外利益团体的沟通与互动,为行业的发展赢取有利的社会环境和制度环境,促进了行业的发展。[①] 因而,行业组织参与食品安全治理是保障人权的必然要求,这是行业组织参与食品安全治理的理论基础之一。

第二,维护公平的市场竞争秩序。食品行业准入门槛低,竞争十分激烈。食品安全是一个永恒的民生课题。民生问题的解决也要借社会各方之力,"从中外实践来看,做好各项社会事业要由政府主导,但不能由政府包办,政府包办不了,也包办不好"。"要在政府主导和市场运作之间求得平衡,能够调动政府、包括企业在内的组织机构和社会成员个体三方的积极性。"[②]因而,食品安全治理也要充分调动行业协会等

---

① 屠世超.契约视角下的行业自治研究:基于政府与市场关系的展开[M].北京:经济科学出版社,2011:1—2.
② 参见《民生·发展·经济法》,中国法学会经济法学研究会 2012 年年会暨第二十届全国经济法理论研讨会论文集(中国法学会经济法学研究会主办,西南政法大学经济法学院承办,2012 年 4 月 5—6 日),史际春教授《民生法大纲》。

社会组织的积极性。2009年通过的《中华人民共和国食品安全法》就首次从国家立法的层次规定了食品行业协会的职能,这一变化,既是对日益严峻的食品安全形势的现实回应,更传递出在对食品安全危机政府监管失灵的理性反思后,中国致力于推进和打造食品安全多元化监管体系,引入和加强包括食品行业协会在内的社会性监管主体的重大立法意图。[①] 这是行业组织参与食品安全治理的又一理论基础。

第三节 食品行业协会参与食品安全治理存在的问题

一、食品行业协会内部与外部问题及分析

(一) 法律地位不明确

目前,我国法律并未明确食品行业协会的法人地位,导致食品行业协会在履行其职能的时候难以真正起到自律监管的作用。事实上,食品行业协会在立法、司法、执法层面上更多的是扮演协同角色,如果法律能够明确食品行业协会的权利、义务以及和主管部门之间的关系,食品行业协会就可以在法律规定的范围内最大限度地发挥其沟通、自律、协调服务等作用。

不仅食品行业协会的法律地位不明确,而且有的法律法规甚至排除了食品协会的自律作用。比如,《国食品安全法》第24、25条规定:"没有食品安全国家标准的,可以制定食品安全地方标准。省、自治区、直辖市人民政府卫生行政部门组织制定食品安全地方标准,应当参照执行本法有关食品安全国家标准制定的规定,并报国务院卫生行政部门备案。企业生产的食品没有食品安全国家标准或者地方标准的,应当制定企业标准,作为组织生产的依据。国家鼓励食品生产企业制定严于食品安全国家标准或者地方比照的企业标准。企业标准应当报省级卫生行政部门备案,在本企业内部适用。"这就意味着,我国食品安全标准体系,排除行业标准,突

---

① 刘文萃.食品行业协会自律监管的功能分析与推进策略研究[J].湖北社会科学,2012(1):44-49.

出国家标准,照顾地方标准,保留企业标准,这将大大弱化行业协会在食品安全治理中的作用。美国与我国国情不同,美国食品安全标准大多是由有关食品行业协会制定的。

(二)"双重管理"体制不利于行业协会发挥主观能动性

我国现行的《社团登记管理条例》规定,行业协会组织实行双重审批体制。依此规定,成立行业协会组织,必须有一个"业务主管单位",即先由业务主管部门预审,后由民政部门登记审批。这会导致下列情况:

第一,行政体制内生成的行业协会。面对食品安全事件以及处理过程,行业协会常常处于失语状态,其最根本的原因是现在的食品行业协会大多是体制内生成的,它们的自治自律往往是宣示性的,而非践行性的。因为是体制内的,政府给予的扶持多在信息交流与培训上,而并不着力于监管上,就会导致行业协会发挥的作用差强人意。

第二,准行政性。行业协会的业务主管单位,往往将行业协会作为政府部门的附属,特别是"官办"的行业协会,直接将其作为政府的行政职能的延伸,承担部分行政管理职能。这样,行业协会因过分依附于公权力,而丧失了一定的独立性,难以真正代表会员企业和维护会员企业的利益,一般企业不会主动加入这样的行业协会,除非行政强制。中国奶业协会,其产生之初就是农业部根据奶业发展的需要,将乳业协会与奶牛协会合并后创办的,实际运行中也是由农业部具体指导,民政部监管。本书对上海市行业协会的调研也充分说明行业协会过分依靠业务主管单位,参见下表。

调 查 内 容	占总数比例
协会负责人由上级政府部门委托或由上级人员兼职	58.96%
重要会议或重要活动邀请上级政府部门代表参加	94.78%
定期向上级政府部门汇报工作和接受相关检查或评比,协会的重大举措经上级部门批准	70.90%
重大举措听取上级政府部门的意见	79.10%

第三,行业协会的工作人员多来自于主管部门退休或者在职的工作人员。行业协会的工作人员多来自于主管部门退休或者在职的工作人员,特别是在一些关

键部门,例如财务、主管。① 本书认为行业协会的人员可以来自于业务主管单位,但是应当控制在一定比例内,同时应该为该行业的行家参与行业协会的管理提供平台。特别是欢迎来自行业第一线、实战经验丰富的专家参与行业协会的管理工作,他们能够发现食品行业存在的主要问题,提出对症下药的解决办法。

二、行业组织的角色定位

行业组织的"权力"源于团体契约,其法律形式就是章程。行业协会可以依据章程来处罚其成员企业,否则就无管辖的权力。

那么为何成员企业甘愿接受行业协会的管理呢?管理为企业们带来的利益才是根本原因。因为技术上的无偿培训,信息交流,减少成员企业为获取信息付出的成本。只要不违反法律,不可以侵害大众的利益。

行业组织并不是中立的,并不是政府与企业之间的中立第三人,其实它是有立场的,那就是企业与政府的利益一致时,行业组织是不需要出面的,但是当两者利益不一致时,行业组织就会显现出"人"多(企业多)的力量。代表企业与政府抗衡。政府并不愿意某个行业的多数企业与之抗衡。行业组织难道就只为企业谋利吗?当然不是,行业组织同时也会考虑政府的利益。

那么行业组织在哪些方面可为政府所利用,但是又不损害成员企业的利益?政府想要了解企业的信息,对之予以规制,制定相关规则。行业组织可以提供一些信息服务。

行业组织的工作人员的调研较政府监管人员更易得到真实的、专业的重要信息。当一名政府监管人员想去调研的时候,企业往往是会小心翼翼地告知企业是如何地遵守国家的法律和政府的规章。政府官员不可能花费大量的人力调研某一行业的企业信息。

但是我国目前的行业协会多为政府机制内设立,一般情况下,都是政府利益的代言人。所以我国官办的行业组织的作用是微乎其微的,甚至可以忽略不计。而数量很少的民间行业组织的成员或者领导成员很多都是政府任命的。所以其永远难以摆脱政府行政力量的紧紧控制。

《中华人民共和国宪法》第 35 条规定:"中华人民共和国公民有言论、出版、集

---

① 王晓博,安洪武.我国食品安全治理工具多元化的探索[J].预测,2012,31(3):13-18.

会、结社、游行、示威的自由。"关于行业协会的宪法性基础,国内学者鲁篱教授认为,行业协会的宪法性依据不仅限于结社自由,这一权利也是行业协会本身组建和形成最根本的宪法依据,另外还包括表达自由和集会自由。言论自由即表达自由是行业协会参与食品安全监管的一项宪法性权利,行业协会本身的组建体现了成员对自身利益的共同关切,言论自由体现为对成员共同利益诉求的表达。在行业协会参与食品安全监管的运作过程中,协会内部成员之间应自由交换各自的意见和利益取向,协会应向政府表达其对某项政策或政府行为的关切以及自己的主张,这是行业协会参与食品安全监管最根本的宪法性基础。集会自由是行业协会参与食品安全监管形式上的合法性依据,行业协会大部分活动需要以集会的形式召开,协会成员间面对面地协商如何监督食品生产与服务活动,如何加强食品质量安全问题的事前预防与事后监督,进而才能达成为追求共同利益、保护消费者权益而进行的集体行动。

第四节　食品行业协会参与食品安全治理的案例

一、上海奶业行业协会参与食品安全治理

自从"三鹿"奶粉事件曝光以来,奶业食品的安全问题一直是人民群众所关注的热点问题。对于乳制品生产与供应中存在的安全问题与隐患,媒体也一再曝光,然而此类问题仍然层出不穷、屡禁不止。而奶业制品的新老"国标"的争端亦是新闻中的热点话题。对此,不少人开始呼吁行业组织在此应该发挥行业自律的职能,约束会员单位,"惩罚"其中不法行为。

上海奶业行业协会作为上海地区颇具影响力的食品行业协会之一,在食品安全领域(奶业制品)中扮演着举足轻重的角色,成为会员企业的好"管家"与政府的好"助手",为上海奶制品企业的产品安全与进一步发展起到了极大的推动作用。作为上海乳制品行业的行业自治组织,上海奶业行业协会的宗旨是:"遵守国家制定的宪法、法律、法规和政策,遵守社会道德风尚和国际规范,协助政府进行行业管

理,在行业中发挥服务、代表、协调、自律的作用;在国内外市场中维护会员和行业的合法权益,促进上海奶业产业的健康发展。"上海奶业行业协会通过一系列创新性的举措,将其宗旨真正落实到了实处。其中最大的亮点是其提出的"三化一建设",即标准化、制度化、长效化、诚信建设。"三化一建设"的提出既有利于会员企业的自律与自治,也为会员企业发展与企业内部的食品安全制度建设提供了标准与指引。行业协会,作为本行业的"传声筒",既要为本行业的发展以及会员单位的需求进行传递与呐喊,同时也需要将国家、政府乃至于人民群众的要求传递给各会员企业。所以上海奶业行业协会无疑扮演着政府社会与会员企业沟通的桥梁,也是外部与内部交互的平台。

(一)上海奶业行业协会"标准化"建设

标准化是确保放心奶的基础。上海奶业行业协会在国家生乳标准的基础上,结合上海实际,制定了高于国家生乳标准的上海地方标准,如理化指标中的蛋白质,国家标准为>2.8%,上海为>2.95%;微生物限量中菌落总数,国家标准最高指数<200万/ml,上海以40万/ml为基数;另外体细胞数是衡量奶牛是否健康的重要指标,美国为≤75万/ml,欧盟是≤40万/ml,上海基数为50万/ml。目前,上海生乳地方标准已基本达到美国标准,接近欧盟标准。[①]

上海奶业的标准作为地方标准,以高于新国标的指标来确保本行业协会的会员企业所提供的产品能够更符合国际标准的潮流,无疑是上海奶业行业协会追求以人民身体健康利益为目的,进行地标规范推动与设计的结果。充分体现了行业组织自律的精神,以及以国家利益、人民利益与行业利益有机统一。

对于奶业的新老"国标"之争已经不是一个新鲜的话题,对于新"国标"反倒不如老"国标"的倒退式的标准制度建设,专家、学者们也多有诟病。正如广州市奶业协会会长王丁棉所指出的"中国乳品标准是全球最低的"。[②] 在乳制品高标准"伤农",而降低标准"伤民"的情况下,中国新国标中的生乳蛋白质收购的最低标准降低了0.15%,对此尽管各方皆有说法,但是上海奶业行业协会的做法显然值得肯定。

在国家新标准降低生乳蛋白的情况下,以行业组织自行组织制定的地方标准

[①] 上海奶业行业协会:《上海奶业行业协会狠抓"三化一建设"确保上海市民喝上放心奶》[DB/OL],(2012年8月12日),[2012年10月11日],http://www.shanghai.gov.cn/shanghai/node2314/node2315/node18454/u21ai643858.html

[②] 郭丽君.乳业新国标之争持续 百姓对国产乳品信心下降[DB/OL].(2011年07月12日)[2012年11月4日]. http://www.ce.cn/cysc/agriculture/snlt/201107/12/t20110712_21003934.shtml

高于国家新标,显然是调动行业组织的自治力量,运用行业协会的自身能动性,推动相关指标的进步,使其与国际化接轨,这是将食品安全问题放在首要问题考虑的体现,也是行业协会发挥自身效用的表现。

(二) 上海奶业行业协会的"制度化"建设

光有奶制品的高标准,显然是无法确保食品安全的长治久安,无法保证奶制品生产企业所产出的产品的安全性与达标性。只有将既定的奶业标准渗透入乳制品企业日常运作之中,渗透入整个行业的自觉遵守之中,使其成为行业内每个企业的习惯,才是上海奶业行业协会在"三化一建设"中提出"标准化"的真正目标。而达成如此之目标,显然需要"制度化"的建设,使其成为整个行业的共识与全面遵从的准则。这种制度化的构建是为了将生乳上海标准落到实处。

上海奶业行业协会显然认识到了这一点,通过四项制度来保证标准能够成为全行业遵从的制度与自觉要求。①

确立了牧场每天送样品检测制度化。这样的制度通过牧场与行业协会的直接联动,通过对于牧场所生产的奶制品的样品进行检测的手段,上海奶业行业协会依靠第三方对于奶制品质量标准进行检测,能够保证检测的相对公正性与客观性。相较于传统的奶制品企业自行对于牧场的产品检测,行业协会组织与联系相关第三方对于牧场送检的样品进行检测,既可以有效地从原料端控制奶制品原料存在风险,从源头上把控食品安全,预防食品原料端的危机,也可以增强检测结果的公正性。事实上,通过对于牧场每天送检样品检测制度,上海奶业行业协会以较高标准来检测相关样品,是以实际行动推动其所制定的标准进入实践与现实生活中,使其最终成为相关行业自觉遵从与参照的标准。

建立上海乳品质量监督检验站每天抽检制度化。基于上述的牧场每天送样品检测制度,上海奶业行业协会还联手上海乳品质量监督检验站每天抽检制度来管控乳制品的安全。上海乳品质量监督检验站作为乳制品质量检测的权威部门,对于乳制品进行的每日抽检制度有利于确保本行业内乳制品生产的质量,保障食品安全。

数据统计通报制度化。上海市奶业行业协会通过对于会员企业的每月统计,

---

① 上海奶业行业协会.上海奶业行业协会狠抓"三化一建设"确保上海市民喝上放心奶[DB/OL].(2012年8月12日).[2012年10月11日]. http://www.shanghai.gov.cn/shanghai/node2314/node2315/node18454/u21ai643858.html

按照统计所得的数据进行排行榜范式的排序,每两个月进行公布的制度。对于会员企业而言,市场的声誉无疑是一个企业发展、市场战略的重要指标。上海奶业协会通过对于会员企业的相关指标数据的统计,按照排行榜模式进行排序,既是对于优秀的会员企业的鼓励与表彰,也是对于不达标的会员单位的"鞭笞"与警醒,同时也是将行业内的相关情况公之于众,使公众对于奶业行业情况有实时更新的了解与掌握。这种结合市场透明度与企业质量排序的方法,也值得其他食品行业借鉴与学习。此外,该种制度无疑也是对于行业协会自律职能的再探索与再开发,是将西方行业组织经验运用到中国市场后的发挥与进步,是非常值得肯定的。可以说,这个排行榜制度是"三化一建设"中"制度化"建设最大的亮点,也是最具有创新精神的地方。与前述的两种制度不同的是,该种制度更能让公众了解奶业企业的相关产品的质量情况与安全状况,更符合食品安全问题中全民监督的精神。

督查形式制度化。上海奶业行业协会每季度进行不定期的组织抽查。上海奶业行业协会在制度化的道路是走得非常坚定的。除了构建上述四种制度,上海奶业行业协会以行业组织的力量对于相关奶业企业进行抽查,显示了对于食品安全监管的决心与能力。通过每季度不定期的组织抽查,有利于将食品安全问题发生的萌芽遏制于"摇篮"之中。这不单是行业协会以自身力量推动食品安全的体现,也是行业协会主动发挥其所具有的机能的表现,是行业协会尝试多元发展与职能的创新。

(三) 上海奶业行业协会"长效化"建设

正是基于前述的标准化与制度化建设,长效化建设在整个"三化一建设"中起着推动与确保乳制品企业生产"放心奶"的关键,也是食品安全问题"长治久安"的根本。如果没有"长效化"制度的建设,"三化一建设"永远只能停留在口头阶段,只能是个"口号",而无法真正保障食品安全、保障人民群众的身体健康。具体而言,上海奶业行业协会为了"长效化"制度建设,提出了三个"注重"的要求。

第一是注重第三方检测。正如前文所述,在"制度化"建设中,除了牧场每天送样品检测制度与上海乳品质量监督检验站每天抽检制度外,上海奶业行业协会率先在全国建立了行业协会牵头,由第三方机构进行检测的第三方检测制度。在采样检测制度之中,上海乳品质量监督检验站作为第三方检测机构,对农药残留、抗生素、黄曲霉毒素、亚硝酸盐、重金属五种标准进行检测,并对超标的奶业制品实行检测一票否决机制,用严格的标准与要求控制食品安全领域中存在的隐患与风险。

这种严控、客观、公正的做法有利于中国奶业制品质量与标准的进步,有利于保护人民群众的身体健康。

第二是注重优质优价。正如前文所述,上海奶业行业协会牵头所制定的上海乳制品的地方标准高于新国标,通过标准要求的提升,鼓励会员企业自觉提高生产、加工水平,推动乳制品质量的优产。这种以优质产品赢得市场份额,并以优产所得(质量较优的乳制品成品)获取优质收益的联动模式,正是"三化一建设"中"长效化"制度内涵所期望达到的。

第三,"长效化"亦注重对于技能的培训与提升。据报道,上海奶业行业协会通过举办两届全市奶牛生产和质量安全培训班,使全市113家奶牛场场长及区县畜牧办、兽医疾控中心、兽医卫生监督所、奶管站等负责人共400余人参加这样的培训。通过对于相关负责人的技能与知识培训,提升相关的乳制品生产、加工、管理与监督的技术水平。而此类培训对于相关从业人员来说既是技能与知识上的受业,也是相关标准落实到个人的实践。这种注重"长效化"实质落实的作风,得到了各会员单位、各受训人员以及相关政府部门的肯定。

综上所述,"长效化"建设是保障奶业制品在长期食品生产中保证质量、预防食品安全隐患与风险、促使会员单位将食品安全意识转化为时刻保持的自觉观念的有效机制。

(四)上海奶业行业协会"诚信体系建设"

诚信,既是为商之本,也是一个行业生存、进步乃至发展之根本所在。上海奶业行业协会所提倡的建设诚信企业号召,既得到了相关会员企业的响应,也符合国家工信部和上海市经信委建设诚信企业的要求。上海市的12家乳制品加工企业加入该诚信体系建设之中,其中有四家婴幼儿配方奶粉生产加工企业[多美滋、花冠(贝智康)、晨冠(聪儿壮)和纽贝滋]于2012年通过了国家的诚信体系建设的评审、公示和颁证,为上海奶业行业协会推动"诚信体系建设"打下了坚实的基础。其余的8家企业于也全面参与了诚信体系的培训,从管理层到最基层的员工,对每一名涉及奶业生产、加工、监管的岗位上的员工都进行培训,保证了从源头原料采购环节到乳制品质量检验检疫再到最终产品的出厂,一系列流程化的全方位的培训。

上海奶业行业协会作为奶制品业的行业组织,运用诚信体系建设,通过公示其中入围的乳制品加工企业,表彰了这些业内较为突出的诚信企业,为其向市场上的营销推波助澜。同时依靠树立这些诚信标杆性企业,也为其他会员企业以及后来者树立了学习与参照的榜样。

这种诚信体系建设是对于乳制品行业重塑行业形象与行业精神的一次最好的洗礼,是对于饱受丑闻风波影响的奶业企业的一次让群众重新认识的机会,也是行业协会推动的行业内自律、净化的自觉行动。是在"标准化""制度化""长效化"的基础上,进一步加强行业自律建设的手段。

企业诚信建设是如今国家食品安全建设中最为重视的问题之一,企业诚信经营、诚信生产能带动整个行业的自我治理。上海市"企业诚信创建"活动是在上海市委宣传部、市文明办、市网宣办、市经信委、市建交委、市商务委、市农委、市工商局、市技监局、市药监局、市旅游局、市社团局等直接指导下,为全面贯彻落实科学发展观,构建社会主义和谐社会,进一步深入推进上海社会诚信体系建设,进一步优化上海经济社会发展软环境开展的一项常设诚信建设活动,它是 2007 年开展的上海市"知荣辱、讲文明、迎世博、建诚信"系列活动的延续。[①]

在上海奶业行业协会的会员企业中,共有 16 家企业获得了"企业诚信创建"的资质,并且其会员企业——上海创博现代自然农业(集团)有限公司被评选为二星级诚信创建企业,上海晨冠乳业有限公司被评选为一星级诚信创建企业。

企业诚信创建的成绩,是一个行业健康形象的镜子,体现了行业内的健康力量。食品安全问题往往是由于企业的不诚信行为所造成的,如何监管企业的行为,不单单是政府部门应该考虑的问题,更是社会其他力量应该参与的地方。上海奶业行业协会通过一直以来对于本行业内的会员企业的监管以及宣传,在"企业诚信创建"的评选中获得了肯定。其中的 16 家诚信企业,成为上海市奶业的标杆企业,是上海乳制品企业的典型代表。

(五)上海奶业行业协会案例小结

从上述的"三化一建设"的制度提出与设计上看,上海奶业行业协会从行业自律角度入手,通过行业的制度与标准的建设,解决当前乳制品行业中存在的食品安全问题。这种依靠行业协会牵头推动,影响会员企业,辐射整个行业的做法是值得其他食品安全行业借鉴与学习的。

无论是乳制品标准的制定,还是将该标准制度化、长效化,都是为了让民众能喝上放心奶、健康奶。而诚信体系建设,在向民众保证企业产品质量的同时,也是

---

① 刘歆.打造特色诚信品牌,上海企业诚信创建活动启动[DB/OL]. http://news.163.com/11/0111/20/6Q53SLUV00014AEE.html(2012 年 10 月 11 日访问)。

为了会员企业重塑行业形象与商誉,是行业协会为本行业组织内的会员积极提供服务,为社会创造和谐环境的体现。

行业组织的职能的发挥离不开行业组织自身能力的建设,而行业组织自身能力的建设又离不开其制度创新。上海奶业行业协会通过设定"三化一建设"的建设目标与体系,推动了整个行业标准化、制度化建设,带动整个行业的主观能动性,将行业制度改革与市场需求紧密相连,妥善维护好行业的健康形象,扭转行业中存在的不良风气,并取得阶段性的成果,也在"企业诚信建设"中获得了颇为丰硕的成果。

上海奶业行业协会的"三化一建设"正是该行业协会所提出的核心理念之一,也是该协会最重要的指导思想。对于本行业组织内的会员单位有着较为深远的影响。这种通过行业组织思想来影响会员企业经营理念与守则的做法值得其他行业协会参考与借鉴。

二、上海市食品添加剂行业协会参与食品安全治理

食品添加剂作为一种在食品生产中广泛使用的化合物质或者天然物质,能够为食品的色、香、味等品质润色,同时也能帮助食品防腐。自从人类在工业化生产中广泛使用食品添加剂后,食品添加剂在工业化时代成为加工食品必不可缺的辅料之一。人们对于食品添加剂的存在也变得习以为常。

然而自从 2004 年"苏丹红"事件的发生后,食品添加剂的安全问题一直备受社会的重点关注。针对食品添加剂是否有害、到底是否在所有食品中都添加食品添加剂等问题,社会上也有着诸多的探讨与担忧。不少新闻媒体中曝光食品添加剂的负面消息让人们越发地关注如今市场上食品添加剂的使用情况,同时也给食品添加剂企业增加了不少压力。特别对于那些遵纪守法、恪守职业道德的食品添加剂企业而言,舆论对于食品添加剂"一边倒"的批判声音使所有的食品添加剂仿佛成了食品生产中添加的"慢性毒药",危害人民群众的身体健康。

对此,上海市食品添加剂行业协会,在进行行业内诚信体系建设,发挥行业组织自律管理职能的同时,也通过网络、报刊等各类渠道向公众普及食品添加剂的知识,使公众对于食品添加剂能够有更加客观的看法。

由于食品添加剂如今成为诸多加工食品等产品必备的原料或者配、辅料,禁止添加食品添加剂更是"天方夜谭",没有食品添加剂的危害远比食品添加剂的存在更大。所以对于食品添加剂的态度并非禁,而在于加强科学化的管理。上海市食

品添加剂行业协会在日常的工作开展中,重视自身的力量,运用行业协会的自治能力,在有效地约束行业协会的会员企业的同时,也通过撰写文章、接受采访等各种形式向社会普及关于食品添加剂的知识,使公众不再"谈剂色变"。

(一)上海市食品添加剂行业协会积极推行自律建设

1. 上海市食品添加剂行业协会自律建设概况

食品添加剂的安全问题直接关系到人民群众的身体健康,关系到行业的形象,食品生产企业如果合理地运用质量合格的食品添加剂,对于人民群众的健康不但无害,而且有益。例如正是有了食品添加剂(防腐剂)的帮助,厨房中使用的酱油就不再会出现蛆虫。所以食品添加剂对于现代食品生产来说,显得必不可少。

但是正如之前媒体所曝光的那样,有些无良商家在食品生产中滥用食品添加剂或者使用假冒伪劣的食品添加剂,对人民群众的身体健康造成了严重的影响。在治理这方面问题的时候,需要的不仅仅是政府强制行政权的介入,更需要作为行业自律声音的行业协会的参与。因为行业协会不但是政府与会员企业之间的桥梁,更是政府监管失灵的一种补充。

上海市食品添加剂行业协会通过一系列措施,在不断增强行业自律能力的同时,也在不断增强行业协会对其会员企业的影响力。上海市食品添加剂行业协会在2008年底制订了两个自律公约,一个是《上海市复合食品添加剂行业生产管理自律公约》,另一个是《有关解决上海地区食品香精香料行业存在一些问题的建议》。这两个由上海市食品添加剂行业协会牵头制定的自律公约,对于食品添加剂行业而言,是行业自律精神的彰显。这两份公约都是基于行业内现存的主要问题进行深入剖析之后,提出的建设性的建议。协会希望通过行业自律公约的发布与签署,让会员企业能够切实做到遵照法律、法规与国家标准生产、诚信经营、恪守职业道德,维护食品添加剂行业形象,最终保证公众的饮食健康与安全。

2.《加强复合食品添加剂行业自律倡议书》

2011年5月,上海市食品添加剂行业协会再次联手行业内的11个会员企业,向全国复合食品添加剂企业发布了《加强复合食品添加剂行业自律倡议书》(以下简称《自律倡议书》),[①]呼吁行业内具有社会责任感的复合食品添加剂企业积极行动起来,以自己的行动来维护行业健康形象,响应国家的要求与号召,强化会员企

---

① 《加强复合食品添加剂行业自律倡议书》全文,参见 http://info.food.hc360.com/2011/05/051441496392.shtml(2014年6月10日访问)

业的诚信意识,增强行业内自律体系的建设。这种以倡议书的形式,来维护行业良好风气的做法,既有助于以企业为基本构成单位的行业风气的整顿,又有利于行业组织的自律职能真正的实施。

具体而言,《自律倡议书》提出了以下几点:

第一,严格模范地遵守国家法律法规和标准,切实承担食品安全的企业主体责任。这就要求食品添加剂企业能够坚持守法诚信经营,恪守职业道德,追求社会公益。并且能够自觉遵守行业准则,坚决不搞商业腐败行为,坚持同行业间的公平竞争,反对不正当竞争行为。这是规范行业从业企业的行为,防止企业为了过分追求利益最大化,放弃道德底线,不遵守国家的相关法规和国家标准,违反法律规范生产食品添加剂。在行业自律倡议书中,第一条就申明该原则是既体现了上海市食品添加剂行业协会联合其他会员企业对于行业中存在的违法、违规行为决不妥协的态度,也表达了食品添加剂行业重视食品安全,希望为消费者提供一个绿色、安全、放心的食品环境。此外,该条还要求企业能够依法履行食品安全责任,自觉开展企业的内部整治与自纠,严格监控企业内从原材料采购到产品生产中的生产配料一系列的流程,并明确其中的直接责任人。在企业中明确责任制度有利于企业内部监管的加强,能够在食品安全事故发生时第一时间找到责任人与问题所在的环节,同时也是对于相关责任人的一种尽职、守法的警示。

第二,坚持科学发展观,不断加大科技与资金的投入,推动企业标准化。食品安全关系到每一个消费者的身体健康,只有安全、绿色、对身体无危害的食品添加剂才能满足现代人对于食品安全的需求。复合食品添加剂是一个特殊产品,它的使用与研发都必须基于科学的指标规范,必须能够妥善地控制其使用范围与使用剂量。这就需要坚持科学发展观,以科技的力量带动食品添加剂指标更符合科学性,在不降低其功效的同时也能尽可能地降低对于人体的危害。由于食品添加剂是市场上许多加工或者包装食品必备的原料或者辅料,保证食品添加剂的安全就相当于保证相关食用产品的安全,也就意味着保障整个食品行业的安全。而保障措施不能简单、粗疏,必须是建立于食品添加剂科学性的论证与测试之上的。所以,整个食品添加剂行业的发展、企业的进步都必须构建于国家标准与科学技术的基础上,在产品的研发、产品的生产中坚持实事求是的原则,遵照食品安全法,GB2760和其他相关法律规范的要求,杜绝有危害的、不符合标准的、未通过批准的食品添加剂流入市场。同时,该条还要求能够不断创新企业管理,提升食品添加剂企业自身素质,促进食品添加剂标准化的进步。企业的管理也必须是建立于科学化的基础上的，没有科学内部管理的企业是无法保证其出产的产品能够百分百满足国家标准的要求，无法保障消费者在终端所食用的食物中所含的食品添加剂的安全性的。此外，由于食品添加剂的安全并不简单是生产企业的责任，更包括流通、销售等环节。只有所有相连环节能够实施全方位的监控，完善每一部分的管理机制，以科学的态度对待食品添加剂的生产、流通与销售链，才能真正保证产品质量的安全性。

第三，加强食品安全普及教育，承担起更多的食品安全责任。这就要求上海市食品添加剂行业协会能够通过食品添加剂知识的宣传，向社会与民众推广食品安全的知识，以常识教育宣传为基础，以企业食品添加剂专家的培养为突破口，带动全社会的食品添加剂的知识普及。现阶段诸多对于食品添加剂的误解与谣言，都是源于公众对于食品添加剂缺乏客观、科学的认识。而在《自律倡议书》中就提出，要培养民众能看懂食品上食品添加剂的含量与意义。这就需要行业协会联手企业，在专家、学者的帮助下，通过各种渠道向公众传播食品添加剂的安全知识。如此既能培养公众对于食品添加剂的辨识能力，了解产品的注意事项等，也能让社会正确认识食品添加剂。而培养企业食品安全专家正是基于前述的第2条中，坚持科学发展观，将食品添加剂安全问题控制于生产企业之内。企业食品安全专家能够向相关生产企业，正确建议企业在产品中的食品添加剂使用方法与含量，保证添加剂使用与用量的安全性。当然，这种食品安全教育的普及的意义并不仅仅在于使公众能够读懂产品标注上的食品添加剂或者培养行业专家，同时也能带动社会对于食品添加剂的监督。毕竟查处违规使用食品添加剂，仅靠政府管制、行业组织自律是不足的，如果全社会都能懂得一些食品添加剂的知识，在发现违规使用时可以及时地进行举报，从而降低执法成本，及时阻止事态的恶化。

第四，自觉接受国家监督与舆论监督，提升企业履行社会责任的能力。在要求会员企业积极配合国家的各项整治工作的同时，能够接受与支持包括国家监督和舆论监督在内的全社会监督。在食品安全问题的整治中，除了企业与行业协会需要发挥自身的自律职能、政府机构发挥行政监督职能外，也需要全社会的舆论监督。对于食品添加剂问题，舆论可以形成一种压力，同时亦是一种动力，推进食品添加剂行业的内部治理。并且，这还要求当食品安全事件发生后，企业能够及时回应民众与社会关切的问题，坚决抵制虚假新闻，以负责任的态度来应对食品安全问题，打消民众由于虚假消息所造成的恐慌，及时处理并弥补由于食品添加剂所造成的不良后果。同时，《自律倡议书》还在该条中提出希望能够发布质量安全的社会责任报告,公布企业履行社会责任的现状、规划和措施,完善社会责任沟通方式和对话机制。希望通过发布此类文件与信息,能够让公众了解如今食品添加剂行业的现状、存在的问题。以公开的态度回应质疑的声音才是真正解决食品安全问题的良策。如此建立起来的公众社会信任度有利于行业协会开展接下来的行动。此外,《自律倡议书》还建议通过展开企业自我评价与社会评价,不断提升企业的社会责任感,促进企业肩负更多的社会责任。社会责任感有利于企业对于自身产品的监管,是自律职能发挥的基础。只有加强食品添加剂企业的社会责任感,才能促进其遵守职业道德与法律法规的规范。也只有当行业内企业都自觉自律才能保证食品添加剂安全事故不再发生。

第五,认真履行行规行约,共同维护行业形象。食品添加剂生产企业是食品添加剂行业的组成基础,也是行业中最基本的自律管理力量。行业协会作为行业的传声筒与代言人,具有自律的基本职能。为了行业规范能够长久有效地被履行,行业健康形象能够维持,不但需要行业协会继续发挥自律职能,监督其会员企业的生产行为,而且也需要企业能够自觉加入自律体系,共同维护食品添加剂行业的健康形象。具体而言,行业组织在监督会员企业认真履行行规行约的同时,也要对于违规的会员企业进行批评教育。并且要及时纠正会员企业中的不正之风,对于严重影响行业形象的行为,除了进行批评教育外,还应该督促其及时整改。对于生产质量不合格的食品添加剂产品的企业,要从行业协会中除名,并向社会与政府部门通报情况。构成违法犯罪的,应该及时向政府有关部门举报,并向社会公众及时通报情况。

通过这份《自律倡议书》,行业协会联手其会员企业向社会承诺将严格监管食品添加剂行业,并积极发挥行业协会的自律职能,督促会员企业遵守法律法规与职业道德,保障社会的食品安全。

(二)上海市食品添加剂行业协会积极进行"企业诚信创建"建设

诸多的食品安全问题的发生,都是由于企业不诚信所造成的。根据相关指导性文件的精神与要求,上海市食品添加剂行业协会把开展诚信企业建设作为工作的重心之一,选拔食品添加剂行业中的诚信企业,开展诚信企业的建设,有助于行业自律,有利于食品行业的安全、绿色环境的打造。

在上海市食品添加剂行业协会的近百家会员企业中,已有三分之一以上的企业申请创建诚信企业,其中30余家获得了"企业诚信创建"资质,并且有4家企业获得了"一星级诚信创建企业"资质,1家企业获得"二星级诚信创建企业"资质。这些食品添加剂企业受到诚信创建资质的认可,是其长期经营以来遵纪守法、恪守职业道德的体现,是食品添加剂企业中的诚信标兵与行业楷模。在以资质嘉奖的同时,也是向全行业树立起诚信标杆性企业,是行业自律学习榜样,能够进一步提高企业的素质,提升整个行业内追求诚信、自律建设的氛围。

(三)上海市食品添加剂行业协会积极普及添加剂知识与职称评定建设

1. 普及食品添加剂知识

正如上文所论述的,由于公众对于食品添加剂的不了解以及不断曝光的食品添加剂的负面新闻的影响,导致了社会对于食品添加剂的认识产生了误解,甚至产生了"谈剂色变"的情况。对此,上海市食品添加剂行业协会积极调动协会与企业的各种力量,通过科普讲座、食品添加剂沙龙等形式向公众介绍食品添加剂的知识,推动食品添加剂知识的普及。从而引导消费者能够正确认识食品添加剂的功效与作用,消除食品安全恐慌症对社会发展造成的不利影响。并且,上海市食品添加剂行业协会还将食品安全知识普及与宣传活动列入协会的工作日程之中,成为其开展工作的重心之一。①

第一,开展食品安全沙龙。2012年的2月28日,在上海市政协会议室内,上海市食品添加剂行业协会与上海市工业经济联合会,通过共同举办食品安全沙龙活动,探讨如今上海的食品安全形势与食品安全存在的隐患。通过此类食品安全沙龙,参与会议的领导与专家能够探讨如今上海市食品安全的问题与形势,交流治理食品安全问题的心得。此类活动的开展,有利于食品添加剂知识进一步的推广,并且上海市食品添加剂行业协会也可以借此契机学习其他行业组织或者部门的经验、吸取其工作中的教训,在具体开展协会活动中用以借鉴。从而做好食品添加剂安全的行业管理工作,发挥协会的组织自律职能。这样的食品安全沙龙在交流食品安全经验的同时,又有利于促进有关部门认清如何搞好食品安全建设。

第二,食品添加剂应用与安全知识研讨会。上海市食品添加剂行业协会利用诸如"亚洲食品配料健康天然原料中国展"等大型专业展览会的平台,举办关于食品添加剂应用与安全知识研讨会。基于参加此类大型专业博览会的专家、学者以及企业代表人士众多,通过开展食品添加剂应用与安全知识研讨会的形式,探讨食

---

① 参见2012年《上海市食品添加剂行业协会第二届理事会工作报告》,http://www.sfata.com/cn/p1/info.asp?id=393(2012年12月3日访问)

品添加剂的发展趋势与食品添加剂的安全治理的问题。围绕"食品安全与食品添加剂"这一主题,从2007年开始每年都会举办一届研讨会。研讨会上邀请全国的专家、教授以及政府有关部门,就不同专题进行演讲或者主题探讨。比如,第四届"食品安全与食品添加剂"研讨会于2010年11月11日至11月12日举办。在得到上海市质量技术监督局食品生产监督管理处和上海市食品生产监督所的支持的基础上,由上海食品协会、上海餐饮协会、上海保健品协会、上海糖制品协会、上海肉制品协会、上海水产协会、上海豆制品协会以及上海18个区县食品生产监督局(所)监管人员和浙江省、江西省和昆山市食品添加剂协会领导、食品生产企业人员等350多人参加了会议。不同的专家、学者都从自己专业的角度出发,讨论中国食品添加剂行业的发展前景、食品添加剂行业标准的制定以及食品安全管理的科学化发展方向。2012年的"泛长三角地区食品添加剂与配料研讨会"于2012年12月21日至22日举行,会议具体探讨的主题具体包括"我国食品、食品添加剂国家安全标准的建立和完善""我国香料香精生产及质量标准修改建议起草工作汇报""食品添加剂与食品安全""我国食品添加剂标准制定工作中存在问题及解决途径""《食品安全法》颁布以来我国食品添加剂生产监管的得与失""我国食品添加剂检测技术的现状、不足及改进""《食品添加剂使用标准GB 2760—2011》结构修改及合理性问题""复配食品添加剂生产生存法则与发展""我国食品添加剂走出国门的经验与实际操作"以及"食品添加剂生产企业如何应对食品安全突发事件"等十个不同的专题。此外,上海市食品添加剂行业协会还借助大型展览会的平台,来举办关于食品安全与食品添加剂的学术研讨会。在2012年的"亚洲食品配料健康天然原料中国展"上,协会于2012年6月27日借助该平台,开展了"食品安全与食品添加剂"主题研讨会上,邀请了国家保健食品评委、上海市食品添加剂行业协会专家委员会主任姜培珍教授、浙江省科技学院生物与化学工程学院院长毛建卫教授、上海大学生命科学学院翁新楚教授、上海市食品添加剂行业协会秘书长吉鹤立教授做了关于食品添加剂的演讲。此类学术研讨会有助于食品安全建设经验与知识的传播,对于全社会都有宣传、推广的功效。但主要还是集中于较高层次的食品添加剂知识交流,并能为企业学习关于食品添加剂应用与安全的知识提供一个交流的平台。

第三,利用媒体平台做好食品安全宣传。上海市食品添加剂行业协会积极发挥行业组织的职能,借助于媒体的传播力量向公众宣传食品安全的宣传。协会主要通过协会秘书处主办的双月刊《动态》,及时地报道协会及广大会员企业的活动信息外,还经常刊登一些时事评论、食品添加剂知识、食品安全与食品添加剂法规等。在刊出后,免费向 350 余家会员单位、上级有关部门、各区县质量技术监督局、相关行业协会、食品企业发放。同时,协会还积极利用信息技术平台,建设协会网站,介绍协会的最新动态、社会新闻热点、食品添加剂知识、相关评述文章以及食品安全最新标准等各类信息,为登录协会网站以及会员企业提供一个信息的平台。《中国食品报》的记者多次来到上海市食品添加剂行业协会,了解食品添加剂的安全性及食品添加剂企业生产产品的大致情况。通过《中国食品报》的报道,让更多人了解上海市食品添加剂的现状与概况,知晓关于食品添加剂的基本常识,起到普及食品安全知识的功效。此外,上海市各大电视、电台等新闻媒体,例如上海电视、东方卫视、上海电台等媒体多次邀请上海市食品添加剂行业协会的专家接受采访和观众现场咨询,并通过录制节目,进行食品添加剂科普宣传。借助媒体的力量,将行业宣传推广全社会,并以此重塑食品添加剂行业的健康形象。同时,协会还组织会员企业一起参与诚信体系建设,提高会员企业创建诚信企业的自觉与热情,并且依靠于媒体平台,将共同签署的"倡议书"向全社会公布。并承诺由社会监督食品添加剂企业的生产、经营,不让质量不合格、非法生产或者存在瑕疵的食品添加剂流入市场、危害社会。正是基于上述的媒体宣传与食品安全知识的普及,食品添加剂行业在经历了几次添加剂风波之后,仍然能够继续发展。除了行业组织与会员企业自身不断加强的自律建设的功劳外,还应该归因于借助媒体对全社会进行的食品添加剂常识与食品安全知识的普及。

第四,执法部门与企业人员专业知识培训。行业协会除了能够监督会员企业的日常运营,帮助政府部门进行市场的监管,更可以利用其行业组织的专家资源的优势,发挥专家的作用,做好政府部门与企业业务的咨询工作。上海市食品添加剂行业协会在这方面开展了以下的培训活动,并获得良好的反响:① 协助政府执法部门对执法人员进行相关知识的培训。上海市食品添加剂行业协会从 2008 年开始,配合本市质量技术监督局对全市 19 个区县食品生产监管人员共 240 人进行有关标准、法规和食品添加剂知识的培训,特别是对于《食品添加剂使用卫生标准》的培训,极大地提高了执法人员正确理解与掌握标准的水平。协会以这种主动服务的态度为政府执法部门提供培训活动,不但是为执法部门开展市场监管提供有利的帮助,培养执法人员的知识素养,同时也是从客观上为保障食品安全出力。② 配合执法部门做好食品添加剂生产企业从业人员的知识培训。上海市食品生产监督所和上海市食品添加剂行业协会曾在上海应用技术学院联合举办的《食品添加剂使用卫生标准》(GB 2760—2007)宣贯培训,包括协会会员企业的质量管理负责人和生产技术人员共250多人参加了为期一天的知识培训。为行业协会的会员单位开展相应的关于食品添加剂知识与食品安全问题的培训,有助于企业在日常生产运营中,遵守 GB 2760—2007 的标准,更新相关负责人的知识储备。并且,行业协会的职能的根本在于服务会员企业,没有会员企业的配合,行业协会难以开展工作。而配合应该是建立于相关人才和知识储备完善的基础之上。正因为如此,协会配合上海市食品生产监督所开展了针对生产企业的食品添加剂新标准的培训活动,让企业的从业人员能够了解国家标准的内容以及行业监管的动向。知悉新标准不但有助于企业开展接下来的工作,也有利于食品添加剂行业的可持续发展,保证食品添加剂生产的安全性。

2. 食品添加剂专业技术人员职称评定

由于食品添加剂行业发展的沿革以及行业发展的瓶颈等原因,食品添加剂行业内的专业技术人员缺乏相应的职称评定,行业职称的空白对于整个行业的发展不利。同时专业技术人员对于保证食品添加剂行业产品生产以及质量检测起着非常重要的作用,只有符合标准的技术人才才能完成相应的工作任务。但是由于缺乏专业技术人员的职称评定,长期以来,食品添加剂行业的专业技术人才的才能无法得到客观与科学化的评价。

因而,根据中共上海市委文件《上海实施人才强市战略行动纲要》(沪委〔2004〕13号)的要求"建立社会和业内认可的专业技术人才评价制度"。在协会理事会的大力支持下,上海市食品添加剂行业协会的专家委员会成立了"上海市食品添加剂行业协会职称评定领导小组",在上海市经济团体联合会的指导下开展了行业内职称评定工作。

专家委员会还编写了《食品添加剂法规摘选》,同时整理采编了 CAC 的《食品添加剂通用法典标准》、《食品添加剂卫生标准》(GB 2760—2007)、《食品添加剂手册》等 20 余篇参考资料。为参加职称评定的从业人员提供了参考的素材。

在职称评定中,协会还按照申请职称评定的技术人员四个方面的材料进行综合考量、评定:① 业务知识。要求技术人员能够掌握食品添加剂法规、食品添加剂基础知识;② 工作业绩。要求申请者提交个人工作以来的自我小结,展示其个人工作经历以及在工作中获得的成绩;③ 职业道德。食品添加剂行业对于职业道德的要求很高,这是因为该行业直接关系到人民群众的身体健康。所以职业道德对于从业人员而言至关重要;④ 职业技能水平。要求申请者提交能够体现自我技能水平的论文、专利等材料。

上海市食品添加剂行业协会的专业技术人才职称评定自2010年的第一届开展,至今已经举行了三次,这种创新型的职称评定方式,改变了过去一直以来由政府主导的职业职称评定,并且获得了上海市职业能力考试院的支持与上海市经济团体联合会的帮助,获得了市场的认可。这再次证明了在行业的内部治理中,行业组织能够主动发挥其作用,为行业培养更多的专业人才,提供更优质的服务。

(四)上海市食品添加剂行业协会小结

上海市食品添加剂行业协会,作为食品添加剂行业的行业组织,在发挥其行业自律与管理职能的同时,又充分发挥其内部专家资源的优势,通过为其会员企业、政府部门以及大众群体等进行关于食品安全与食品添加剂知识的普及与宣传,以主动、热情的服务致力于行业内部治理、维护行业健康形象的行动中。

除了发挥行业组织自律职能,推动各种类型的行业自律书以及行业自律倡议书等,上海市食品添加剂行业协会还发挥其独具特色的培训职能,为企业、政府部门提供国家标准、行业规范以及法律法规的培训。

此外,上海市食品添加剂行业协会还积极开展食品添加剂专业技术人员职称评定,为食品添加剂行业培养更多的专业技术人才,推动行业进步与发展。

第六章 食品安全信息披露制度

食品安全信息披露制度的建立与完善,不仅在经济学上具有缓解食品市场上信息不对称,降低"柠檬"市场不良影响的作用,而且在法学理论上,同样具有积极意义。最重要的是食品安全信息披露是充分发挥市场调节的基础,在这种意义上讲,政府食品安全监管就是食品生产经营者与政府食品监管部门,依法向社会披露食品安全信息。

第一节 食品安全信息披露的理论基础

一、信息披露的权利基础

知情权一词源于英文"right to know",它从一项抽象的宪政理念发展成为一项具体并可获得司法救济的权利,最早是运用在公法领域的政府行政信息公开制度中,在这个方面最具有代表性的是美国于1966年和1976年分别规定的《信息自由法》(*Freedom of Information Act*, 1966)和《阳光下的政府法》(*Government in the Sunshine Act of 1976*),前者规定除法定的九类文件可以不公开外,其他政府文件必须全部公开;后者则对合议制行政机关的会议公开作了具体规定。① 由于政府对公民的保密行为不仅与民主的价值背道而驰,而且损害了民主的目的追求,它使管理者与被管理者之间失去彼此的信任并加剧了不信任。因此,现代民主政治社会否定全能政府理念,而强调政府应当将它的公民看成是富有责任心的道德主体,强调按照他们自由的意志对生活中或政治中的善恶作出判断。②

伴随着知识经济与电子信息网络时代的到来,知情权已日益成为公民在社会生活中的一项基本权利。我国现行《宪法》里虽没有明确使用"知情权"的概念,但已经包含着公民知情权的内容,并将其作为我国公民的基本权利。③ 2008年5月1日正式实施的《政府信息公开条例》第13条规定,"除本条例规定的行政机关主动公开的政府信息外,公民、法人或者其他组织还可以根据自身生产、生活、科研等特殊需要,向国务院部门、地方各级人民政府及县级以上地方人民政府部门申请获取相关政府信息",从而将公民对政府信息的知情权明确化。加之先前《消费者权益保护法》对消费者知情权的规定,知情权在我国越来越得到立法的重视与承认。在我国通常将知情权称为知悉权、了解权或者得知权,是指公民、法人及其他组织依法所享有的对于国家机关、公共机构或者其他公民、法人、非法人组织要求公开信息的权利,以及在法律不禁止的范围内不受妨害地获得各类信息的自由。④ 知情权体现的是公民对信息的利益要求,这种要求主要体现在两方面:一是知情权义务主体能主动公开相关信息,一是公民个别请求相关信息披露的要求能得到满足。知情权的宗旨在于打破知情权义务主体对信息的垄断与控制,赋予知情权权利主体知悉、获取信息的自主性。知情权既是一项重要的公民政治权利,具有明显的公权利属性;同时它又是一项民事权利,具有明显的私权利属性。知情权既包括属于公法范围的事务,也包括与社会成员切身利益相关的民事方面的权利。⑤ 因此,总体来看,可以将知情权分为平等主体间的知情权和不平等主体间的知情权两类。平等主体间的知情权,是指公民、法人及其他组织等平等主体之间的一方相对于另一方依法所享有的获得信息的自由和请求对方告知特定信息的权利。不平等主体之间的知情权,是指公民、法人及其他组织对于国家机关、公共机构所依法享有的

---

① 程洁.宪政精义:法治下的开放政府[M].北京:中国政法大学出版社,2002:147-148.
② 德沃金.自由的法——对美国宪法的道德解读[M].刘丽君,译.上海:上海人民出版社,2001:52.
③ 具体说明参见刘杰.知情权与信息公开法[M].北京:清华大学出版社,2005:93.
④ 高立忠.知情权概念评析[J].黑龙江社会科学,2008(3):162-164.
⑤ 韦俊虹.商业银行信息披露的法理基础分析[J].西南民族大学学报(人文社会科学版),2006(4):89-92.

不受妨害地获得信息的自由,以及要求其公开特定信息的权利。①

在食品市场的交易活动中,交易双方当事人的经济实力、技术水平和信息获取能力等经常是不相称甚至是悬殊的,但他们的民事法律地位都是平等的。这种表面上的地位平等却难以掩盖在交易活动过程中存在的实质性不平等的问题。市场上的食品消费者作为食品的最终食用者,其对食品安全的信息需求相对于其他主体来说是最为迫切的,食品安全信息能否充分便利地获得关系到能否充分发挥食品安全市场调节的作用,更重要的是消费者的健康权甚至生命权能否得到真正的尊重。然而,对食品安全信息需求最大的消费者却是市场上对信息占有掌握能力最小的主体,而消费者无法获得充分信息的恶果就是出现前文所述的食品市场的"逆向选择"和"道德风险",广大公众将陷入食品安全的危机之中。因此,面对食品生产销售链上信息的逐层流失以及政府监管部门对相关监管信息的隐而不发,只有赋予弱势的食品消费者一方以特别的权利才能挽回法律的实质正义。而知情权正是这种应当赋予在信息上处于不利地位的信息需要者对于在信息上占优势地位的信息占有者享有的权利。因此,在涉及食品安全的市场交易中,知情权的权利人应该是在经济实力和社会角色中处于弱势的,特别是那些在对有关食品安全的信息的掌握和控制上处于劣势的食品消费者也就是广大公众。法律赋予他们以知情权的保护,要求作为信息优势方的生产销售者或政府监管机构及时向公众充分地披露食品安全信息,从而使形式平等而实质不平等的法律关系上升为权益平衡的法律关系,以一种形式上不平等的倾斜手段达到维护双方实质上平等的目的。②建立和完善食品安全信息披露制度,使食品生产销售者和政府监管机构按照一定的标准披露相关信息,有助于以法律的手段保障公众知情权的实现,使他们能及时、准确的获悉与食品安全有关的信息,弥补原本处于劣势的法律地位。

二、企业社会责任的体现

企业社会责任理论滥觞于 20 世纪 20 年代的美国。1924 年美国人谢尔顿(Oliver Sheldon)在他的《管理的哲学》一书中提出,工业的目标不单纯是生产商品,而且是生产在社会上一部分人眼中有价值的商品。他把公司社会责任与公司

---

① 刘杰.知情权与信息公开法[M].北京:清华大学出版社,2005:48.
② 黄群财.论私法上的知情权[J].内蒙古社会科学(汉文版),2004,25(3):48-53.

经营者满足产业内外人类需要的各种责任联系起来,并且认为公司社会责任含有道德因素在内。主张公司经营对社区的服务有利于增进社区利益,而社区利益作为一项衡量尺度,应该远远高于公司盈利。[①] 谢尔顿对"公司社会责任"内涵的阐述明确表达了对"公司社会责任"的认可。

现代公司法上认为企业社会责任(英文简称 CSR),是指企业在其商业运作里对其利害关系人应负的责任。企业社会责任的概念是基于商业运作必须符合可持续发展的想法,企业除了考虑自身的财政和经营状况外,也要加入其对社会和自然环境所造成的影响的考量。而所谓的利害关系人就是指所有可以影响、或会被企业的决策和行动所影响的个体或群体,包括:员工、顾客、供应商、社区团体、母公司或附属公司、合作伙伴、投资者和股东等。

根据公司的社会责任理论,公司的管理层作为公司各类利益相关者的信托受托人,积极实施利他主义的行为,以履行公司在社会中的应有角色。所谓利他主义原则,是指公司在履行其社会服务角色时,为社会公众解决了某些社会问题,但自己并不直接从中获取经济上的好处。[②] 公司的社会责任理论表明公司的经营者不仅要从自身的经济效益和短期效益出发,还应同时考虑社会效益和长远效益。公司的经营者既是公司股东的受托人,承担经济受托责任,也是公司利益相关者的受托人,承担社会受托责任。其中对食品安全的受托责任要求公司经营者必须对食品安全承担保护责任,如严格管理食品原材料的采购,提高食品加工工艺,为社会提供安全放心的食品等,并将履行情况全面及时地向委托人报告。

当然,公司社会责任理论在强调公司应最大限度的增进股东利益之外的社会利益的同时,也并不完全否认公司的营利性目的,公司的社会责任理论仅是对传统公司理论的修正。大量的实践也证明,公司在食品安全信息披露方面支付的成本获得了巨大的经济收益。一个公司食品安全信息披露得越详尽,其因此增加的公司声誉会越高,而公司声誉的提高将会带来公司销售额的增长,进而增强整个公司的盈利能力。这就证明,一个公司如果将其与食品安全有关的信息充分揭示的话,市场相应会给它提供更多有益的回报。[③]

公司的社会责任理论为食品企业履行食品安全信息披露义务提供了法理依

---

① 刘俊海.公司社会责任[M].北京:法律出版社,1999:2-6.转引自王玲.经济法语境下的企业社会责任研究[M].北京:中国检察出版社,2008:11.
② 刘俊海.公司社会责任[M].北京:法律出版社,1999:2.
③ 汪平.美国、欧盟有关转基因食品安全性的法律规范[J].广西社会科学,2004(4):98-100.

据。当前,我国公众的食品安全意识与日俱增,消费者越来越多地关注与食品安全有关的信息,但我国在这方面的相关制度尚欠成熟,众多的食品企业仍缺乏主动披露食品安全信息的意识。因此,为了避免食品企业生产经营时因一味牟利而忽视食品安全,对食品安全信息作虚假陈述,导致食品市场安全状况恶化,对我国现行的食品安全信息披露相关制度进行法律完善是非常必需和急迫的。

三、民事附随义务的要求

附随义务,作为民法理论的新兴内容,尽管学者们对其理解各有出入,但是达成的基本共识是:附随义务是在法律无明文规定,当事人之间亦无明确约定的情况下,随着债之关系的发展,个别情况要求当事人之一方有所作为或不作为,以确保合同目的的实现并维护对方当事人的利益——主要是人身和财产利益。[①] 这表明附随义务以当事人之间的合同关系为前提,以诚实信用原则为依据,其目的在于确保合同目的的实现,并维护合同当事人的利益;其内容也并非自合同关系之始就已确定,而是根据合同的性质、目的和交易习惯,随着合同关系的进展逐步得以确立的。依不同标准,附随义务可作不同分类。例如,依附随义务的具体内容,可将其分为告知、照顾、说明、保密、不为不当竞业等义务。告知义务即向对方当事人告知对其利益有重大影响之事项的义务。照顾义务即履行合同时对对方当事人的人身、财产安全及合同标的物予以特别注意的义务。说明义务即对影响合同关系的重大事项,知悉的一方应向对方如实说明的义务。保密义务即对可能造成合同对方当事人利益损失的信息不予公开的义务。不为不当竞业义务即不进行不利于合同关系之竞争业务的义务。[②]

由于合同法属于典型的私法,它是以当事人意思自治为中心,奉行抽象人格的立法模式,因此从合同法中对附随义务的规定来看,在其视野中合同当事人的法律地位是绝对平等的,因而对当事人承担的附随义务的规范是中庸持平的,重在当事人之间的协商解决而没有过多的加入国家的强制性规定。而关于规范食品安全的食品安全相关法律则不是纯粹的私法规范,由于它较多地涉及了社会公众的利益,关系国计民生,因此使得其带有了公私法互相交融的色彩,在一些方面体现了国家的强制性规定。就信息披露来说,因为食品生产销售企业之间以及他们与消费者

---

① 王泽鉴.民法学说与判例研究(四)[M].北京:中国政法大学出版社,1998:99-104.
② 杨振山.民商法实务研究(债权卷)[M].太原:山西经济出版社,1993:158-160.

之间关系的法律本质也是一系列的契约关系,主要是买卖合同关系,因此合同的双方都应该履行各自私法上的附随义务,比如食品生产经营企业对消费者披露相关信息,即告知、说明义务等。但是在作为经济法组成部分的食品安全法的视野内,合同当事人不仅有经济实力之别,亦有信息实力之别,当事人承担的义务是既难以也不应持平的。如果仅凭意思自治实行自愿披露制度,食品生产经营企业既没有披露的外在动力,消费者也无从维护自己的合法权益。因此,强调以法律的手段规范食品生产经营企业的信息披露责任,目的在于以公权力保护私权利,保护处于弱者地位的广大食品消费者的利益,使其在信息对称的情况下与食品企业进行交易,也对市场上的食品安全问题起到一定程度的规范作用。

第二节 我国现行食品安全信息披露制度解析

一、我国食品安全信息披露立法的体系构成

(一)食品安全信息披露特殊立法规制的缘由

食品作为一种产品,供广大消费者购买食用,其自然适用《产品质量法》和《消费者权益保护法》的规定,食品安全信息披露相对于普通产品安全信息的披露,之所以需要由特别的法律来予以规制,原因就在于食品安全信息披露的一些特性。这些特性主要表现在如下几个方面:

第一,食品是一种特殊的商品,我国颁布的《食品安全法》将食品的概念界定为:"各种供人食用或者饮用的成品和原料以及按照传统既是食品又是药品的物品,但是不包括以治疗为目的的物品。"食品属于信任品与经验品,消费者在购买食用过程中,即使通过观察和经验积累,对食品的有些属性还是无法判断。比如,消费者通过观察或者食用,难以判断某一食品是否是有机食品或者绿色食品,即使食用过后也无法判断它的这一属性。因此,对这类属性的判断,只能通过生产销售者其自己在食品外表或者外包装上的标注,而这类标注是否真实,就需要信息披露的

相关法律制度来规制了。

第二,食品是否安全关系到消费者的健康权甚至生命权,而且食品消费后果的显现一般具有一定的延时性。食品消费是人类生存发展的前提,食品经过人体的消化吸收,最终成为人体能量和组织代谢的物质来源。因此,人体摄入的食品如果不安全,那将会对人体健康造成威胁,严重的甚至会威胁到生命。况且,不安全食品的危害并不是在食用后立即显现出来的,一般会有一定的延迟,有的甚至会在几年后才能显现出来。如某些致癌物质,食用的当时并不会立即引发癌症,但是长期食用后可能会诱发癌症。因此,对食品安全信息的披露进行特殊规制,既是食品的这种特性所决定的,同时也是对自然人健康权和生命权的尊重。

第三,影响食品安全的因素具有复杂性。食品并不是由生产者独立生产出来,而往往是社会分工的结果,要经过从农业生产资料到食品的层层转变,因此,到消费者手里时,影响食品安全的因素不仅包括食品原料、生产工艺、贮存方法等常规因素,而且包括气候、环境污染状况、食品潜在的化学性质等难以控制的因素。因此,食品安全信息的披露无论在内容上还是形式上都与普通的产品信息的披露具有诸多不同之处,应当由相关法律予以特殊规制。

(二)《食品安全法》施行前的立法体系

我国对于食品安全信息披露的立法体系,以《食品安全法》的制定通过为分水岭,大致可分为新旧两个体系。《食品安全法》通过以前,食品安全领域的基本法是1995年通过的《食品卫生法》。该法对食品安全信息披露仅仅规定了食品标签的标注要求,而对于其他披露方式则未作规定。在其他众多的有关食品安全的法律法规甚至规章之中,零散地对食品安全信息披露做出了一些规范,但总体上并没有统一的法律渊源。在政府信息披露层面,2004年国家食品药品监督管理局、公安部、农业部、商务部、卫生部、海关总署、国家工商总局、质检总局等联合发布《食品安全监督信息发布暂行管理办法》在一定程度上整合了对政府监管机构的食品安全信息披露的规定。该"管理办法"明确要求切实加强各有关食品监管部门的沟通、配合,尽快形成协调、统一、高效、权威的食品安全信息管理体制和工作机制,为我国食品安全监管科学决策提供服务,提高食品安全监管效能。此外,为了应对频频爆发的食品安全事故,国务院还专门制定了《国家重大食品安全事故应急预案》,用以指导在突发重大食品安全事故发生时相关政府部门信息披露的内容及程序等。

对于食品生产经营企业信息披露的法律规制,除了《合同法》《消费者权益保护法》《产品质量法》以及《广告法》等法律中对于一般产品的信息披露的规定外,针对食品安全信息披露的特点,国家还制定了一些特别法规或规章来予以规范。例如对食品基本信息的披露有2007年公布的《食品标识管理规定》;对食品广告有1998年的《食品广告发布暂行规定》;对特殊食品的信息披露有1996年的《保健食品标识规定》和2001年的《农业转基因生物安全管理条例》;等等。这些特别规定对食品生产经营企业的信息披露设定了法律上的具体义务,为我国食品安全信息披露制度的建立和完善打下了基础,但由于制定主体的不同和规范的分散,导致一些条文之间的关系不甚明晰甚至冲突,对信息披露有些方面的规定还存在空白,从而使食品生产经营企业的信息披露无所适从,达不到规范的预期目的。

(三)《食品安全法》施行后的立法体系

正是由于上述的这些缺陷的存在,在总结近几年来一些重大食品安全事故教训的基础上,2009年2月28日全国人大常委会审议通过的《中华人民共和国食品安全法》中,从基本法的角度对食品安全信息披露的主体、方式、程序、责任等各个方面予以了原则性的规定,填补了原先规定的空白,化解了一些特别规定之间的冲突,使信息披露的法律实践摆脱了要么有法难依要么无法可依的尴尬境地。

因此,在《食品安全法》颁布后,我国食品安全信息披露立法的体系,发生了重大的转折,形成了以《食品安全法》为中心,各个单行的法规规章为主体的新的法律体系,对食品安全信息披露提出了更加全面和完善的要求。内容涵盖了对食品标签的要求、食品广告的要求、特殊食品的披露要求、食品安全事故的披露、食品安全信息统一公布制度以及违反这些要求所应当承担的法律责任。不过应当注意的是,原先这些单行法规规章中的规定彼此之间或者与《食品安全法》的规定之间发生冲突的,应当以《食品安全法》的规定为准,与该法冲突的条款在该法生效后均归于无效。

二、食品安全信息披露的法律关系解构

(一) 食品安全信息的界定

由于食品市场的信息不对称,食品消费的各个环节都存在着对食品安全信息的需求,这其中既有生产者为了保证食品原料质量、生产工艺安全等方面的信息需

要,也有消费者对安全食品选择、食用上的信息需求,还有政府作为市场监管者对于食品安全监管的信息需求。因此,归纳总结法律上对食品安全信息披露内容的规定,总体上来说,食品安全信息包括:①

(1) 食品质量信息。这主要包括食品的主要原材料、生产日期和工艺、有效保质期限、食品的出产地等。

(2) 食品安全抽检信息。食品安全抽检信息是政府食品监管部门在安全检查过程中所获得的信息,这大体包括抽检食品的安全状况、不合格食品的名称、批号以及污染程度等。

(3) 食品安全预警信息。预警信息是对可能出现的食品安全危害的警示,是一种事前预防信息。

(4) 问题食品召回信息。食品召回信息是消费者市场行为的重要参考依据,具体包括召回食品的产品资料、召回原因、召回等级、召回食品的销售范围以及召回的程序等。

(5) 重大食品安全事故调查处理信息,包括事故详细经过、事故发生的原因、事故的善后处理以及事故的主要教训和整改措施等。

(6) 食品企业质量安全信用信息,包括生产企业和销售企业的工商备案信息、诚信企业或不诚信企业的资料信息、企业食品的历史评价等。

(7) 过程质量信息,主要是先进管理手段中所需的基础知识。

(8) 食品安全相关政策法规信息。

(9) 食品安全标准信息,即指国家、行业或企业所制定和颁布的各类标准。

(10) 食品污染信息,包括食品污染程度、食品生物和化学污染的监控项目、风险评价资料等。

(11) 食源性疾病信息,包括食源性疾病流行和事故调查信息、食源性疾病的防治信息等。

(二) 食品安全信息披露义务主体的定位

上述信息,有的可以由食品生产者或者销售者提供,有的可以由政府监管部门提供,有的甚至还可以由第三方提供。但是,第三方对食品安全信息的披露并不具有法定的义务,属于自愿性质,因此目前在我国《食品安全法》及相关法规规章中未

---

① 李红.食品安全信息披露问题研究[D].武汉:华中农业大学,2006:16.

将其列入食品安全信息披露义务主体的范围。

据前文所述,公众对于食品生产经营企业和政府这些食品安全信息的优势享有者具有法定的知情权。而食品生产经营企业基于在与消费者发生契约关系时所产生的附随义务以及《消费者权益保护法》上对消费者知情权的规定,对食品消费者具有不可推卸的食品安全信息披露义务,所以,《食品安全法》规定食品生产经营企业是食品安全信息披露的义务主体之一。但是,这些企业在现实中在决定向消费者披露多少食品安全信息以及提供什么样的信息时,考虑的仅仅是自己的利益,如果企业可以从披露的信息中获利,那么即使在企业无法向信息获利者收费时也会披露,反之,企业则会想方设法地隐瞒可能会使自己的利益受损的信息。因而企业可能在信息披露时只提供对自己有利的信息,而封闭那些对企业不利的信息。在这种情况下,就必须明确哪些信息是必须披露的,而哪些信息是可以由食品生产经营企业自由选择披露的。对于必须披露的那部分信息,就构成了强制信息披露的内容,比如食品的生产日期、主要原料、保质期限等,这些主要由食品安全法律规范来规制。而类似于食品的滋补功效、悠久历史等这些信息,则属于企业自愿披露的范畴,主要由广告法来规制。

另一方面,面对信息不对称对食品安全带来的巨大威胁,政府作为食品市场的监管者,为了保障食品市场的健康运行,应该将提高食品安全信息的共享程度作为自己的主要职责之一。同时,食品市场的严重信息不对称,使信息劣势方在市场活动中处于不利地位,其中食品消费者的信息缺失程度最高,受到的危害也最严重。因此,作为拥有信息优势、对社会负有指导责任和义务的政府,理应承担起食品安全信息披露的义务,通过信息披露的方式对信息劣势方给予正确地指导,缓解信息不对称的问题,帮助他们减少决策失误,降低行为风险,从而以最小的代价获得最大的收益。所以,《食品安全法》规定政府也是食品安全信息披露的义务人之一。

(三)信息披露义务主体与披露对象间的关系

1. 食品生产经营企业与披露对象

依据目前的法律规定,食品生产经营企业作为食品安全信息披露主体的披露对象主要包括消费者、政府监管部门和其他食品生产经营企业。

政府食品安全监管部门与食品生产经营企业是监管与被监管的关系,作为被监管者的食品生产经营企业对政府监管部门的信息披露正是基于这种法律上的监管关系而展开的。食品生产经营企业违反对监管机构的披露义务,必须承担行政法律责任。但这种信息披露的本质还是政府为向社会公众披露整体食品安全信息而所做的信息搜集,是为政府对公众的信息披露所做的准备,单纯的这种形式的披露并不会对食品交易主体间信息不对称问题的缓解产生影响。

较为特殊的是食品生产经营企业之间的信息披露。前文已经述及,食品安全信息在食品生产链中层层流失,农业生产者与农产品加工者之间存在信息不对称,食品生产者与食品销售者之间也存在着信息不对称。这种信息不对称同样危害着食品安全的整体状况,需要信息披露制度来予以规制。在法律上,它们之间信息披露的义务主要是源于双方的合同行为而产生的附随义务,使得交易双方能在相对信息平等的地位上进行市场交易,一方面维护的交易本身的公平,另一方面也减少了下面交易环节的信息流失。

但这其中最为重要的是食品生产经营企业对消费者的信息披露。生产企业对消费者的信息披露一般是基于消法上对消费者知情权的保护和食品安全法上对食品安全信息强制披露的要求。而流通企业的信息披露义务不仅来源于上述两项法律的规定,而且还源于其与消费者交易过程中产生的附随义务。他们之间可能会产生民事上的侵权法律关系或合同法律关系。食品安全问题最直接的体现就是对食品消费者的人身健康造成损害,因此规制导致食品安全问题的信息不对称,必须将对消费者的信息披露放在首位。

2. 政府监管机构与披露对象

政府作为食品安全信息披露义务人的披露对象就是公众,披露的信息主要包括食品安全总体情况、食品安全风险评估和警示信息以及重大食品安全事故处置信息等。

政府的食品安全信息披露义务从法源上来讲,主要是消法和食品安全法所规定的义务,从理论上来说是政府对市场进行监管和对公众的健康安全权予以保障的义务在食品安全法上的体现。在法律关系上,政府就食品安全信息披露与公众之间形成了行政法律关系,如果政府信息披露不真实、不及时甚至拒绝披露,那么因此而权利受到侵害的公众可以提起行政复议或行政诉讼,使违法信息披露的政府机构承担相应的法律责任。

三、现有体系下食品安全信息披露的要求

根据前文的分析,食品安全信息披露按披露主体可以分为两类:食品生产经

营企业的信息披露和政府监管部门的信息披露。食品企业的披露根据是否具有法律的强制规定,又可分为强制信息披露和自愿信息披露;而政府监管部门的信息披露则主要包括日常监管信息的披露和突发事件信息的披露。

(一) 企业强制信息披露

法律对食品生产经营企业强制披露的要求主要体现在对食品标签标注及说明书的规制上。食品标签,是指在食品包装容器上或附于食品包装容器上的一切附签、吊牌、文字、图形、符号说明物。食品标签的基本功能是通过对被标识食品的名称、配料表、净含量、生产者名称、批号、生产日期等进行清晰、准确地描述,科学地向消费者传达该食品的质量特性、安全特性以及食用、饮用说明等信息。[①] 食品标注主要是针对散装食品而言,散装食品是指无预包装的食品、食品原料及加工半成品,但不包括新鲜果蔬,以及需清洗后加工的原粮、鲜冻畜禽产品和水产品等。由于食品标注与食品标签的法律要求基本一致,因此本书将两者合并论述,不再对食品标注单独详述。

食品标签应当标明下列事项:① 名称、规格、净含量、生产日期;② 成分或者配料表;③ 生产者的名称、地址、联系方式;④ 保质期;⑤ 产品标准代号;⑥ 贮存条件;⑦ 所使用的食品添加剂在国家标准中的通用名称;⑧ 生产许可证编号;⑨ 法律、法规或者食品安全标准规定必须标明的其他事项。专供婴幼儿和其他特定人群的主辅食品,在标签上还应当标明主要营养成分及其含量。缺少上述事项说明的食品标签将是不合格的。而且标签所说明的这些事项不得含有虚假、夸大的内容,不得涉及疾病预防、治疗功能。食品与其标签、说明书所载明的内容不符的,不得上市销售。生产者应当对标签、说明书上所载明的内容负责。[②]

对于特殊食品,如转基因食品、食品添加剂等,其标签、说明书的表示还有特别的要求。在我国境内销售的列入农业转基因生物目录的农业转基因生物,应当有明显的标识,载明食品中含有转基因成分的主要原料名称。食品添加剂的标签、说明书不仅应载明普通食品标签所应载明的信息,而且还需要标明食品添加剂的使用范围、用量、使用方法,并在标签上注明"食品添加剂"的字样等。[③]

---

① 信春鹰.中华人民共和国食品安全法释义[M].北京:法律出版社,2009:105.
② 信春鹰.中华人民共和国食品安全法释义[M].北京:法律出版社,2009:124.
③ 艾志录,鲁茂林.食品标准和法规[M].南京:东南大学出版社,2006:80.

(二) 企业自愿信息披露

企业的自愿信息披露是企业在法律强制要求披露的信息外，为了体现产品的竞争力，提高企业的商业声誉，自愿披露相关食品的部分安全信息。企业的自愿披露主要是靠食品广告来实现的。依据法律规定，食品广告的内容首先应当真实合法，不得含有虚假、夸大的内容。广告中对食品性能、产地、用途、质量、价格、生产者、有效期限、允诺等有表示的，应当清楚、明白。食品广告中表明推销产品附带赠送礼品的，应当标明赠送的品种和数量；使用数据、统计资料、调查结果、文摘、引用语，应当真实、准确，并表明出处；广告中涉及专利产品或者专利方法的，应当标明专利号和专利种类；未取得专利权的，不得在食品广告中谎称取得专利权。[1] 同时食品广告还应当具有可识别性，使消费者能辨明其为广告。通过大众传播媒介发布的食品广告应当具有广告标记，与其他非广告信息相区别，不得使消费者产生误解。

其次，食品广告的内容不得涉及疾病预防、治疗功能。疾病预防、治疗功能是药品才具备的功能，食品广告的内容不得涉及。对此药品管理法及其实施条例规定，非药品广告不得有涉及药品的宣传；非药品不得在其包装、标签、说明书及有关宣传资料上进行含有预防、治疗、诊断人体疾病等有关内容的宣传；但是法律行政法规另有规定的除外。[2]

(三) 政府日常监管信息披露

政府日常监管信息主要包括食品市场上食品安全的总体情况、监测监督检查结果、风险警示信息等。根据《食品安全法》第 83 条的规定，国务院卫生行政部门负责公布国家食品安全总体情况、食品安全风险评估信息和食品安全风险警示信息以及其他重要的食品安全信息和国务院确定的需要统一公布的信息。这些信息与公众日常生活以及食品生产经营关系密切，且影响范围大、力度强、涉及面广，为保证食品安全信息披露的规范性、严肃性，必须由卫生部统一发布。省、自治区、直辖市人民政府卫生行政部门负责统一公布影响限于特定区域的食品安全风险评估信息和食品安全风险警示信息。各级农业行政、质量监督、工商行政管理、食品药品监督管理部门，依照各自的职责，按照规定的程序和形式公布本部门的食品安全

---

[1] 信春鹰.中华人民共和国食品安全法释义[M].北京：法律出版社，2009：133.
[2] 王伟.食品安全与质量管理法律教程[M].合肥：安徽大学出版社，2007：267.

日常监督管理信息。其中,农业行政部门发布有关初级农产品农药残留、兽药残留等检测信息;质检、工商、食品药品监督等部门发布批准、变更、吊销有关食品生产经营行政许可的情况,对食品生产经营者进行现场检查、抽样检查的结果,对违法生产经营者的查处情况等。[1]

政府这些职能部门在披露食品安全信息时,都应当遵循科学的原则,做到真实、准确、充分、及时,并对有关信息加以解释、说明,农业行政、质量监督、工商行政管理、食品药品监督管理部门公布日常监管信息时,还应当将不符合食品安全标准的食品的名称、生产经营者的名称、产品批号、销售范围等具体信息一并公布。

(四)突发食品安全事故信息披露

根据《食品安全法》的规定和国务院《国家重大食品安全事故应急预案》的安排,对突发性食品安全事故的信息,统一由卫生行政部门发布。农业行政、质量监督、工商行政管理、食品药品监督管理部门在日常监督管理中发现食品安全事故,或者接到有关食品安全事故的举报,应当立即向卫生行政部门通报。发生重大食品安全事故的,接到报告的县级卫生行政部门应当按照规定向本级人民政府和上级人民政府卫生行政部门报告;县级人民政府和上级人民政府卫生行政部门应当按照规定上报。任何单位或者个人不得对食品安全事故隐瞒、谎报、缓报。[2]

第三节 我国食品安全信息披露制度存在的缺陷

一、政府监管信息披露分散

(一)政府披露体制不顺

2004年国家食品药品监督管理局等八部委联合发布的《食品安全监管信息发

---

[1] 信春鹰.中华人民共和国食品安全法释义[M].北京:法律出版社,2009:202-203.
[2] 王彬辉.食品安全事故认定与法律处理[M].长沙:湖南人民出版社,2005:169.

布暂行管理办法》为了尽快形成协调、统一、高效、权威的食品安全信息管理体制和工作机制,规定国家食品药品监督管理局负责收集、汇总、分析国务院有关部门的食品安全监管信息,对国内食品安全形势作出分析并予以发布,综合发布国家食品安全监管信息;国务院其他有关部门依据有关法律、法规的授权在各自的职责范围内负责向社会发布各部门的食品安全监管信息。[①] 2009 年通过的《食品安全法》对这种信息发布体制并没有做根本性的修改,只是将原由食品药品监督管理局承担的有限的统一信息发布职权转划给卫生部行使。这种分散的披露体制的设计,与我国的食品安全监管体制是密切相关的。

我国食品安全监管职权完全是从行政管理角度进行的划分,并没有充分考虑到食品安全问题本身的特点。多个部门依据不同的法规,从不同角度、不同环节进行监管,卫生部门负责食品安全综合协调职责,农业部门负责对农产品质量安全的监督管理,质检部门负责对食品生产活动的监督管理,工商部门负责食品流通的监督管理,食品药品监管部门负责餐饮服务活动的监督管理。工作中各个部门各自为政、各成体系,食品安全信息由不同部门归口管理或者不同单位负责,这样的信息披露体制很容易造成以下问题:

第一,我国各食品安全监管部门是"分段监管",各个监管部门对其职权范围内的日常监管信息自行披露,这就导致有关食品安全的信息非常分散,不利于消费者的获取、掌握,从而降低了信息披露对市场上的信息不对称现象的缓解作用。而且在食品生产经销链上,各个环节的界限实际上非常模糊,并不能十分清楚地区分生产环节、流通环节等,因此各职能部门依据自己的职权所发布的信息有可能重复甚至冲突。例如在阜阳奶粉事件中,质监部门和食品药品监管部门各自所发布的不合格产品名单居然出现了冲突,导致事故处置中信息的混乱,严重损害了政府信息披露的权威性。[②]

第二,《食品安全法》要求卫生部门对特定信息承担统一发布的职责,其他职能部门在搜集到相关特定信息时要及时通报给卫生部门予以发布。但是该法却没有规定其他职能部门在通报中的法律责任,也就是说对于不通报或者不及时通报并不承担相应的法律后果,这无疑大大降低了统一信息发布制度的执行效果。卫生部作为一个部级机构,和其他监管部门处在同一个行政层级上,在没有法律责任规

---

① 刘宁等.透视中国重大食品安全事件[M].北京:法律出版社,2005:242.
② 姜艳:《劣质奶粉"黑名单"有假,阜阳向三鹿集团道歉》,http://finance.sina.com.cn/g/20040425/1452737421.shtml(访问日期:2009 年 3 月 22 日)

制的情况下,很难协调约束其他各个部门的信息通报工作。而缺乏有效的信息来源,卫生部门的统一信息发布职责也就成了一纸空文。

最后,在卫生部门搜集、整理各部门通报的信息准备予以披露时,由于各个部门间相互职权的交叉,提供的信息难免会有所重叠、冲突,这时需要卫生部门来协调决定对信息的取舍。而如果卫生部门也是信息提供的一方,则会发生既当运动员又当裁判员的现象,不利于信息的真实客观地披露。

(二) 信息发布渠道随意

食品安全信息关系到全体公众的生命健康,关系到千家万户的安宁幸福,因此食品安全信息的披露必须是大范围、广覆盖的。目前一些监管部门对食品安全信息的发布或者通过网络、短信,或者通过电视、报纸,或者只通过文件传达,造成信息披露方式随意。这种随意的后果就是广大消费者往往很难确切知晓具体信息披露的途径,一方面导致无法及时从正规渠道充分获得政府披露的监管信息,降低了政府信息披露对食品市场信息不对称的缓解作用;另一方面,又使消费者无法分辨社会上其他各种渠道所散布信息的真实性,致使食品市场上安全信息混乱,消费者恐慌。

2008年9月,四川广元爆发大实蝇疫情。疫情发生后,农业部立即要求四川省农业部门封锁扑灭疫情,当地及时发布疫情通告,将蛀果摘除,由政府统一收购,进行深埋、消毒等无害化处理。10月10日前,疫情得到基本控制。但是到了10月20日左右,网络和手机短信开始广泛传播四川广元柑橘大面积长蛆的传言,网友和手机用户相互提醒不要吃柑橘。[1] 虽经有关部门紧急澄清,但事件已引发部分消费者恐慌,造成全国大部分柑橘主产区和主销区销售受阻,价格大跌,致使广大橘农损失惨重。这次事件中,政府在事前和事后都已就疫情向社会进行了通报,但是,由于缺乏法定的统一的食品安全信息披露渠道,政府的信息不能为广大消费者及时了解,而消费者在收到网络、短信等渠道的信息后,又无从判断其真伪,最终导致虚假信息传播越来越广。假使食品安全信息的披露渠道法定统一,消费者仅仅关注法定渠道的消息即可知悉食品安全状况,也可以对社会上散布的谣言立即做出真伪的鉴别。

此外,目前很多政府机构监管信息的发布只通过网络这一单一的渠道,而

---

[1] 姜艳:《劣质奶粉"黑名单"有假,阜阳向三鹿集团道歉》,http://finance.sina.com.cn/g/20040425/1452737421.shtml(访问日期:2009年3月22日)

对于很多农村、山区等相对落后的地区来说,可能网络并没有普及,这样,监管信息的传播就会遇到很大阻碍。而这些相对落后地区的消费者受到经济条件、交通状况和社会阅历的限制,正是最易受到不安全食品侵害的群体,对于食品安全监管信息最为需要。因此,规范统一有效的监管信息披露渠道,有助于扩大信息传播的范围,提高信息披露的效率,是完善我国食品安全信息披露制度的重要一环。

二、食品企业披露信息量少

现有法律对食品生产经营企业披露内容的要求过低,导致食品企业披露的有效信息不足,弱化了信息披露制度对食品市场信息不对称的缓解作用。这主要体现在以下两个方面:

(一)食品标签的披露内容过于简单

如前所述,我国目前对于食品标签的要求还停留在披露食品内在质量信息的水平上,然而现在随着生活水平的提高,消费者对食品的需求不再仅仅满足于安全,而开始趋向于营养与保健。《食品安全法》在对"食品安全"进行定义时,也特别指出食品必须符合应当有的营养要求。特别是现在人们日常饮食中的脂肪、胆固醇和钠盐含量增高而纤维素含量减少,导致很多慢性疾病(如心脏病、癌症、高血压、糖尿病等)患病率的增加。而有些食品的成分中虽然并不含有导致人体损害的物质,但其营养成分却达不到消费者对食用该食物的营养要求。因此,健康饮食成为食品安全法的新焦点,很多国家的食品安全法律已经在原来的食品标签法的基础上进一步补充了有关营养标签的法规,并增加有关健康声明和教育的法律,以指导公众使膳食结构合理化、科学化。

另外,随着食品科技发展的日新月异,各种新型食品层出不穷,但这些新产品可能会对某些特殊人群有一定的不良影响。例如,含糖量很高的食品就不适合糖尿病患者食用,而过敏体质的人群就不适合食用一些容易引发过敏的食物。因此,食品标签应当注明对特殊人群的食用警示信息,防止公众因掌握信息不充分而误食对其有损害的食品,以保障公众消费时的知情权和健康权。就我国目前对食品标签的立法来说,对这些信息的披露还有待完善,特别是有关过敏原的标示几乎没有。

（二）食品溯源信息披露不充分

现行法律对食品生产销售的中间环节的信息披露也缺乏足够的重视。食品安全监管强调"从源头抓起",而目前的法律只注重对食品标签、说明书等最后生产环节的信息披露,忽视了在食品成品前经过的一系列生产销售环节的信息披露。对于一件食品,其在外包装上应当标识的主要成分、保质期限、认证标志等现行法律都有明确而严格的规定,但是这件食品在被消费者购买消费之前经过的一系列环节,如经销商的进货渠道、生产商的原料来源、原料提供商的生产方法等方面的信息都无从得知,而这些信息对判断食品的安全与否同样具有重要作用。这些信息的缺失同样会引发食品安全事故。

在全国屡见不鲜的"瘦肉精"中毒事故中,问题猪肉往往都是由个体经营户通过非法渠道购进的未经食品监管部门检测合格的猪肉。猪农在这些猪肉的生产过程中,违法添加国家明令禁止的"瘦肉精",使猪不长膘,这样可明显增加猪肉的瘦肉率。而人食用这样的猪肉后会出现头晕、恶心、手脚颤抖、心跳加速,甚至心脏骤停致昏迷死亡。[①] 消费者在农产品交易市场上购买猪肉时,仅靠外观特征并不能准确分辨出添加过"瘦肉精"的毒猪肉,这就需要在猪肉销售时,向消费者清楚表明猪肉的来源是否合法,检验是否合格等信息,帮助消费者做出理性的决定。

此外,食品溯源信息的披露还有助于在发生食品安全事故后,迅速定位食品污染源头,找出食品安全事故的责任人,利于食品安全事故的善后处理和责任追究,防止出现责任界定不清,相互推诿的情形。同时,对食品生产销售中间环节信息的披露,增加了政府对食品安全监管的环节,有利于对食品市场的有效监管。[②] 因此,强化对食品溯源信息披露的法律规制应当是完善我国食品安全法律制度的题中应有之义。

三、责任追究机制不健全

（一）不实披露法律救济手段薄弱

披露不实信息主要指食品生产经营企业在食品标签、说明书或广告中对食品

[①] 作者不详.《瘦肉精进入上海市场途径调查》,http://news.sina.com.cn/c/h/2006-09-26/140311109303.shtml(访问日期:2009年3月22日)

[②] 周峰,徐翔.欧盟食品安全可追溯制度对我国的启示[J].经济纵横,2007(19):71-73.

安全信息作不实陈述,夸大或隐瞒与食品安全有关的信息。在食品市场上,信息披露不实的情况屡见不鲜,主要表现为:一是提供虚假信息。虚假信息就是指信息披露者公开提供的不存在的、捏造出来的信息。例如本不是绿色食品,却在外包装上标上绿色食品的认证标识。此类披露虚假信息的行为,实际上是对消费者获取真实信息权利的剥夺,其结果是对消费者物质权益和精神权益的一种严重侵害。二是隐瞒真实信息。信息披露者将应对社会公开的食品安全信息而未予公开,例如在食品的配料表中故意隐瞒可能对消费者人体产生不良影响的成分信息。三是发布误导信息。误导信息是指食品企业披露的信息表述半真半假或语义模糊存在歧义等,在后果上造成了消费者对该信息有多种理解或产生了与事实完全不同的理解。误导信息不同于虚假信息,完全虚假的信息可以对信息的实质部分做清晰、明确的表述但它完全与事实不符。误导信息中包括部分虚假的信息,从而误导消费者。

食品安全信息的不真实会加剧食品市场上的信息不对称,使消费者基于错误的信息而做出非自愿的消费选择,侵犯了消费者所应享有的知情权,往往让消费者付出高昂的代价而得不到相对应的食品质量,影响了消费者对食品的正当消费或者使消费者人身或财产利益受损。但在目前的司法实践中,对这种损失的救济仅依赖合同法上规定的附随义务中的信息提供义务。合同法上信息提供义务是基于双方当事人之间在处于订立合同的过程中时,他们已经由一种普通社会关系进入一种特殊的存在合理信赖的社会关系,他们之间彼此应互负注意义务,应及时、准确地提供自己所拥有的与订立合同有关的实质性的事项,即信息。如违反此义务,则需承担违约责任,或者承担因违反此项义务而导致的合同不成立、无效或被撤销后的缔约过失责任。[1]

但现实生活中,由于信息提供方式的多样性和传播的广泛性,而且与消费者形成合同关系的多是食品销售者,所以作为真正的信息披露者的食品生产者和消费者之间很少会发生上述直接的合同关系。这时如果对消费者权益的保障还仅局限于合同法来调整,会使因信息不真实而造成损失的消费者缺少取得法律上救济的依据。此外,信息不真实对消费者造成的损害并不限于财产损失,有时还会包括人身损害,或者并不对消费者造成实际损害,而是妨碍了消费者对商品或服务的正当享用。而合同责任的形式主要是损害赔偿,而无赔礼道歉、消除危险等

---

[1] 韩世远.合同法总论[M].北京:法律出版社,2004:521.

责任形式,也无精神损害的赔偿,并不能完全满足知情权受到侵害的消费者的救济要求。

(二) 政府信息披露责任追究机制缺失

我国目前政府食品监管机构对食品安全信息的披露不仅存在各自为政,信息分散的缺陷,而且往往会发生信息披露不及时甚至隐瞒需要披露的信息的情况。这种情况的发生固然有一定的历史原因和现实因素,但从根本上来说,是由于违反披露义务的法律责任追究机制缺失。

近几年来,我们经历过的多起重大食品安全事故中,都可以发现政府信息披露不及时的问题。例如,在 2003 年 3 月辽宁省海城市发生的众多学生集体饮用豆奶中毒事件。事件发生后,当地有关政府部门始终不能将具体情况告知公众,致使家长数次群体集会表达对政府处理该事件的不满。出事十几天后,政府部门才与家长进行了沟通。直到 4 月 9 日才正式对外公布事故信息,而且有关媒体在采访这一事件中一度遇到了不少困难。①

2008 年 9 月爆发的震惊全国的"三鹿奶粉"事件中,三鹿集团早在 2007 年 7、8 月份就收到有关产品不良反应的报告,并向当地政府做出了汇报,而当地政府时隔两个多月在媒体曝光的压力下才正式向外界披露了三鹿奶粉的食品安全事故的实情。② 这些事件反映出一些领导干部对公众知情权的忽视和淡漠,以及食品安全信息传导迟滞、受害人维护自身利益应获悉的信息不对称。事件发生后,当地政府的领导有些虽然引咎辞职,但这种承担责任的方式并不具有法定性,很难说有很大的约束力。而且,食品安全信息往往关系到消费者的人身健康权益,政府在信息披露上的不作为会对广大食品消费者的人身权产生侵害或使这种侵害扩大。然而,在我国新颁布的《食品安全法》中,笔者仍然没有看到对政府信息披露不及时或不披露的责任追究条款,而仅靠政府机构的自律是不可能解决政府信息披露中的问题。

---

① 刘宁,张庆.透视中国重大食品安全事件[M].北京:法律出版社,2005:257.
② 新华网:《三鹿集团董事长:奶粉事件前以检测出相关问题》,http://news.sina.com.cn/c/2008-09-13/015716283264.shtml(访问时间:2009 年 3 月 23 日)

第四节 完善我国食品安全信息披露的法律对策

一、完善我国食品安全信息披露的总体思路

（一）加强政府信息披露责任

食品安全信息的披露固然是食品生产经营企业和政府监管机构的共同义务，但是，食品企业的披露只能局限于单个产品的安全信息，而政府相对于企业，却能提供食品市场的整体安全状况的信息。这对于缓解食品市场的信息不对称，保护食品消费者的健康权益有着更为重要的意义，因此，政府在食品安全信息披露的过程中，应当扮演更为重要的角色。而政府对于这个责任的承担，也有着充分的资源优势。

第一，政府拥有庞大的食品安全信息资源，包括信息体系、信息内容、信息网络以及相关的人才、资金等，掌握着食品安全的基础性信息，包括涉及全国范围的食品安全监测信息、食品安全专项整治信息、各种食品检测信息等，有进一步分析加工信息的基础和优势，有通过垄断传播媒体传播信息的能力。因此，从食品安全信息采集能力、信息处理能力、信息利用能力到信息交流能力，政府的地位都是得天独厚的。

第二，食品安全信息涉及食品安全生产的各个方面，从田间的种植信息、加工环节的生产信息到流通环节的销售信息，从国内信息到国际信息，这些信息的组织提供要具备在全国甚至世界范围进行信息收集、处理、利用和交流方面的能力，需要花费庞大的人力、财力投入。而只有政府具备严密的、覆盖全国的组织系统，可以使食品安全信息的提供具有连续性和系统性。

最后，食品安全信息的准确、及时提供是价值实现的保证。而只有政府有一种得到公众认可的合法的行政权力，制定以披露食品安全信息为原则的法律或法规，要求在法律或法规规定的范围内公开地、及时地保证信息提供，且愿意在获取信息

方面进行投资。①

(二) 明确食品安全信息披露标准

食品安全信息的披露并不是只要有单纯的披露行为,它更需要一个衡量标准,用以评估信息披露的质量好坏。目前对于这样的标准,理论上并没有统一的意见,立法上也没有明确的规定,导致各信息披露主体披露的信息质量良莠不一。因此,要完善食品安全信息披露制度,必须明确信息披露的标准。笔者主要从披露信息的质量、数量和披露时间三个方面来考虑,归纳出食品安全信息披露的四个主要标准:真实、准确、充分、及时。

1. 真实性

真实性是指确保信息能免于错误及偏差,并能忠实反映它意欲反映的现象或状况的质量。② 信息如果不真实,不仅无助于消费者等市场信息劣势方了解食品的成分、品质、出产地等方面的客观信息,而且还可能导致市场参与者错误的评价和决策。因此,真实性是信息披露的首要质量特征。

由于真实标准的重要性,对该标准的实现是披露义务人自愿披露所无法保证的,只有通过强制性的信息披露规范,规定信息披露义务人承担确保信息真实性的义务和法律责任,明确监管部门在食品安全信息披露方面的监管职能,方能保证信息披露的真实。

2. 准确性

准确性是指披露信息时必须确切表明其含义,其内容与表达方式不得使人误解。准确性标准强调信息披露者与信息接收者之间以及各个信息接收者之间对同一信息的理解上的一致性。食品安全信息披露制度的目的在于将信息传达给食品市场参与者以供其做出理性决策,而不仅仅在于公开信息行为本身,规定食品安全信息披露的准确性标准有助于实现信息披露制度的目的。

信息披露基本上是通过语言文字的表述来实现的,而语言内容的多义性与语言所固有的不周延性,使食品安全信息披露相关制度在规制披露义务人的信息披露行为时,必须贯彻准确性的标准。为实现准确性标准,有必要对信息披露的内容制定尽可能具体的标准和格式,同时由于食品行业的高度技术性,在其公开有关安全信息时,专业术语或行业术语在表述准确上往往有不可替代的作用,但是,专业

---

① 赵元凤.中国农产品市场信息系统研究[M].北京:中国农业出版社,2005:59.
② 夏博辉.论商业银行信息披露原则和披露信息的质量标准[J].财经理论与实践,2003,24(4):26-29.

术语往往又不容易为一般消费者所理解,行业术语与日常用语在语义上往往也有所不同。为了兼顾信息披露的准确性与易解性,法律法规应当要求在披露信息时,对所使用的专业术语或行业术语进行必要的解释、说明。

3. 充分性

食品安全信息披露的目的是帮助食品市场参与者了解食品的安全状况,通过市场参与者在此基础上做出的决策实现对食品安全的市场约束。因此,为使食品市场参与者获得足够的决策依据,信息披露义务人披露的信息应当遵循充分性的要求。充分性标准要求披露义务人严格按照有关食品安全信息披露的法律规定披露信息,不得遗漏和擅自删减。

充分性标准并不意味着披露义务人必须披露所有的信息,只有法律强制要求披露的信息才属于必须充分披露的范畴。在信息披露制度的实施中需要将食品企业应当披露的信息同属于商业秘密的信息严格区分开来,食品企业披露的信息只能是相对充分的,是有限度的。尽管信息屏蔽累积风险、不利于提高市场活力,但过多的信息披露也是有负作用的。企业在食品标签中需要注明食品的主要成分和加工原料,这固然是为了标明食品的基本信息,尊重公众的知情权。但这种注明的义务究竟应当履行到何种程度,法律并没有规定,而实际上,很多食品企业的商业秘密也正就是关于食品的主要成分和加工原料的信息。例如可口可乐公司传承百年的商业秘密就是可口可乐的主要成分配方。如果全然不顾信息披露的成本而强调"充分披露",迫使企业公开可能属于商业秘密的事项,将会使一批靠商业秘密在市场上具有竞争优势的企业丧失企业的竞争力,从而导致食品市场的创新活力下降,同样会损害食品市场的健康发展。因此,如何在保障消费者知情权与保护企业正常的竞争优势之间寻求一种平衡,是确定食品安全信息披露标准需要考虑的问题。

因此,为了在发挥信息披露制度作用的同时,将披露对食品企业的损害降低到最小,在完善我国食品安全信息披露的充分性时,必须考虑信息披露的限度问题。笔者以为,处理这个问题可以从两方面着手:

一方面,利用强制披露和自愿披露的分类,将对食品安全起关键作用的信息列为强制披露的范畴,无论是否涉及商业秘密都必须披露,以保证消费者的知情权;而对食品安全没有影响的一些生产经营信息,可以纳入企业自愿披露的范围,由企业自主决定是否披露。

另一方面,利用监管机构的信息披露。对于披露的信息可能涉及企业商业秘密的情况时,可以将这部分信息提交给食品安全监管机构,由监管机构汇总为食品的整体安全状况或监管信息予以发布,这样既保证了消费者对食品安全的需要,又保护了食品生产经营企业的商业秘密。

4. 及时性

信息一旦过时即失去效用,市场参与者只有经常、及时地获得信息,才能真正了解食品市场上相关食品的安全程度,因此食品安全信息披露必须遵循及时性的标准。及时性要求披露义务人按照一定的频率和时限要求披露信息,食品安全法律规范应当对披露的频率和时限做出最低要求,规定披露义务人拒绝披露或迟延披露应承担的法律责任,并加以严格监管,防止披露义务人为掩盖负面信息进行迟延披露。

(三) 严格强制披露,鼓励自愿披露

根据前文的分析,食品生产经营企业所披露的信息大都可以分为强制性披露信息和自愿性披露信息两大类。其中强制性披露信息的内容和披露方式一般都被加以严格的规定,而自愿性披露的信息则没有这么多限制,大多仅有一些禁止性规范。对食品生产经营企业给出强制性的最低披露要求、鼓励其自愿披露,对提高食品市场的总体信息披露水平大有裨益。

我国目前的食品市场上,部分食品生产经营企业长期以来倾向于掩盖食品安全信息获利,主动进行信息披露的可能性很小,如果没有法律规定的强制性要求,那么社会公众将无从得知食品企业所生产经销的食品的安全信息,使社会正义无法实现。因此将食品企业的信息披露义务以法律的手段加以强制性规范,有利于对食品企业的生产经营进行监管,维护广大社会公众的利益。另一方面,鉴于我国有一部分食品企业治理结构较完善,经营水平和业务水平较高,重视社会对企业的商业声誉,已具有一定自愿进行信息披露的动机,因此可以在立法中鼓励此类食品企业自愿进行更高程度的信息披露。但是,对自愿信息披露同样要进行严格监管,明确披露信息的标准,规定披露不实的责任,避免食品企业借自愿信息披露对公众进行误导,损害广大消费者的利益。

二、我国食品安全信息披露相关制度完善的具体对策

(一) 理顺监管机构披露体制,完善信息统一发布制度

1. 外国监管机构信息披露的模式考察

要弥补我国政府监管机构信息披露体制的缺陷,必须对现行的有限统一的信

息发布制度进行完善。这就需要我们从比较法的角度,对目前世界上比较健全的披露制度进行一番梳理。

美国食品安全信息披露制度。美国负责食品安全监管及信息披露的联邦协调组织有美国农业部(USDA)、食品药品管理局(FDA)和美国环境保护署(EPA)。这些部门主要按食品类别进行分工监管,并与各州地方政府一起形成美国的食品安全信息发布体系。食品药品管理局负责披露各州际贸易中出售的国产及进口食品的安全信息,包括带壳的蛋类食品,但不包括肉类和家禽、瓶装水、酒精含量低于7%的葡萄酒饮料;农业部下设的食品安全检验局(FSIS)负责对国内生产与进口的肉、禽、蛋制品及相关产品的安全信息的披露;环境保护总署负责发布农药和饮用水的相关信息,保护公众健康和环境免遭农药引起的风险,并负责提出更加安全的灭虫方法;农业部下设的动植物健康检验局(APHIS)披露水果、蔬菜和其它植物的食用安全信息,及时公布动植物有害物和疾病;商务部下属的海洋和大气管理局负责鱼类和海产品的信息披露;财政部下设的酒、烟与火器管理局负责披露含酒精饮料的安全信息,但不包括酒精含量低于7%的葡萄酒饮料。其他很多机构和行政部门,如美国卫生部(DHHS)的疾病控制预防中心(CDC)和全国卫生研究所(NIH)等都在食品安全信息的搜集、评估、监督和处理突发事件方面肩负职责。[①] 美国的这种信息披露模式,虽然信息的披露机构依然分布在不同的部门,却通过较为明确的披露主体分工来避免机构间的扯皮问题,通过明确分工基础上的协调来实现食品安全信息的统一披露,保证对"从农田到餐桌"全过程的监管。[②]

加拿大食品安全信息披露制度。加拿大于1996年决定将食品安全监管和信息发布的任务完全交由一个独立的新机构负责,即农业食品部所属的加拿大食品检验局,将分散在农业食品部、卫生部、工业部及渔业海洋部等四个中央政府部门职能合并,目标是建立全国统一的食品监管和信息发布系统,该机构于1997年正式开始运行。加拿大的食品安全管理和信息发布体制是目前世界上普遍公认的最好的体制之一。[③] 它将原有的食品安全监管部门重新统一到一个独立的食品安全机构,由这一机构对食品生产、流通、贸易和消费全过程进行统一监管和信息发布,彻底解决部门间分割与不协调的问题。

---

① U.S. Food and Drug Administration, United States Food Safety System, at http://www.foodsafety.gov/~fsg/fssyst2.html, Mar.23,2009.
② 李红,何坪华,刘华楠.美国政府食品安全信息披露机制与经验启示[J].世界农业,2006(4):4-7.
③ 张涛.食品安全法律规制研究[M].厦门:厦门大学出版社,2006:144.

欧盟食品安全信息披露制度。2000年疯牛病等事件后,欧盟各成员国政府开始对现行的机构设置和信息发布体制进行了反思和改革。2000年欧盟食品安全白皮书中,提出建立一个独立的食品管理机构负责食品安全问题。该议案于2001年通过立法,2002年欧盟食品安全管理局(EFSA)正式开始行使职能。主要负责区域内食品安全领域的立法及政策建议;负责公布可能对食品安全产生广泛影响的科学和技术方面的因素;与成员国合作,负责交换风险信息、风险管理、危险评估等。① 欧盟的这种模式,是在现有的各成员国的信息发布系统之上,建立一个权威的食品安全机构,统一协调各国的食品安全信息。从而使各成员国在保留原有的信息发布职权的基础上,加强沟通协调,避免因各国间信息的阻塞和冲突而引起的食品市场上整体信息状况的混乱。

2. 我国信息发布体制的最优选择

我国目前信息发布体制的最大缺陷就在于缺少权威的、协调统一的信息发布机构。因此,完善信息统一发布体制,最优的选择就是将食品监管的职能统一到一个独立的部门中,由这个独立的部门全面负责全国的食品安全监管,统一发布食品安全信息。也就是说,将原先卫生、质检、工商、食品药品管理等各部门的食品安全监管职责剥离,组成一个新的负责食品安全监管的国务院组成部门。

这样做从根本上解决了各个监管职能部门之间信息的阻隔、冲突,减少了相互之间协调沟通的成本,提高了食品安全信息披露的效率,也明确了食品安全信息披露的具体责任承担主体。使监管部门能够迅速地掌握并披露在食品链的所有有关环节上的信息,从而有效保护了消费者。②

3. 次优选择:现有模式上的改造

然而,最优模式的选择必须与我国的政府机构改革进程相配套。在目前行政体制下,要完成如此大规模的机构合并重组,难度可想而知。因此,考虑到我国食品安全监管的实际情况,目前我们可以对现行体制进行微调,尽最大可能地减少信息发布过程中的推诿和冲突。

在目前已经将一部分与公众日常生活以及食品生产经营关系密切,且影响范围大、涉及面广的信息统一由卫生部门发布的基础上,可以让其他监管部门在各自职权范围内取得的食品安全信息及时通报给卫生部门,也一并由卫生部门在组建

---

① Ellen Vos:《重新思考中国食品安全监管时可以借鉴的欧盟经验》,http://www.civillaw.com.cn/article/default.asp?id=43383(访问时间:2009年3月25日)

② 徐黎虹.食品安全法律规制研究[D].北京:首都经济贸易大学,2006:33.

的信息统一发布平台上予以披露。并明确规定其他部门不通报或不及时通报的法律责任,减少卫生部门沟通协调的难度。这样的体制设计,虽没有从根本上解决部门间的信息阻隔冲突问题,但在一定程度上对政出多门,信息混乱的现状会起到改善作用。

(二) 强化食品信息追溯的法律规制

1. 我国试点施行的现状

从国际形势来看,实施食品安全信息追溯制度是当今世界各地的普遍要求,欧盟、美国早已率先提出建立一个系统,对出口到当地的食品进行跟踪和追溯。食品追溯是指在食品生产、加工和销售的各个关键环节中,对食品、饲料以及可能成为食品或饲料组成成分的所有物质进行溯源或跟踪。①

国家食品药品监督管理局等八个部门从2004年4月开始,对肉类食品追溯度和系统建设进行试点工作。试点工作的相关任务是:制定适合我国国情的技术标准和管理规范,制定《肉类制品跟踪与追溯应用指南》和《生鲜产品跟踪与追溯应用指南》;建立我国肉类制品和生鲜肉食食品追溯系统;制定肉类食品追溯应用解决方案。

山东省通过试点实践,有了自己的食品追溯制度。山东省把食品安全追溯制度分成企业追溯管理系统、追溯监管平台和终端查询系统。通过对食品的生产流通各环节进行编码识别和信息采集,建立山东省的食品安全数据库,并基于山东省金质工程网络平台,建立了一个食品安全追溯体系及信息平台。加入山东食品安全追溯平台的生产和加工企业可以通过该平台发布信息,消费者和零售企业可以通过该平台查询食品的源头和相关企业的质量认证信息,实现信息共享,监管部门根据"从农田到餐桌"的完整信息资料,可以有效地加强食品安全的管理和控制。②

我国目前部分地区对一些特殊食品试点采用食品信息追溯系统,但这并不等同于食品信息追溯制度的建立。食品信息追溯制度并非一个计算机管理程序或一定范围之内的食品信息的掌控和追踪。它应当是技术上和法律上两个层面相互衔接,相互依存的有机统一体。通过技术明确食品信息的记录、查询和标识,方便消费者以及监管部门能够随时随地对食品安全的相关信息进行追溯,保证第一时间

---

① 乔娟,韩杨.中国实施食品安全追溯制度的重要性与限制因素分析[J].中国禽业导刊,2007,43(4):10-13.

② 孙键.我国食品安全法律制度研究[D].哈尔滨:东北林业大学,2007:29.

在出现食品安全问题后抓出源头,迅速解决;通过法律保障食品信息的真实性和食品信息追溯体系的正常运作,对不遵守规程的违法行为者明确追究相应的法律责任,与此来保证全面提高人民对食品的信心,从根本上构建食品安全的信用体系。①

2. 比较法上的考察

欧盟的信息追溯制度。按照欧盟的规定,食品、饲料、供食品制造用的家畜,以及与食品、饲料制造相关的物品,其在生产、加工、销售的各个阶段必须确立食品安全信息可追溯制度。2000年欧盟出台了(EC)No.1760/2000号法规,又称新牛肉标签法规,要求自2002年1月1日起所有在欧盟国家上市销售的牛肉产品必须要具备可追溯性,在牛肉产品的标签上必须标明牛的出生地、饲养地、屠宰场和加工厂,否则不允许上市销售。2002年欧盟又出台了(EC)No.178/2002号法规,即欧盟通用食品法,前言第28款的规定,必须在产品及饲料行业建立广泛的追溯系统,以便目标准确地召回产品并将信息传给消费者或管制官员,从而,避免在食品安全问题事件中可能发生潜在不必要的更大的混乱。这就要求对食品、饲料、供食品制造用的家畜,以及与食品、饲料制造相关的物品,其在生产、加工、流通的各个阶段必须建立这种可追踪系统。因此,法律应要求各个阶段的主体标记所生产的产品,并记录食品原料和配料的供应商的信息,以保证可以确认以上的各种提供物的来源与方向。在欧盟出台的法规基础上,欧盟中的一些国家还出台了一些更为具体和详细的法令。② 欧盟及其成员国有关信息追溯制度,使2013年假牛肉风波很快追溯到源头。

日本的信息追溯制度。2001年日本政府就在牛肉生产供应体制中全面导入信息可追溯系统,消费者可以在店铺的终端上通过互联网了解所购牛肉的所有信息。2002年6月28日,日本农林水产部正式决定,将食品信息可追溯系统推广到全国肉食品行业,使消费者在食品购买时通过商品包装就可以获得品种、产地以及生产加工流通过程等的相关信息。如从大米的电子标签上可以了解到大米的产地、生产者、使用何种农药和化肥,农药的使用次数、浓度、使用日期及收割和加工日期等具体的生产和流通过程。这些数据和更为详细的资料还要在因特网上公布,消费者上网就可以查阅详细情况。2003年6月日本国会立法通过了《牛个体识别信息管理及联络特别措施法》,并于2003年12月1日正式实施。其中规定了

---

① 张志京.社会法浅谈[J].中国卫生法制,2007(6):4-6+9.
② 沈立荣.实施严格的溯源制度,保障食品质量与安全[M]//浙江省标准化研究院编.欧盟食品安全管理基本法及其研究.北京:中国标准出版社,2007:43.

称之为"身份编码识别制度"的牛肉销售履历表制度,要求 2003 年 12 月 1 日起在日本各大小超市,所有牛肉包装必须具有八大内容的履历表。该制度规定每头牛从出生起就必须佩戴耳标,耳标上应标明牛的出生时间、地点、种别、母体识别号、农户识别号、喂养饲料及其添加剂等数据;屠宰分解后的每一部分也必须加上识别标签才能销售。① 后来,日本全国农业协同组合中央会决定,2006 年年底前对所属农户生产的蔬菜、肉类等农产品实施都要实施该"身份编码识别制度",要求对生产全过程建立档案,记录产地、生产者、化肥及农药使用等详细信息,供消费者通过互联网或零售店查询。② 日本对违反食品信息追溯制度的行为实施严格的处罚,该国《食品卫生法》规定,违反这项法律,对主要责任人最高可判处 3 年有期徒刑及 300 万日元罚款,对企业法人最高可处罚 1 亿日元罚款。③

3. 外国立法经验对我国的启示

目前,我国食品安全信息追溯的技术准备已经初具雏形,这项制度如何正常运转发挥效用,关键在于法律制度的配套。笔者认为,国外食品信息追溯制度比较完善的立法经验,对于我国加强食品安全信息追溯法律规制具有以下几个方面的启示:

第一,食品信息追溯的信用问题。在食品追溯制度建设中的一项重要内容,就是生产经营者必须负责该阶段信息的真实性,每一阶段的从业者必须记录此阶段的进货来源、储存处理信息,同时承袭先前的生产与流通履历,并对这些记录负责。如果信息不真实,再完善的追溯体系也是枉然。因此,该制度应规定生产者承诺所提供的信息真实,否则须承担不实披露的法律责任。同时,也可建立不同的信用等级,对诚实守信的生产者给予较高评级,辅以相应的政策优惠或奖励。④

第二,如何保证食品信息追溯不流于形式。对于这个问题首先应当明确追溯信息披露内容的详细标准,要求食品生产经营者披露的追溯信息必须符合标准的要求。其次,应将披露食品追溯信息作为一种市场准入手段,强制生产经营者遵照执行,否则不允许从业。最后,政府监管部门应当对信息追溯系统实现实时监控,发现问题及时处理,不要等到事故发生后再去追查。

---

① 徐楠轩.从"苏丹红"事件看我国食品信息追溯制度的建立[C]//中国食品科学技术学会第五届年会暨第四届东西方食品业高层论坛,2007.
② 李凯年.国外食品卫生安全管理动态与发展趋势[J].世界农业,2004(12):18-20.
③ 张莉霞.规定很细致 要求很严格 监督很及时 日本食品安全法经常改[N].环球时报,2005-3-5(14).
④ 范春光.国外食品安全监管制度及其借鉴——建立"从农田到餐桌"的全过程质量信息披露制度[J].国家行政学院学报,2008(3):96-98.

第三,违法信息追溯制度的责任如何追究。食品信息追溯的责任追究制度,是保障该制度发挥效用的根本所在。在违反食品信息追溯的规定产生不利后果时,要明确不同主体所承担的法律责任。生产者违规造成信息追溯环节中出现问题的,应承担相应的法律责任;监管者监督不力,导致食品安全事故发生的,也应承担相应的法律责任;当然,如果消费者因为自身过错导致损害发生的,也应为自己的行为承担不利后果。另外,在责任承担形式上不应局限于行政处罚或刑罚,也可引入欧美的惩罚性赔偿制度,在打击违法者的同时,鼓励受害者积极维权。

(三) 扩充食品标签的信息披露容量

1. 增加对警示标签的规定

某些食品中因含有特别或特殊的成分,或因考量某些类别食品之调理、保存条件之卫生安全需要,应予外包装上标示某些警告,以提醒消费者食用时应注意事项,以免某些消费者可能产生不良的影响。① 警示标签正是基于这些原因而产生。对所有已知的可能产生过敏反应的物质,世界食品法典都强制性的要求食品标签标明该物质的存在。而这些过敏物质的清单来自于联合国粮农组织食物过敏技术咨询委员会。欧盟也已经通过要求标明过敏物质的食品标签修正议案。美国和加拿大对此虽然还没有强制性的规定,但也正在考虑修正立法要求食品制造者标明过敏物质。②

对那些可能因储存和食用不当会危及消费者的健康甚至生命的食品,美国的食品药品管理局(FDA)和食品安全检查局(FSIS)要求以黑体"WARNING"字样打头,放置专门的边框内。美国 FDA 和 FSIS 主要在以下三种情况要求使用这种警示标签:未加工的肉禽产品因储存、解冻和烹饪方法不当可能滋生致病微生物,为此要求加贴"强制性的安全操作说明"的标签;铁的超剂量服用会导致急性铁中毒症,特别是 6 岁以下的儿童,因此要求含铁的膳食补充剂对此做出警示性的说明;对消费者购买后应冷藏的食品分为三组,加附不同的警示性标签,且标签要区分冷藏是为了保证安全还是保证质量,以引起消费者的重视。

如前所述,我国目前对警示标签使用的情形、标签的表述规范、标签的监管机构等都没有强制性的法律规定。因此,我国应当借鉴国际上警示标签使用的先进经验,及早对警示标签的使用情形、标识方式、表述规范等加以细致规定。

---

① 张正明,蔡中和.食品安全卫生与法规实务[M].台湾威仕曼文化事业股份有限公司,2005:137.
② 张涛.食品安全法律规制研究[M].厦门:厦门大学出版社,2006:250.

2. 推进营养标签的使用

营养标签是用来向消费者说明食品的营养特性,它标出了食品单位质量中维生素、矿物质、蛋白质、热量、碳水化合物和脂肪等的含量。通常包括两个部分:一部分是营养成分标识,一般是标准化的营养素列表;另一部分是营养宣传信息或称营养声明,一般是表明、提示或暗示产品的营养特性的文字说明。消费者可以通过它了解食品的营养价值,并根据自己的营养需求选择适合的健康食品,实现膳食的营养均衡。世界食品法典1985年的《营养标签法典准则》与1997年的《营养声明使用准则》和欧盟1990年《食物营养标签法令》都规定进行营养宣传的产品都必须强制采用营养标签,美国1990年的《营养标签与教育法》和日本1995年的《营养改善法》则对几乎所有的食品都强制要求采用营养标签,可豁免的食品包括:肉禽食品、散装食品、咖啡、茶和一些调味料等。①

完善我国法律对营养标签的规制,一方面应体现在对部分营养物质的强制要求说明。这些强制要求除了对营养标签标识内容本身外,还包括标识的方式、标识的单位等。大多数国家和地区都采用每100克、100毫升或每份食品为单位标识营养成分含量,标识方式可以采用含量数值或含量占营养素日需要量的百分比,也可采用将营养素日推荐摄入量列出对照的方式。营养素日需要量是各国政府根据自己国民的健康状况、生活与饮食习惯等来制定的。②

另一方面,法律对营养标签的完善还包括标签上对营养物质的宣传信息,包括营养声明和健康声明。营养声明是对营养物质水平的描述,如钙源、高纤维素、低脂肪等,还包括两种或多种营养物质或热量水平的比较声明,如降低、低于、减少、增强等。健康声明基本可包括:① 营养素功能宣传。即某种营养素对正常生理机能的影响,这类宣传往往是公认的科学知识,如"钙是骨骼和牙齿健壮的必要物质";健康膳食类型的宣传,这类宣传往往与各国推荐的膳食指南相吻合。② 促进功能的宣传。即说明某种营养素或非营养素在已有的对生长发育和正常机能所发挥的作用以外,产生的其他生理、心理功能或生物功效,如"钙可加强骨密度";降低疾病危险的宣传,指有关将食物或食物成分与降低疾病危险相联系的声明,如"充足的钙质有助于降低骨质疏松的危险"。③ 对于这些营养宣传,法律的要求是内容

---

① 张涛.食品安全法律规制研究[M].厦门:厦门大学出版社,2006:250.
② 张涛.食品安全法律规制研究[M].厦门:厦门大学出版社,2006:250.
③ [英] Kaarin Goodburn.欧盟食品法应用指南[M].刘中学,李卫华,赵贵明,等,译.北京:中国轻工业出版社,2008:119.

必须符合实际,防止夸大宣传。

(四) 完善企业不实披露的民事责任承担

1. **不实披露民事责任的性质**

对违反食品安全信息披露义务的食品生产经营企业课以责任是维护食品安全信息披露制度有效运行的保障,建立食品安全信息披露制度最原始最深刻的目的在于保护广大食品消费者的利益。信息披露制度的法律责任有两方面的作用:一是实质性地增加现有信息披露制度的有效威慑作用;二是提供给受不真实信息侵害的消费者救济与补偿的手段,并同时力图避免对无辜市场参与者不正当的惩罚。

食品生产经营企业利用不真实的信息披露误导消费者,致使消费者购买了某种食品,这之后如果消费者以受到欺诈为由撤销买卖合同的话,食品生产经销企业在这过程中如果主观上存在过错则应当承担缔约过失责任。同时,食品安全信息的披露义务又具有法定性,对该信息披露义务的违反同样可能构成违约责任。而由于食品作为一种消费品,消费者消费后已无可能恢复到合同成立前的状态,因此选择撤销合同让食品企业承担缔约过失责任显然不太现实;而仅仅承担违约责任,则无法承担赔礼道歉、消除危险等责任形式,也无精神损害的赔偿,并不能完全满足知情权受到侵害的消费者的救济要求。

其实,笔者前文已经论述过,食品安全信息披露义务的来源主要是公众的知情权。而食品企业的不实信息披露正是侵犯了消费者的这种知情权。从保护的范围和方式上看,侵权行为法可冲破上述合同关系的禁锢,更周全地保护依赖食品安全信息的消费者的合法权益。因此,食品企业披露信息不真实这种侵犯消费者知情权行为的民事责任应主要界定为侵权责任。

2. **不实披露民事侵权责任的构成要件**

须有披露信息不真实的违法行为发生。前文已经述及,食品企业披露信息不实的行为表现主要有三种:① 提供虚假信息。认定行为是否构成提供虚假信息主要在于信息的虚假性。该信息是否完全没有事实基础是判断虚假性的标准。② 隐瞒真实信息。在认定隐瞒真实信息侵权行为时,关键有两点:一是食品企业对于被隐瞒的信息必须具有披露的义务;二是食品企业所隐瞒的信息是必须公开的。对于界定哪些信息必须为公开,根据美国目前的观点,一个信息只要能影响一个理性人作出决定,该信息就必须公开。理性人就是在有限的理性中,追求自身效用最大化的经济主体。① 在认定必须公开的信息时,除了依照法律明文规定必须公开的信息外,可以参照理性人的标准,即如果消费者对信息施以了合理的注意,对信息的依赖在合理的限度之内并据此信息做出了决策,施行了一定的市场行为时,就可以判定该信息为必须公开的信息。③ 发布误导信息。误导信息半真半假、语意模糊,很容易使消费者产生错误认识。究竟如何认定食品披露的信息属于误导信息? 主流学说遵循"一般人施以普通注意"的原则,②即根据一般的交易观念、一般人的理解进行判断,施以一般的普通注意,如果足以产生误解,则该信息可认定为误导信息。当然不同的市场交易有不同的交易观念,而且不同的人也有不同的理解力,对引人误解的标准进行细化是不可能做到的。故我们判断的标准应该既固定又灵活,依据不同的市场交易观念要求不同的一般注意程度。

违法行为是食品企业的过错包括故意和过失所造成的。侵犯消费者知情权是指信息提供者违反法定或诚实披露义务,不向或不实向消费者提供应有的商品或服务的真实信息,而导致消费者错误或非真实意愿选购商品,以达到从中获利的目的。在这个过程中,食品生产经营企业必须具有主观上的过错,包括故意和过失。故意包括直接故意和间接故意。直接故意是食品企业故意隐瞒或者虚假告知食品的真实安全信息,并且希望消费者对食品产生错误理解或不确切理解,从而进行消费;间接故意是食品企业知道自己所做的表述会造成消费者误解,而不予更正或说明,放任这种情况发生。而过失比如经常听到果冻噎住小孩的事件,这就是生产者、经营者没有履行完全告知义务所造成的,他们可以或者应当预见可能会发生这种危险,但因为疏忽大意或者是轻信可以避免而没有采取任何警告措施,从而产生了损害的结果或危险。③

须有损害事实。由于食品生产经营企业不实披露的行为导致消费者在选购、食用食品时,不能了解食品的真实信息,而导致消费者的权益受到损害,这种权益并不特指消费者购买食品之后产生的损失,也包括消费者信任了食品企业的虚假陈述而在缔约过程中产生的其他损失。但是对这种损失的赔偿,必须限定在合理预见的范围之内。

须有因果关系。因果关系是确定侵权责任归属的客观基础和核心要件。目前世界上很多国家采纳了因果关系的二分法,即将因果关系分为事实上的因果关系

---

① 许凌艳.消费者信息权的民商法保护[J].工商行政管理,2002(1):59-61.
② 顾功耘.经济法教程[M].上海:上海人民出版社,2002:271.
③ 王泽鉴.侵权行为法(一)[M].北京:中国政法大学出版社,2001:129.

与法律上的因果关系。① ① 事实上的因果关系,就是指消费者在依赖了不真实信息后使其意志部分不自由,所做的行为与结果之关系。成立事实上的因果关系应当满足两项前提:第一,消费者在作出决策前并不知该信息是虚假、隐瞒或误导的。第二,消费者基于该不真实信息而作出消费决策。如果没有这些不真实的信息,消费者不致会做出这种消费决策。② 法律上的因果关系。法律上的因果关系是建立在事实上的因果关系基础之上的,即要使被告承担侵权之民事责任,不仅要证明原告事实上依赖了被告,而且这种信赖是合理的。"合理的信赖"的判定标准主要有:第一,法律上的推定。法律为了保护弱者,维护意思自主和交易安全,往往推定食品企业与消费者之间存在合理的信赖关系。第二,依赖的内容应是合理的。原告所依赖的是被告对事实的陈述,而不是一般性见解或意向。不过,如果意见是在某方面有特殊知识和经验的专家向没有这种知识和经验的人提出的;或者是在原被告之间有长期的信任关系等一些例外情况下,对意见的依赖也应是合理的。②

食品企业侵权责任的豁免。在披露食品安全信息不真实侵犯消费者知情权的情况中也存在着责任豁免的情形。对于因不可知或未知情况而无法履行信息披露义务,由此对消费者造成的损害信息提供者应当免责。在现实社会科技发展水平的限制下,食品生产经营企业可能不曾发现食品的某些成分、性能和用途,或者不知道这些成分、性能是否将对消费者造成损害或损害的程度。也就是说此时信息披露者既没有侵犯消费者信息权的故意,也不存在过失,那么就应免除他们的责任。③

(五) 严格信息披露程序,规范信息发布渠道

前文已经述及,政府监管机构面对食品安全事故时的集体失语,根源在于其信息披露的责任追究不明确。而程序和责任是有机统一的,明确了政府监管机构信息披露的程序,也就是明确了各个机构的披露责任,为事后的责任追究奠定了基础。面对目前政府监管机构信息披露不积极不及时的现状,必须在立法中详细规定信息披露的程序,使整个信息披露过程的各个环节的任务细化到个体,披露在哪个环节出问题,就追究负责这个环节的机构的行政责任。如果还存在行政不作为或者行政侵权,可以由利益相关方提起行政诉讼,追究相关行政机构的法律责任。通过明确披露的严格程序,才能真正地做到责任明晰,将责任追究到真正的责任人。

---

① 李仁玉.比较侵权法[M].北京:北京大学出版社,1996:77.
② 许凌艳.消费者信息权的民商法保护[J].工商行政管理,2002(1):59-61.
③ 姜韬.消费信息真实的侵权法保护[J].法制与经济,2008(12).

在规定披露程序的同时,为了弥补食品安全监管机构安全信息发布渠道随意的缺陷,有必要在法律中明确规定信息发布的方式,使信息发布成为要式法律行为,不经过法定渠道的信息发布行为无效。由此产生的法律后果由披露义务机关承担。[①]

在法定渠道的选择上,一要坚持多措并举,采取网络、报刊、电视、广播等多种传播媒介相结合的方式。网络发布必须建立统一的食品安全信息发布平台,各信息披露义务部门发布监管信息,必须通过统一的信息发布平台公布。美国对于监管机构的信息发布就设有专门的食品安全网(www.foodsafety.gov),该网站将来自联邦政府部门和地方各州政府管理部门的大量食品安全信息加以汇集、整理与集成,并通过网络这个平台进行发布,大大提高了安全信息的利用效率。[②] 二是要坚持上情下达,中央部委机关披露的信息不仅应在中央级的传媒上公布,而且也应当在各级地方的主要传媒上发布,尽最大可能使消费者能够及时充分地获取食品安全监管信息。

[①] 何坪华,何信生,周德翼.从消费者角度检视我国食品安全信息的缺失[J].河南农业科学,2005,34(12):93-97.

[②] 何征峰.如何构建食品安全信息平台[J].信息化建设,2007(6):54-56.

第七章 农产品质量安全监管法律问题

农产品质量安全问题产生的原因是多种多样的,但都是由农产品质量安全监管部门、农产品生产经营者、农产品消费者主客观因素所致。要解决农产质量安全问题,首先,激发农产品质量安全监管部门监管动力,增加其监管压力,充分发挥政府监管的主导作用;其次,强化农产品生产经营者的农产品安全知识,激励其提供优质合格农产品的积极性;再次,加强消费者食品安全知识教育,消除农产品信息不对称问题,发挥农产品质量安全市场调节的决定性作用。

第一节 中外农产品质量安全监管理论现状

一、外国农产质量安全监管理论研究现状

农产品监管理念与食品安全监管理念一样,坚持"只要存在食品消费,就存在食品欺诈"。1962年,美国海洋生物学家蕾切尔·卡逊(Rachel Carson)出版了《寂静的春天》一书,提出了农药危害人类环境的预言之后,美国、日本、加拿大、欧盟等发达国家才开始研究农业投入品对农产品及环境的污染,才开始研究食用农产品

的质量安全问题,经过几十年的努力,西方发达国家大致形成了三种农产品(食品)安全管理模式:第一种是主要由农业部门来负责的农产品质量安全监管模式,采取这一模式的典型国家是加拿大。第二种是成立独立的食品安全监督机构负责农产品质量安全监管模式,采取这一模式的国家以欧盟国家为代表。第三种是以美国为代表的多部门共同负责的模式。

在农产品质量监管理论研究方面,发达国家形成了两大基本理论,即从农田到餐桌的全程理论和以科学分析为基础的风险分析理论。Starbird、Henson 和 Havell 等认为保障农产品质量安全必须从生产者源头抓起,特别是如果生产环节出现了农产品农药残留超标,那会一直延续到餐桌,影响消费者的健康安全,提出从农田到餐桌全程农产品质量管理理论,把农产品质量安全管理从事后监督转为全程管理。Goodwin 和 Caswell 提出运用危险分析与关键控制技术解决食品质量安全问题,建立完善的危害分析与关键控制点管理方法,开展基于风险分析的农产品(食品)安全控制、检测与管理活动。

此外,发达国家也有学者运用交易费用与契约关系理论研究农产品质量安全问题。他们认为,农产品质量涉及从农产品投入品供应,到农产品生产、加工、储藏、销售的整个供给链,而各个经营主体之间存在的交易费用大小和契约关系的完全程度影响农产品最终质量水平。他们的研究一般都基于交易成本经济学和不完全契约理论,研究重点都集中于治理结构中的纵向契约协作和纵向一体化机制及其对食品安全供给影响的理论分析和实证检验。Klein 和 Leffler 通过提出质量保证和价格贴水模型,深入分析了市场力量在保证契约自我实施中的作用,并讨论了在没有任何政府执行机制的情况下,企业向消费者提供质量不低于契约要求的产品的条件:即只有当企业能赚得一系列的租金收入,并且一旦欺骗性地生产低质量产品就将失去这一收入时,才能停止欺骗而供给高质量的产品。Vetter 等讨论了治理结构中纵向一体化解决消费者无法识别质量特征的信任品市场上存在的道德风险问题;Holleran 从交易费用以及产生的个人激励对食品安全保障制度进行了探讨;Maze 等分析了整个供给链中食品质量与治理结构的关系;Weave 和 Hudson 对供给链中的契约协作进行了理论和实证分析。

西方发达国家农产品质量安全监管的理论,给我国农产品质量安全监管制度建设提供了有益的启示,比如全程监管理论、关键点控制、风险管理、预防为主的理念等已被我国学界与立法所采纳。

二、国内农产质量安全监管理论研究现状

我国实际部门与学界对农产质量安全监管研究起步比较晚,这是由我国农业发展的阶段性所决定的。从中华人民共和国成立初期到 20 世纪 90 年代,我国农业生产存在着严重的供求矛盾,追求农产品数量,解决粮食严重短缺成为政府首要考虑的问题。但随着农业生产的发展,粮食短缺问题基本得到解决,从丰年有余到基本满足,我国农产品市场需求矛盾已经由数量需求向质量安全需求转变。尤其是,近年来频发的农产品质量安全事故,使人们更加关注农产品质量安全问题。目前,我国学界对农产品质量安全监管研究主要集中在以下两个方面。

第一是运用信息不对称理论研究农产品质量安全监管问题。如第三章所述信息不对称这一概念最初是肯尼斯·约瑟夫·阿罗于 1963 年提出,之后斯蒂格利茨、阿克尔洛夫与斯彭斯三人运用信息不对称理论对市场进行分析,并作出重要贡献,因此而获得诺贝尔经济学奖。我国学者运用信息不对称理论分析农产品质量安全问题的时间不长。学者们普遍认为,按消费者获得商品信息的途径,可以将商品分为三类:搜寻品、经验品和信用品。农产品质量具有信用品、经验品与搜寻品依次递减的特征。由于消费者与农产品生产经营者之间存在严重信息不对称,造成逆向选择与道德风险,而逆向选择与道德风险是影响农产品质量安全问题根本因素。因此,解决农产品质量安全问题的主要方法,就是解决消费者与农产品生产经营者之间信息不对称问题,农产品质量安全监管的核心就是想方设法让消费者了解更多的农产品质量信息。

第二是运用供应链理论研究农产品质量安全问题。我国学者对供应链理论应用研究始于 20 世纪 90 年代中后期。从现有的文献可知,我国学者 2000 年才将供应链理论应用到农产质量安全方面。他们认为,由于这些因素无不存在于生产、加工、流通、销售、消费等环节,解决农产品(食品)安全问题就要从农产品供应链的各环节入手寻找问题、对症下药。要保障农产品质量安全必须建立供应链管理体系,实施从源头控制和管理,直接对农产品的生产与流通过程进行管制。有的学者以畜产品供应链为主线,研究了牲畜的饲料供应、养殖、屠宰加工、流通、销售等环节,分析了我国畜产品质量安全的影响因素和管理模式,认为必须实行从源头到终端产品各环节的全方位监控,建立畜产品质量安全的可追溯制度,形成下游环节对上游环节的反向制约与监督,堵住每一个可能的污染源,这样就可以解决畜产品质量

安全问题。

目前,我国学界对农产品质量安全监管理论主要停留在理论研究层面,其特点是理论研究多,实证研究少;介绍国外经验多,结合中国实际研究少;对策建议多,解决实际问题的办法少;影响农产品质量安全因素表层原因研究多,根本原因研究少。

第二节 中外农产品质量安全监管体制比较

一、外国农产品质量安全监管体制

关于食品安全监管模式。联合国粮农组织与世界卫生组织在认真总结各国食品安全监管的经验教训基础之上,提出三种可供选择的模式:多部门监管模式、单一部门监管模式、综合部门监管模式。Scott Bass 与 Alan Raul(2004)论证了单一监管部门的优点。但是,学界认为,各国农产品安全形势、农产品生产特征、消费者行为模式不同,各国农产品质量安全监管模式有很大差异(Anne Wilcocky etc.,2004)。现行食品(包括农产品)安全监管体系可基本归类为横向监管制度和纵向监管制度(Leon G.M. Gorris,2005)。横向监管制度体现为各种法律法规健全、组织执行机构配套;纵向监管制度体现为实施从农田到餐桌的全过程监管(Caroline Smith DeWaal,2004),常用的方法有食品召回制度、标识制度、追溯制度(Peres B,Barlet N,et al,2007)等。随着食品产业链条的不断延长和国际贸易量的日趋扩大,食品不安全因素越来越复杂、风险越来越大,各国政府不得不重新审视多年来缝缝补补形成的既定食品安全监管制度,纵向监管制度研究成为近年来的研究热点,全程控制理念已被许多国家采纳,也就是说从食品行业整个供应链来调整产业治理结构加强食品安全监管。《欧盟食品安全白皮书》指出,食品安全政策的制定必须建立在统一综合的方法基础上,也就是贯穿"从农田到餐桌"整个食物链,包括所有食品、各成员国之间、欧盟内部和欧盟以外的其他国家地区,国际和欧盟决策论坛上政策制定的所有环节。作为食品安全管理的国际标准 ISO22000,其目的也在于保证整个食物供应链中没有疏漏。

世界各国普遍认识到食品由农产品的生产到最终用于消费是一个有机、连续的过程,对其管理也不能人为地割裂,故均强调对农产品质量安全的全程性管理。这种全程性管理不仅强调要从农业投入品开始,对食品由生产到消费的各个环节进行管理,并且体现在尽可能地减少管理机关的数量,由尽可能少的机关对食品安全进行全程性管理。总的来看,各国农产品质量安全管理体制大致有以下三种模式:

第一种模式主要由农业部门来负责,采取这一模式的典型国家是加拿大和德国。加拿大的食品安全监督管理工作原来分属农业和农业食品部、渔业和海洋部、卫生部和工业部等部门,这种分散的管理体制带来了职能冲突和效率低下等问题。因此,1997 年 3 月,加拿大议会通过了《加拿大食品监督署法》,决定在农业部之下设立一个专门的食品安全监督机构——加拿大食品监督署,统一负责加拿大食品安全、动物健康和植物保护的监督管理工作。加拿大食品监督署负责农业投入品监管、产地检查、动植物和食品及其包装检疫、药残监控、加工设施检查和标签检查,真正实现了"从农田到餐桌"的全程性管理。德国于 2001 年初将原由卫生部负责的食品安全管理职能交由新成立的消费者保护、食品和农业部负责,其他有关部门(主要是卫生部门)依法在自己的职责范围内配合农业部门的农产品质量安全管理工作。如联邦消费者保护部下设七个部门,其中第三个部门,即食品安全兽医科学部,其主要职能是负责食品和动物性食品安全检测及监督管理。重点是动物疫病监测,动物及动物产品检疫和监督管理,动物保护;突发重大疫病的紧急控制和扑灭;研究制定与其相适应的政策、法律法规、标准、规划、计划及规定和办法,并依法组织实施。16 个州政府都设有消费者保护部,受欧盟及联邦消费者保护部管理,既要贯彻执行欧盟及联邦部的有关法律法规,完成统一下达的检测任务,又要根据欧盟及联邦有关法律制定本州食品安全、动物保护及传染病防治规划、制度和办法,依法组织做好辖区内的各项工作。目前,在德国自上而下已形成食品安全检测和信息网络,食品安全检测工作已步入法制化、规范化管理轨道。

第二种模式是成立独立的食品安全监督机构,这一模式以欧盟国家为代表。在英国,依据《1990 年食品安全法》的规定,食品安全监管职能在中央原来属于农业渔业及食品部(MAFF),1999 年 11 月,英国议会通过《1999 年食品标准法》,决定成立一个独立的食品安全监督机构——食品标准局(Food Standards Agency)。该局代表英王履行职能,并向英国议会报告工作。食品标准局的职能一是政策制定,即制定或协助公共政策机关制定食品(饲料)政策;二是服务,即向公共当局及公众提供与食品(饲料)有关的建议、信息和协助;三是检查,即获取并审查与食品(饲料)有关的信息,可对食品和食品原料的生产、流通及饲料的生产、流通和使用的任何方面进行观测;四是监督,即对其他食品安全监管机关的执法活动进行监督、评估和检查。在英国,食品安全的具体执法工作主要由499个地方政府承担。环境、食品和农村事务部(DEFRA,原农业渔业及食品部,1999年12月英国中央政府机构改革后改为现名)在新的体制下仍然负责兽药和农药的欧盟监控项目,并在上述领域中作为执法机关;交易标准、园艺标准和酒类标准除零售环节之外的执法工作也由环境、食品和农村事务部负责。

第三种模式是多个部门共同负责,这种模式以美国为代表,美国负责食品安全的机构主要包括农业部、卫生和公共事业部及环境保护署等三个部门。农业部主要负责肉类、家禽及相关产品和蛋类加工产品的监管;卫生和公共事业部负责其他食品、瓶装水、酒精含量低于7%的葡萄酒饮料的监管;环境保护署则主要监管饮用水和杀虫剂。此外,美国商业部、财政部和联邦贸易委员会也不同程度地承担了对食品安全的监管职能。在美国这种多部门管理的模式下,农业部的管理环节也涵盖了其管理的农产品(肉、禽、蛋)的生产、加工、销售乃至进口环节,如为生产、加工厂商制定生产标准并进行检查、采样分析、要求生产厂商召回不安全的产品、对向美国出口肉类和家禽产品的出口厂商进行检查等。由于美国的食品安全监督管理由多个部门负责,因而其特别强调团队管理的方法,强调各机构间的协调和配合。1998年,美国先后成立了"食品传染疾病发生反应协调组"(FORC-G)和总统食品安全委员会(President's Council on Food Safety),以加强各食品安全机构之间的协调与联络。实施标准化管理,加强监督检查,对违法违规行为给予严厉处罚。

此外,西方主要国家还十分注意发挥农产品生产者、加工者和销售者及其联合组织在提升农产品质量安全水平方面的作用。如美国农业部下属的食品安全和检查局就与生产者和其他人合作,制定并执行在动物饲养和运输中可采取的自愿性食品安全措施,以降低肉类和禽类产品遭受有害污染的风险。如荷兰的范德利集团以生产牛肉著称,该集团以"公司加农产"的方式来进行牛肉加工。农户所饲养的肉牛全由该公司统一提供、统一回收,每头牛都建有专门的档案,记录其饲养情况。在饲养期内,公司还要派专门的技术人员对饲养情况进行检查指导,在加工屠宰以至销售环节,每块牛肉也都有其档案。农产品生产者、加工者和销售者的自律机制减轻了政府的监管压力,便利了农产品质量安全管理工作的开展。

二、中国农产品质量监管体制

我国农产品质量安全监管体制在吸收外国经验的基础之上,采取以农业主管部门主,多部门联合的监管模式。《国务院关于地方改革完善食品药品监督管理体制的指导意见》(国发〔2013〕18号)规定:"农业部门要落实农产品质量安全监管责任,加强畜禽屠宰环节、生鲜乳收购环节质量安全和有关农业投入品的监督管理,强化源头治理。"2013年《国务院机构改革和职能转变方案》规定:"农业部负责农产品质量安全监督管理。将商务部的生猪定点屠宰监督管理职责划入农业部。"据此,我国农产品质量安全监管,采取以农业行政管理部门为主,多部门联合监管的模式。这一监管模式特点是,在我国原有的农产品质量安全监管体制基础之上,进行适当的改革,其优点在于改革力度小,人们容易接受,但仍然存在监管重合与监管空缺的问题。

目前存在的主要问题如下:畜禽屠宰环节由农业行政主管部门监管,流通环节是由农业行政主管部门监管,还是由食品药品行政主管部门监管;农药、兽药流通环节是否由工商行政主管部门与农业行政主管部门共同监管,还是由农业行政主管部门监管,各地认识并不统一;农产品流通市场,尤其是蔬菜交易市场由谁监管各地做法也不相同;既有农产品也有其他小商品的交易市场由谁负责监管也不明确。因此,需要各地方政府根据国务院有关食品安全监管体制有关规定,结合本地实际,协调各食品安全监管部门,建立监管部门间无缝衔接工作机制,提高监督管理的有效性和科学化水平,从源头上更好地保障食品安全。

在调查中发现,各地对以农业主管部门为主实施农产品质量安全监管没有任何异议。但其他部门如何配合农业主管部门实施农产品质量监管则有不同的做法。比如有的地方政府将农产品质量安全监管具体分工如下:农业行政部门负责瓜菜食用菌标准化生产基地建设;农产品质量安全监管机构建设;农产品质量安全监测体系建设;瓜菜食用菌"三品"认证;农业投入品监管;蔬菜质量监测。海洋与渔业部门负责渔业标准化生产基地建设;水产品质量安全监管机构建设;水产品质量安全监测体系建设;水产品质量监测;水产品"三品"认证;水产品质量安全监管工作资金投入。畜牧行政管理部门负责畜牧标准化生产基地建设;畜产品质量安全监测体系建设;畜产品"三品"认证;畜牧投入品监管;畜产品质量监测;畜产品质量安全监管工作资金投入。林业行政主管部门负责果品标准化生产基地建设;果品质量安全监管机构建设;果品生产投入品监管;果品"三品"认证;果品质量监测。工商行政主管部门负责市场农产品质量监测;市场农产品质量安全监管机构建设;市场农产品质量安全监测体系建设;市场农产品监管制度落实;市场农产品质量安全监管工作资金投入。这样的职责分工是否科学合理有待于实践检验。

根据《上海市食用农产品安全监管暂行办法》以及其他有关规定,上海市农产品质量安全监管体制也是以农业行政主管部门为主,多部门联合监管的模式。即市农业委员会负责食用农产品生产基地的规划和组织建设,种子(种畜、种禽)、肥料、农药、兽药、饲料、饲料添加剂等生产、经营、使用的监督管理,畜禽及其产品防疫、检疫的监督;市商业委员会负责本市家畜屠宰与活禽交易市场监管;市工商行政管理部门负责农产品流通监管工作。但上海市的农产品质量安全监管体制,已经不适应国家机构改革职能划分的要求,必须根据国务院机构该方案进行适当地调整。

第三节 农产品质量安全问题产生的原因及其对策

在研究农产品质量安全问题产生的原因方面,我国有的学者认为,农产品质量安全问题之所以产生,其根本原因是经济利益。在农产品生产阶段,农户为追求经济利益,滥用农药、化肥等,造成农药残留超标,农产品受污染等;养殖户为了追求经济利益,滥用兽药、瘦肉精等等。在农产品流通阶段,农产品经营者为了经济利益,添加违禁物质,滥用化学物质增强农产品卖相等。金征宇等(2005)还将食品安全的影响因素概括为食品体制、社会因素、环境因素、生活方式改变、人群变化、国际贸易、旅游增加、食品供应全球化贸易的增多等方面,并通过经济角度最终将食品安全的影响因素归纳总结到经济方面。因此,解决农产质量安全问题就是加大违法成本,增加守法利益,不仅不能让违法者所获利,而是要将违法者承担更严重的法律后果。从理论上说,这种观点不无道理,但如何根除非法获利的根源,这些学者并未提出如何通过让守法者获利来解决农产品质量安全的有效办法。

有的学者从农产质量安全问题产生的直接原因,研究农产质量安全问题。赵霖(2001)、宁望鲁(2001)等指出影响食品安全的8个因素,其中影响食用农产品质量安全的因素主要为:① 环境污染;② 种植、养殖业源头污染;③ 科技进步对食用农产品安全的挑战。有的学者还提出,导致农产品质量安全问题发生的原因有物理污染、化学污染与生物性污染。因此,解决农产品质量安全问题,主要是解决影响农产品质量安全的污染源,并提出从源头治理这些污染源的具体方案。但实践证明,由于农产品污染源极其复杂,导致农产品污染的原因各不相同,尤其在地方保护主义的思想支配下,治理污染农田的"工业三废"效果甚微。因此,通过治理污染源保证农产质量安全问题只能起到一定的作用,不能根本解决农产品质量安全问题。

总之,发达国家对农产品质量安全影响因素的研究,主要集中在由于经济发达与科技进步,新工艺与新技术的采纳造成农产品安全不确定性问题;国内学者主要关注环境污染,农业种植、养殖业的源头污染,食品添加剂(防腐剂),市场和政府现有措施失灵等因素对农产品安全的影响。

本书运用利益相关者管理理论,通过分析农产品质量安全利益相关者,即农产品供应者(包括农产品生产者、经营者与农产品生产投入品的生产者和供应者)、政府农产品安全监管部门及农产品消费者导致农产品质量安全事件发生的主客观原因,探究解决我国农产品质量安全监管问题有效的方法。

一、从农产品质量安全监管部门看农产品质量安全问题

从农产品质量安全监管部门来看,农产品质量安全事件的发生既有农产品质量安全监管部门的主观原因,也有农产品质量安全监管部门意志以外的客观原因。

(一) 农产品质量安全监管部门主观原因造成的农产品质量安全问题

农产品质量安全监管部门主观原因造成的农产品安全问题,是指农产品质量安全监管部门,由于不作为或乱作为而造成的农产品质量安全问题,其主要表现如下:

农产品质量安全监管具有外溢效应。在经济学上把社会成本大于私人成本的部分称为外溢成本,把社会效益大于私人效益的部分称为外溢效益,这类现象统称为外溢效应。换言之,外溢效应,是指一个组织在进行某项活动时,不仅会产生活动所预期的效果,而且会对组织之外的人或社会产生影响。由于自然条件、财政税

收等方面的原因,我国经济发展呈现出严重的区域发展不均衡性,形成了工业发达区域与农业发达区域,导致农产品生产区域和消费区域分开。在这种格局下,城市和工业发达区域的消费者能够从质量安全、品质高的农产品中获得更多的外溢效应。然而,生产这些优质农产品的效用成本却难以从农产品消费区域政府得到补偿,即缺乏区域间的转移支付,农产品消费区域的政府不可能补贴农产品生产区域的政府。因此,在这种经济格局和财税体制下,严格农产品质量安全监管就成了"利人损己"的行为。除非农产品消费区域的政府实施严格的农产品准入制度,对于进入本区域的农产品实施严格的检验检测,禁止不合格的农产品进入本区域,并进行严厉惩罚。否则,农产品生产区域政府的监管部门不会真正加强监管。而农产品消费区域的监管部门因监管经费不足、监管力量有限、监管政绩难以显现等原因的存在,导致农产品消费区域监管部门的监管动力不足。这就是为什么农产品生产区域和销售区域监管缺乏动力的主要原因之一。

农产品质量安全监管绩效难以考核。众所周知,工作业绩对于政府工作人员来说十分重要,政绩突出提拔任用的可能性更大,农产品质量安全监管部门也不例外。但由于农产品具有信任品、经验品与搜寻品的特征,农产品质量安全监管政绩难以考核,直接导致农产品质量安全监管部门监管动力不足。这是由农产品生产经营者与农产品消费者、政府监管部门之间信息不对称所决定的。Nelson、Darby 和 Kami 根据消费者与厂商的信息不对称程度将产品分为:搜寻品、经验品和信任品。搜寻品是消费者在购买之前就能知道的商品品质,如西瓜的大小,葡萄的颜色等。经验品是消费者在消费之后才能知道其品质的商品,如西瓜的味道等。而信任品即使在消费者消费之后,也很难知道其质量,如农产品的农药残留等。据此,农产品既属于信任品、经验品,也属于搜索品。农产品这一特征决定了具有搜寻品特征的农产品,可以充分发挥市场调节的作用,不需要政府监管;具有经验品性质的农产品经过几次交易,消费者可以拒绝购买质量差与信誉不好的农产品,市场调价也可以解决农产质量安全问题,不需要政府监管;只有具有信任品特征的农产品,农产品消费者在消费之后仍然不知道农产品的品质,市场调节完全失灵,才需要政府监管。如前所述,具有信任品特征的农产品也可以分为,"吃倒你"农产品与"吃不倒你"的农产品。所谓"吃倒你"的农产品是指,消费者食用农产品后很快出现中毒迹象的农产品。由于这种农产品食用后,中毒的消费者会积极主动进行举报,并要求赔偿,所以,农产品的供给者一般不会提供这种农产品,也就不应成为政府监管的主要对象。但防止食物中毒的政绩易于考核,不少地方政府与食品安全监管部门都将食物中毒作为食品安全的主要考核指标。比如《2013年上海市食品安全白皮书》指出:"参照国际经验,集体性食物中毒发生率是考量一座城市食品安全管理水平的重要指标。2013年上海共报告发生集体性食物中毒8起,中毒人数184人(无死亡),中毒发生率为0.77例/10万人口,继续保持低位,食物中毒起数、人数和发生率同比2010年,分别下降20%、38.3%和50.3%。而21世纪初,上海的集体性食物中毒发生率约在10例/10万人口,2006年后控制在6例/10万人口以下,到2011年后已经控制在1例/10万人口以下。"但"吃不倒你"的农产品,消费者食用后不易发现存在潜在风险,只有食用这种有毒有害的农产品达到一定数量后,毒素富集在体内达到一定程度才会导致疾病发生,这时已经很难证明是食用哪种农产品或食用谁供应的农产品导致疾病的发生,消费者也不可能因为自己得病而反映农产品安全问题。这样,对于"吃不倒你"农产品,认真监管与不认真监管也不易发现,监管政绩很难考核。可见,这是导致农产品监管部门监管动力不足与有法不依的主要原因之一。

农产品质量安全监管法律责任不具体。第一,法律责任条款不协调、缺乏衔接。我国现行有关农产品质量安全监管国家立法与地方政府立法中法律责任条款不协调,主要表现为地方政府立法与法律、法规和部委规章的不衔接,地方政府规章与地方性法规相矛盾,等等。第二,法律责任条款过于原则。无论在法律、法规、规章还是地方性法规或规章中,均存在法律责任条款规定不明确、不具体,过于笼统、原则、抽象,无法适用的问题。这主要表现为:① 执法主体不明确。例如,《农产品质量安全法》第43条规定:"农产品质量安全监督管理人员不依法履行监督职责,或者滥用职权的,依法给予行政处分。"《湖北省实施〈中华人民共和国农产品质量安全法〉办法》第27条规定:"违反本办法规定,法律、行政法规有行政处罚规定的,从其规定;造成人身、财产损害的,依法承担民事责任;构成犯罪的,依法追究刑事责任。"但如何给予行政处分,由哪个机关提出,哪个机关批准,哪个机关决定、执行,哪个机关监督,没有明确具体的规定。这样规定执法主体多头,内容笼统,直接结果是谁都管,谁都不管。② 法律责任条款有明显空白或漏洞。在农产品质量安全监管立法中,法律责任条款没有具体规定,出现明显空白或漏洞,特别是没有规定执法主体不作为的法律责任。如果法律对执法者不作为(不执法)规定要承担具体的法律责任的话,则对克服"有法不依,执法不严"现象无疑会起促进作用。但如果对于执法主体不作为而造成严重后果的,不规定应负什么法律责任,就会为执法者"有法不依,执法不严"打开方便之门。这是我国地方政府立法中存在的较为普遍的问题。③ 没有规定直接责任人员的法律责任。在地方政府立法中,法律责任条款只注意到对单位的惩处,而缺乏追究个人法律责任的具体规定。然而,在处罚单位的同时,如果不能同时有效地处罚直接责任人员,就无法发挥处罚的功能。④ 没有与义务性条款相对应的法律责任条款。在地方立法中,法律责任条款有时没有与义务性条款相对应的法律责任规定,没有将违反义务性条款的法律后果直接对应的法律责任表述出来,造成法律责任设定上的空白,使违法者的法律责任难以追究。这种没有规定直接责任人员的法律责任,是农产品质量安全监管人员监管动力不足的主要原因之一。

农产品质量安全监管人员的败德行为。在经济学上,败德行为又称道德风险、道德危险、道德祸因,是指在信息不对称的市场中,有一方不能察知另一方的情况,即不对称是一方对另一方有关行为的信息不对称,拥有信息的一方会隐匿不利于对方的行为。我们在这里所说的败德行为,是指因农产品质量安全监管人员索贿或受贿而造成农产品质量安全问题。农产品质量安全监管人员的败德行为是多种多样的,在此我们不予赘述。

(二) 农产品质量安全监管部门客观原因造成的农产品质量安全问题

农产品质量安全监管部门客观原因造成的农产品安全隐患,是指因农产品质量安全监管部门主观无法控制的因素造成的农产品安全隐患。这些客观因素主要有:

农产质量安全监管理念尚未与时俱进。西方发达国家在几十年的农产品质量安全监管实践中发现,"事前预防,比事后救济"成本更低,而且很多农产品质量安全事件是可以预防的,因此,提出"预防为主,防控结合"的监管理念,且这一理念贯穿于农产品产前、产中与产后,并以立法的形式确定下来,建立了农产品质量安全监管长效机制。我国农产品质量安全监管理念虽然也有预防的成分,但对预防原则的重要性认识不足,重视程度不够,还是习惯于对农产品质量安全采取"运动的监管模式",即开展专项整治活动,尚未建立起农产品质量安全监管的长效机制,不利于实现产前、产中与产后各个环节实施全程监管。近年来,农业部(农业农村部)每年都发布农产品质量安全专项整治方案。如《农业部关于印发〈2017年农产品质量安全专项整治方案〉通知》(农质发〔2017〕6号)《农业农村部关于印发〈2018年农产品质量安全专项整治方案〉的通知》(农质发〔2018〕4号)《农业农村部关于印发〈2019年农产品质量安全专项整治方案〉的通知》(农质发〔2019〕2号)等。各地方人民政府也发布农产品质量安全专项整治方案。

农产品安全监管体制不科学。根据《农产品质量安全法》与《食品安全法》的规定,我国农产品安全监管监体制是以农业行政主管部门为主、工商行政主管部门、环境保护行政主管部门等为辅的多元监管体制。从在山西、上海、浙江等地的调研来看,我国农产品质量安全监管体制主要存在如下问题:第一,监管缺位与越位并存。现行农产品质量安全监管体制最大的优点是,实行专业化监管,有利于提高我国农产品质量安全的技术水平与专业水平,其缺陷是可能出现监管不到位与监管越位问题。如前所述的毒豆芽监管事件就是一个典型的例子。因此,国务院决定组建国家食品药品监督管理总局,其主要职责是,对生产、流通、消费环节的食品安全和药品的安全性、有效性实施统一监督管理等。将工商行政管理、质量技术监督部门相应的食品安全监督管理队伍和检验检测机构划转食品药品监督管理部门。但农产品质量安全监管体制并未改变,所以,在实践中,农产品监管缺位与越位时有发生。第二,基层农业行政监管部门编制不科学。据统计,从 2008 年开始,我国农民合作社的数量以每月 1 万家的速度在增长。截至 2018 年底,我国有 26 606.97 万农户,全国注册登记的农民合作社有 217.3 万家,近一半农产已加入农民合作社,联合社达 1 万多家,家庭农场近 60 万家。国有农场 1 785 个,粮食产量为 3 515 万吨,仅占农户 62 274.22 万吨的 5.3%。① 因此,我国农产品质量安全的监管重心是农村,县、乡农业行政监管部门,应该是我国农产品质量安全监管的主力军。但据调查县、乡农产品质量安全监管部门存在三少,即编制少、经费少、设备少,难以承担监管重任。比如,2013 年江西省全省农药经营店近 14 000 家,而执法人员不足 500 名,平均每个执法人员要负责 3.6 个乡镇、348 平方公里,32 家农药店的日常监管,而且缺乏有效的事前管理手段,农药经营许可与市场监管脱节,导致农药经销商违法经营行为屡查屡犯、屡教不改。

农产品质量安全监管信息不对称。信息不对称理论认为:在市场中,卖方比买方了解更多的有关商品的各种信息。掌握更多信息的一方可以利用信息优势欺诈信息贫乏的一方,因此,需要政府监管,使买卖双方都掌握充分的信息。但就农产品监管而言,农产品质量安全监管部门与农产品生产者或经营者之间也存在严重的信息不对称,即农产品生产者或经营者比农产品质量安全监管者掌握更多的农产品质量信息。农产品生产者或经营者可以利用其所掌握的农产

---

① 这些数据是根据《十三届全国人大二次会议第 2160 号建议答复摘要》和国家统计局数据库整理而来的。

品质量安全信息规避监管部门的监管,这是农产品质量安全监管普遍存在的问题,也是农产品质量安全监管的难点。诸如国家实施高毒农药禁用和淘汰后,一些企业为了抢占市场和追逐利益在其他农药产品中添加违禁成分以达到提高药效的目的。这种在合格农药产品中添加非法成分的农药产品给监管部门带来相当大的困难。

农产品质量安全监管经费与人员不足。基层农产品质量安全监管费用短缺,尤其是农产品检验费用短缺,是不争的事实。根据《农产品质量安全法》第35条规定,县级以上人民政府农业行政主管部门应当按照保障农产品质量安全的要求,制定并组织实施农产品质量安全监测计划,监督抽查检测应当委托具备法定条件的农产品质量安全检测机构进行,不得向被抽查人收取费用,同时该法第4条也规定:"县级以上人民政府应当将农产品质量安全管理工作纳入本级国民经济和社会发展规划,并安排农产品质量安全经费,用于开展农产品质量安全工作。"《食品安全法实施条例》第47条第2款规定:"县级以上农业行政……监督管理部门应当按照食品安全年度监督管理计划进行抽样检验。抽样检验购买样品所需费用和检验费等,由同级财政列支。"可见,农产品检测工作不能收取任何费用,只能将农产品抽查检测费用列入同级人民政府的财政预算。如浙江省《省级农产品质量安全监管抽查与专项经费管理办法》第16条规定:"省级监督抽查所需检验、检测费用、差旅费、样品费等直接费用由省政府安排的专项经费解决,接受委托的检验机构不得向被抽检对象收取任何费用。"第17条规定:"省财政厅根据监督抽查计划将专项经费下拨各检验机构主管部门,由各检验机构主管部门转拨至检验机构。专项经费用于检验支出,不得挪作他用。"但问题是各级人民政府的财政收入不同,经济发达地区的列入财政预算的抽查检测费用基本能够满足农产品检测,而经济不发达地区,尤其是贫困地区,列入财政预算的农产品检测费用远远不能满足实际需要。如2013年文山苗族壮族自治州人大岑国辛等十位代表,建议将州级食用农产品检测经费列入本级财政预算,每年安排30万元。但由于州本级财政困难,州财政局明确表示目前难以到达每年年初预算安排30万元的规模和水平。叙永县马岭镇人民政府将镇农产品质量安全监管经费按本镇总人口人均0.5元的标准纳入镇财政预算。由于农产品品种繁多,涉及面广,检验检测任务繁重,地方政府财力有限,难以满足农产品检测的实际需要。特别是农产品检测需要速度快,结果准,没有技术先进的检测设备和科学的检测手段是不能胜任这项检测任务的。但由于县级财力有限,无力购买新的检验检测仪器设备,快速检测成为一句空话。另外监测人员少,专业技术人员更少,也是农产品检验检测存在的一个不可忽视的问题。由于检测设备落后、检测人员短缺,不可避免地会让一些有毒有害的农产品流入市场,损害人们身体健康。

农产品及其投入品监管手段落后。农产品质量安全监管手段落后,主要表现在农药、兽药监督管理方面。由于缺乏必要的检测手段,特别是乡镇基层农产品安全监管人员,对农药、兽药经营企业进行检查时,只是检查有无批准文号(也不知文号真假)、是否在有效期内、是否经营国家违禁药物等。但农药、兽药化学成分多,肉眼鉴别难以鉴别真伪,而监管部门抽样送检次数和抽检样品数量因监管经费限制非常少,从而使农药、兽药监督管理工作往往流于形式,直接影响着农药、兽药市场的监督管理工作。

农产品质量安全监管体制存在的问题。2013年《国务院机构改革和职能转变方案》对食品安全监管体制(包括农产品质量安全监管体制)进行了较大调整,将国务院食品安全委员会办公室的职责、国家食品药品监督管理局的职责、国家质量监督检验检疫总局的生产环节食品安全监督管理职责、国家工商行政管理总局的流通环节食品安全监督管理职责整合,组建国家食品药品监督管理总局。主要职责是,对生产、流通、消费环节的食品安全和药品的安全性、有效性实施统一监督管理等。将工商行政管理、质量技术监督部门相应的食品安全监督管理队伍和检验检测机构划转食品药品监督管理部门。农业部负责农产品质量安全监督管理。将商务部的生猪定点屠宰监督管理职责划入农业部。这样,现行农产品质量安全监管和食品安全监管的法律、法规、规章以及地方性法规或规章与2013年《国务院机构改革和职能转变方案》的发生冲突。国家有关部门及地方政府必须及时根据《国务院机构改革和职能转变方案》修改相关的法规规章,最大限度地防止出现监管越位与监管缺位。原来流通领域的食品安全,包括农产品质量安全农产品质量安全由工商行政机关负责监管,而《国务院机构改革和职能转变方案》是否取消了其对食用农产品的监管职能,人们有不同看法,这样就可能出现监管冲突或空白。比如没有经过加工或者经过初加工的食用农产品,在流通环节由哪个部门监管需要进一步规定。《农产品质量安全法》与《食品安全法》有关食用农产品与食品的划分不清晰,这可能导致农业行政主管部门与食品药品监管部门职责划分困难,希望有关部门尽快对食用农产品与食品做出科学界定,以免出现监管缺位与越位问题。

农产品质量标准体系不健全。农产品质量标准体系不健全,是指目前我国发布的农产品质量技术标准,不能满足我国农产品生产与农产品质量安全监管的需要,不能满足我国农产品出口的需要。最重要的是农产品质量安全标准,是农产质量安全监管部门的执法依据,没有标准或者标准冲突如何执法,就成为目前急需解决的问题。据农业部统计,截至 2016 年 12 月,我国已经制定发布的农业行业标准 5 724 项,农兽药残留限量标准 5 724 项,①地方标准和技术规范 18 000 多项,基本覆盖农产品生产全过程。认证无公害、绿色、有机、地理标志农产品 9 万多个,在 591 个县开展农业标准化示范县创建活动,支持建设果菜茶标准园、畜禽养殖标准示范场和水产健康养殖示范场 7 288 个,农业标准化水平得到明显提升,从源头上提升了农产品质量安全水平。但我国的农产品标准还与世界发达国家有一定的差距,这一点已经引起农业部及国家有关部门与省级人民政府的高度重视,这一问题在未来几年内会逐步得到解决。②

(三) 解决之对策

完善农产品质量安全监管考核机制。众所周知,农产品质量安全监管部门考核难主要原因,是考核指标难以量化,严格考核机制难以建立等。本书认为,要根据不同的农产品质量安全监管部门,建立不同的监管考核机制。对于基层农产品质量安全监管部门,重点考核其具体监管频率及服务咨询情况与检测检验等,要求其及时公开检测检验结果,同时上报上级监管部门。

转变监管理念,不断创新监管手段。2013 年 12 月 2 日国务院办公厅发布了《关于加强农产品质量安全监管工作的通知》,明确规定:"要将农产品质量安全监管、检测、执法等工作经费纳入各级财政预算,切实加大投入力度,加强工作力量,尽快配齐必要的检验检测、执法取证、样品采集、质量追溯等设施设备。"但在目前地方政府财力有限与公务员编制严控的情况下,大力投资建设农产品质量检测机构,购买先进的检测设备是不现实的,增加农产品质量安全监管人员编制也是可能的。因此,要将"好钢用在刀刃上",充分利用有限的监管资源就显得尤为重要。这就要求农产品质量安全监管部门转变监管理念,不断创新监管方法,与时俱进。

坚持预防为主,防控结合的监管理念。西方发达国家最初的农产品安全监管

---

① 佚名.质量安全这五年[J].农经,2018(1): 12-13.
② 根据农业部印发《2016 年农产品质量安全监管工作要点的通知》以及《加快农药残留标准修订五年工作方案》,5 年内农兽药残留限量标准总数达到 10 000 项以上,将与国际食品法典基本一致。

理念是"只要存在农产品消费,就存在农产品欺诈"。所以当时西方国家农产品监管的理念是严厉处罚。现在西方国家的农产品质量安全监管立法发生了巨大变化,尤其是美国后来者居上,不仅立法比较完善,监管理念也有较大突破,特别是 2011 年 1 月 4 日奥巴马总统签署的《FDA 食品安全现代化法》,是过去 70 多年来美国食品安全监管领域最大的一次改革。美国学者认为,如果全球食物链中的每个生产者对存在致病风险的环节认真对待并且承担起真正的责任来,食源性疾病在很大程度上是可以预防、避免的。因此,该法在农产品安全监管理念方面提出事前预防、严格检查与执法、加强国内各食品安全监管机构合作、强制召回等新理念。我国农产品安全问题与发达国家的农产品质量安全问题不同。根据我国农产品安全问题的实际,我国农产品质量安全监管,要坚持"关口前移,预防为主,防控结合"的理念。从农产品的生产环节监管,前移到农业投入品的生产经营监管,即对农药、兽药、植物调剂、饲料及饲料添加剂等农业投入品的生产、流通实施监管。根据农产品质量安全事件发生的特点,目前重点监管农药、兽药、瘦肉精、三聚氰胺等。在产农业投入品监管、农产品产地环境管理、农产品生产过程管控、农产品市场准入等环节实施预防监管,改变过去重事后监管为重事前预防,做到预防为主,防控结合,最大限度地预防有毒有害的农产品流入市场。农业投入品与农产品生产环节预防监管是农产品质量安全源头保证,而且控制农业投入品与农产品生产过程,比事后监管社会成本低得多。比如,2012 年北京市昌平区共拿出 500 万元的财政资金,将绿色农药送到田间地头,结果当地草莓产业创收 4.5 亿元,社会效益和经济效益显著。当然,如果农产品质量安全监管部门能够让有害物质超标的农药无法生产和流通,则是最理想的监管结果。

找准关键控制点,做到有的放矢。危害分析和关键控制点(Hazard Analysis Critical Control Point,HACCP),是 20 世纪 60 年代由皮尔斯伯公司联合美国国家航空航天局(NASA)和美国一家军方实验室(Natick 地区)共同制定的,该体系建立的初衷是为太空作业的宇航员提供食品安全方面的保障。它是用于对某一特定食品生产过程进行鉴别评价和控制的一种系统方法。该方法通过预计哪些环节最可能出现问题,或一旦出了问题对人危害较大,并建立防止这些问题出现的有效措施,以保证食品安全,即通过对食品全过程的各个环节进行危害分析,找出关键控制点(CCP),采用有效的预防措施和监控手段,使危害因素降到最小程度,并采取必要的验证措施,使产品达到预期的要求。后来这一方法被世界许多国家采纳,我国部分食品生产加工企业也采用这方法控制危害因素。但我国农产品具有品种多、种类丰富,从农田到餐桌,要经过多个环节,供应链条长,而且农产品品质和规格不易统一,农产品生产主要以农户为单位,生产经营规模小、规模化程度低等特点。因此,不可能将有限的监管资源均衡地放在农业投入品、农产品生产、农产品运输、农产品流通等整个农产品供应链,而是应该在坚持预防为主,防控结合的理念下,找准农产品供应链各个环节的关键点,并采取具有针对性的监管措施,形成全场监管,重点突出。这样,分析农业投入品、农产品生产、运输、流通等供应链全程中的各个危害控制关键点,是提高农产品质量安全监管效率的必然选择。只有准确掌握影响农产品安全的危害因素,并加以预防与控制,才能节约监管成本,提高农产品质量。目前农业投入品的监管重点为:定期或不定期清理整顿农业投入品生产经营主体,加强行政许可监督检查力度,对不符合法定条件的或国家已明令禁止生产的产品证号,要依法注销或撤销;对无证生产经营的单位和个人,要依法严厉查处。在农药监管方面,严厉打击非法生产、销售和使用甲胺磷、六六六等23种禁用高毒农药的违法行为;严厉打击未经依法批准,擅自生产、销售农药的行为;加大农药产品质量和农药标签检查力度,坚决查处生产经营假劣农药、无登记证生产、添加未登记成分、扩大使用范围、一证多用、套证或冒证、标签不符合规定以及肥料产品标称具有农药功能等违法行为。在兽药监管方面,严查无证生产经营兽药、假劣兽药和兽用生物制品的行为;强化对口蹄疫、高致病性禽流感、猪瘟、猪蓝耳病等重大动物疫病疫苗的监管;严厉打击生产经营使用违禁药物和不按规定执行兽药休药期的行为,采取有力措施,取缔国家禁用的兽药及化合物。在饲料和饲料添加剂监管方面,严厉打击生产经营假劣饲料和饲料添加剂、无证生产、包装标签不符合规定等违法行为;严查在饲料加工和养殖环节添加"瘦肉精"、"蛋白精"、莱克多巴胺、孔雀石绿、硝基呋喃等违禁药物和非法添加物。严格农药、兽药、鱼药、肥料、饲料及饲料添加剂等农业投入品的生产和经营准入条件;严格执行已公布的停产、禁用和限用的农业投入品管理办法,严厉打击制售、使用假冒伪劣和禁用农业投入品的违法行为;切实加强对农产品生产基地和销售市场的监督管理。在农产品生产过程中,严厉打击违法违规使用"禁用高毒农药"、"瘦肉精"、孔雀石绿、硝基呋喃、三聚氰胺等违禁药物。检查畜禽养殖环节使用盐酸克伦特罗、莱克多巴胺、禁用兽药和苏丹红等化学物质的行为,重点检查生猪规模养殖场在生猪养殖中是否违法使用了盐酸克伦特罗和莱克多巴胺等禁用药品。尽管农业部公布,2013年全国共出动执法人员310万余人次,检查相关生产经营单位274万家,查处问题5.1万起,在打击违法使用"禁用高毒农药"、"瘦肉精"、孔雀石绿、硝基呋喃、三聚氰胺等违禁药物方面取得显著成效,但仍是今后监管的重点。

创新农产品质量安全监管方法。世界各国都十分重视农产品质量安全监管方法创新,英国农产品质量安全监管机构要求农产品供应链下游企业对其供应商实行"尽职调查",利用农产品销售商的影响力对上游农产品生产企业的生产经营活动构成制衡,即通过倒逼的方法迫使农产品生产企业提供安全的农产品;欧盟和日本则要求农产品生产全过程建立档案,一旦发现农产质量有问题,可以轻松地追溯到农产品的生产企业与生产地。对转基因食品实行需求拉动型管理,实施强制标签。我国各地农产品质量安全监管部门,在借鉴发达国家的经验基础之上,不断创新监管方法。第一,自律监管手段创新。① 建立自诺制度。通过农产品生产经营监管约谈制度、质量信誉考核制度、农产品经营承诺书等方式建立农产品生产经营企业的自诺制度。尤其是农产品经营者向消费者的承诺书,可以作为消费者请求索赔的依据。② 建立大中型农产品批发市场自律检测、准入、退出制度;农产品安全跟踪与追溯系统;将不守诚信,严重违反农产品质量安全法律法规的经营者清退出批发市场,永久禁入。③ 鼓励农产品批发市场、集贸市场、超市与农产品、水产品、畜产品养殖、种植基地及加工包装食品的重点企业实行"场厂挂钩""场地挂钩"等协议准入制度。第二,公众参与监督手段创新。公众参与农产品质量安全监督管理有两大作用:监督农产品质量安全监管机关及执法人员严格执法、预防执法腐败;弥补农产品质量安全监管不足。第三,经济监管手段创新。在市场经济条件下,利用经济手段保证农产品质量安全,是指利用税收、利息、价格与财政等手段鼓励农产品生产经营者提供安全的农产品;加大农产品安全监管投资,确保农产品安全检查设备等与农产品安全现状相适应。加大对农产品安全检查设备投资,培训农产品安全监管人员,提高食品安全检测能力。逐步引导农产品生产经营户建立农产品安全生产示范区,对合格示范区实行财政奖励制度,银行优先提供贷款制度,政府大力宣传制度等,鼓励更多的农产品生产经营户加入农产品安全生产区。积极推行举报奖励制度,激励广大民众揭露农产品生产经营违法行为,最大程度地减少假冒伪劣农产品对消费者的危害。

加大对农产品质量安全监管部门不作为与乱作为的惩罚力度。农产品质量安全监管者也是一个典型的经济人,其监管力度大小,是否被俘获,是否尽职尽责与其预期收益有着直接的关系。换句话说,监管者的预期经济利益是决定监管者监管策略选择的重要因素。因此,要保证农产品质量安全,应该适当加大对农产品监管部门消极监管或乱作为的处罚力度,适当增加其工作压力,并对其监管不力造成的农产品质量安全问题承担相应的法律责任。在某种意义上说,科学设置农产品质量安全监管人员的法律责任,对于保证农产质量安全极为重要。

建立有奖举报制度。由于农产品质量安全监管人员与农产品生产经营之间存信息不对称,以及农产品质量安全监管人员的知识有限性与监管费用的有限性,决定了农产品质量安全监管总有缺位的地方,这就是政府监管失灵的具体体现。政府失灵需要社会力量补充,有奖举报制度是充分发挥社会监督的有效措施之一。这一逻辑关系也证明了十八届三中全会决定充分发挥市场调节的决定性作用是科学的。事实上,有奖举报制度具有弥补政府监管不足,对于解决政府监管失灵具有积极的作用,早已被国内外的社会实践所证实。这是因为无论商品经营者还是消费者所掌握的信息都是不完全的,即信息绝对不完全。在商品信息绝对不完全中,商品经营者毕竟比消费者掌握更多的信息,即信息相对不完全。正是因为商品经营者掌握相对较多的信息,消费者掌握相对较少的信息,决定了消费者总是处于劣势地位,且消费者也很难准确判断产品的品质。这样,经营者为了在激烈的市场竞争中立于不败之地,既有制售劣质产品的内在动力,也有制售伪劣商品的外在条件。因此,需要政府监管。而政府监管,存在监管内在动力缺乏与外在压力不足,造成监管不到位;由于监管体制设计不合理与政府监管寻租的冲动并存,造成监管缺位与越位。因此,在现实生活中,政府监管总是越位与不到位并存。另外,政府监管经费有限与监管成本过高并存;监管信息有限与监管者被捕获并存,造成监管力量不足与监管休眠,即监管失灵,一些违法行为不能得到有效制裁。有奖举报制度恰好可以通过挖掘消费者自我保护的内在动力与获取奖励的外在激励,充分发挥其制衡作用。这样既可以解决政府监管不到位的问题,又能节约政府监管成本,减少国家财政支出,还可以培养消费者的正确消费观,监督农产品质量安全监管部门依法监管,杜绝监管缺位。可见,有奖举报制度最适合于政府监管失灵的领域。也正因为这样,国务院食品安全委员办公室要求全国各地制定食品安全违法案件有奖举报办法。

完善农产品质量安全监管法律制度。农产品市场体系能否充分发挥作用,不仅取决于农产品市场建设,还取决于良好的市场秩序。只有健全完善农产品市场法律法规,才能建立良好的市场秩序,保证农产品市场健康有序地运转。近年来,我国农产品,包括农业投入品流通领域中出现的无证经营、掺杂掺假、偷税漏税等现象都是市场秩序混乱的表现。我国农产品市场所需要的一些法律、法规方面仍存在空白。已出台的相关法律、法规实施细则仍然缺乏,使法律法规出台后缺乏可操作性,降低了法律法规效力。有法不依、执法不严的问题依然存在。必须加强市场法律法规建设,加强市场监管,严格执行市场准入制度、市场竞争规则和市场交易秩序,保证公平竞争、公平交易,保护经营者和消费者合法权益,使农产品市场体系建设规范化、制度化和法制化,不断完善农产品质量安全监管法律制度。目前,农产品质量安全监管亟待完善如下问题。第一,完善有关农产品质量安全监管法律制度。由于《国务院机构改革和职能转变方案》对农产质量安全监管体制进行了较大调整,现行有关法规、规章与该方案相冲突的规定必须及时修改。《农产品质量安全法》与《食品安全法》有关食品与食用农产品概念的不协调,造成执法越位与缺位的问题,必须及早解决。第二,健全农产质量安全质量标准体系。技术标准既是农业生产经营企业从事生产经营活动的法律依据,也是农产品质量安全监管部门依法对农产品生产经营企业实施监督检查的法律依据。农产品质量标准空缺或冲突,不仅严重影响农产品生产经营企业依法从事生产经营活动,也破坏执法的统一性,必须引起有关部门的高度重视。目前,我国农产品质量安全标准有国家标准、行业标准与企业标准。由于制定的主体不同,相关企业的利益不同,技术标准出现冲突、不一致的地方时有发生。另外,有一些技术标准没有根据我国农业发展实际及时进行修改,有的标龄达10年以上,而西方发达国家一般三五年就要对标准进行修订。因此,我国也应该及时对标准进行修订,彻底清理我国现有技术标准。第三,完善法律责任制度。根据我国农产品质量安全监管与农产品质量安全事件的实际,应该从两个方面建立法律责任机制:① 健全农产品质量安全法律责任制度,增强其可操作性,特别是对有关农产品质量安全的规章与地方法规或规章及时进行修订。② 加大对违法企业的处罚力度,严肃处理监管人员的渎职违法行为,改变现行法律责任过轻的现状。

二、从农产品生产经营者看农产品质量安全问题及其对策

农产品生产经营者是典型的理性经济人。所谓理性经济人是指,追求利润最大化的市场经济组织或个人。无论是提供农产品的农业企业、农民个人,还是从事农产品运输或销售的企业或个人无一不是千方百计地追求利益最大化,甚至是不择手段地追求利益最大化。正如有毒有害的农产品流入消费者的餐桌,除了少数农产品质量安全事件外,无一不是农产品经营者为了获取高额的利润,故意所为。因此,研究农产品生产者或经营者主客观原因,导致农产品质量安全问题是十分必要的。

(一) 农产品生产者或经营者的主观原因造成农产品质量安全问题

农产品生产者或经营者的主观原因造成农产品质量安全问题,是指农产品生产者或经营者为了追求经济利益,通过使用违禁物质增加农产品的产量或卖相,或者滥用农药、兽药、虚假标示等行为造成的农产品质量安全问题。农产品生产者或经营者的主观原因造成农产品质量安全问题,主要有以下几种情况。

农产品优质优价尚未实现。由于我国农产品市场诚信体系尚未建立,居民收入较低,消费者购买优质农产品的意愿不高等原因,"柠檬市场"普遍存在,至今仍未真正实现农产品优质优价。有机农产品只在大城市部分超市销售(大部分超市并不销售有机农产品),在县级农产品市场及城市农产品市场销售的农产品几乎是100%的无公害农产品。这一事实充分说明,我国农产品供应者主要通过农产品数量优势获取更多的利润,而不是通过农产品质量获取更多的利润。本书的调查数据也充分证明了这一点。在对农户购买农业投入品(化肥、农药、兽药、种子等)最关心什么的问卷调查时,发现农户在购买化肥时,最关心化肥的是效果与价格,分别占被调查农户总数的53.77%和8.36%,对是否有污染几乎不关心;在购买农药时农户最关心农药的是效果与价格,分别占被调查农户总数的64.92%与29.84%,只有0.9%的农户愿意购买毒性低安全性好的农药;在购买兽药时农户最关心的是效果与价格,分别占到被调查农户的66.02%与30.84%;在购买种子时农户最关心产量与价格,分别占到被调查农户的66.32%与24.94%;在购买饲料时农户最关心的是效果与价格,分别占被调查农户的63.22%与25.83%。这些数据充分说明,我国农户主要是通过增加农产品数量获取更多的收入,而不是通过农产品质量获取更多的收入。农户过度关心农产品生产数量,漠视农产品质量,将严重影响提供安全的农产品。在农产品数量优势与卖相优势的情况下,农产品生产者在购买农业生产投入品,优先选择能增加产量或增强卖相的投入品,而很少考虑投入品是否是违禁物品,以及放任这种有毒有害的农产品流入市场。

农产品交易市场信息不对称。如前所述,农产品具有信任品、经验品与搜寻品的依次递减的特征。在农产品交易中,农产品提供者掌握的农产品质量信息比农产品消费者多。这样,农产品提供者为了追求高额的利润,便可以利用其所掌握的农产品质量信息优势,欺骗农产品消费者。因此,农产品提供者具有农产品质量信息的优势,给其获取"非法利润"创造了客观上的可能性。但这种客观的可能性要变成现实,还要取决于两个方面:其一是取决于农产品提供者的主观意志。即使农产品提供者掌握更多的农产品质量信息,但他诚实守信,依法经营,从不利用其信息优势欺诈消费者,他就不可能获取"非法利润"。而只有那些利欲熏心的农产品供给者才利用信息优势,欺诈农产品消费者。其二是农产品质量安全监管法律体系尚未建立,存在无法可依,或有法不依、执法不严,违法不究。只有农产品的供给者的主观愿望与无法可依或有法不依,执法不严,违法不究结合在一起,才可能出现农产品供给者欺诈农产品消费者的情况。我国农产品质量安全监管法律法规,尤其是技术法规虽然还不完善,但基本法律制度已经建立,不存在无法可依的情况。因此,农产品供给者欺诈农产品消费者的客观因素主要是有法不依、执法不严,违法不究。当然也有处罚力度小等原因,但这些不是主要原因。

(二) 农产品生产者或经营者的客观原因造成农产品质量安全问题

农产品生产者或经营者的客观原因造成农产品质量安全问题,是指因农产品生产者或经营者非故意的生产经营行为造成的农产品质量安全问题。

农产品生产从业人员文化水平低,影响农产品质量安全。农产品生产从业人员文化水平低,影响农产品安全生产。我国农村从业人员53 685.44万人,普遍文化水平低。据杨子刚等对吉林省305个农户调查,从教育程度上看,从未上过学的人数占被访总人数的7.21%,高中以上学历占总人数的8.20%,中小学文化水平占总人数的84.59%,这说明农户的整体文化水平普遍偏低,也就意味着农户对新生事物的接受能力差,掌握农业生产知识的速度慢,不能用发展的眼光看待农业生产,这将严重影响农产品安全生产。

农户缺乏农产品安全生产知识,影响农产品质量安全。农户缺乏农产品安全生产知识,影响农产品安全生产。本书主要从农户是否了解、是否关注食品质量安全知识,以及是否接受过关于农产品质量安全知识的培训等方面进行调查,具体调查结果如下:在被访农户中非常了解农产品质量安全知识的农户不到10%,仍有5%的农户一点都不了解这方面的知识,75%的农户知道一些农产品质量安全方面的知识;当问到是否关注食品质量安全知识时,只有22.62%的农户表示非常关注,4.26%的农户表示不关注;在调查中还发现,近90%的农户没有接受过食品质量安全方面的专业训练。这些数据反映出农户对农产品质量安全问题不够重视,相关基础知识欠缺。

农户缺乏农药兽药使用知识,影响农产品安全生产。兽药的休药期也叫消除期,是指畜禽最后一次用药到该畜禽许可屠宰或其产品(乳、蛋)许可上市的间隔时间。休药期是依据药物在动物体内的消除规律确定的。休药期随动物种属、药物种类、制剂形式、用药剂量、给药途径及组织中的分布情况等不同而有差异。经过休药期,暂时残留在动物体内的药物被分解至完全消失或对人体无害的浓度。不遵守休药期规定,会造成药物在动物体内大量蓄积,产品中的残留药物超标,或出现不应有的残留药物,对人体造成潜在的危害:一是致畸、致突变和致癌作用;二是激素(样)作用;三是过敏反应;四是环境污染。兽药的休药期根据兽药的种类不同,其休药期从0～60天不等,比如硝碘酚腈休药期为60天,左旋咪唑休药期为28天等。农药的安全间隔期,是指最后一次施药至收获农作物前的时期,即自喷药到残留量降至允许残留量所需的时间。在农业生产中,最后一次喷药与收获之间的时间必须大于安全间隔期,不允许在安全间隔期内收获作物。不遵守安全间隔期,农药就会蓄积在粮食、果菜等植物内,造成农药残留超标,危害人体健康。因此,了解作物的安全间隔期对保证粮食、果蔬的食用安全有重要意义。不同的农药喷洒在同一种植物的间隔期是不同的。比如40％乐果乳油、10％三氯苯醚菊酯乳油、50％多菌灵可湿性粉剂、25％灭幼脲悬浮剂、25％氯环三唑乳油、25％除虫脲可湿性粉剂、70％甲基硫菌灵可湿性粉剂喷洒在小麦田间,其间隔期分别是10天、7天、20天、15天、28天、21天与30天。由于兽药的休药期与农药的安全间隔期在保障农产品质量安全中具有极其重要的作用,国家历来十分重视休药期与间隔期的管理。但本书在问卷调查中发现,65.01％的农户在购买农药或兽药时阅读用药说明,68.23％的户农户关注用药效果,48.15％的农户关注价格,68.85％的农户不知道休药期与间隔期,85.30％的农户不能正确回答常用农药与兽药的间隔期与休药期,90.58％的农户不按照间隔期或休药期进行采摘或屠宰。这些调查数据充分说明,农户缺乏对农药安全间隔期与兽药休药期的相关知识,不遵守休药期与间隔期是农药、兽药残留超标的重要原因之一。

(三)解决之对策

加大对农产品生产经营者违法行为力度。农产质量具有隐蔽性的特点,决定了农产品生产经营者处于农产品信息优势地位。根据"人之初,性本恶"监管理念,农产品生经营者为了在激烈的市场竞争中,获取更多的交易机会,增加其收入,不利用其信息优势欺诈农产品消费者是罕见的。如果政府既不矫正农产品生产经营者与农产品消费者之间的信息不对称,又不加大对欺诈农产品消费者的行为处罚力度,就会激励农产品生产经营者的机会主义行为。其结果是劣币驱逐良币,农产品的质量越来越低,社会危害性越来越大,将严重损害政府的信誉。农产品生产经营者是否积极执行农产品质量安全标准,是否向市场提供优质安全的农产品,与其经济利益(收入、成本、违法行为被发现的概率和罚款)预期有着密切的关系。当其生产销售有毒有害农产品获得的收益大于处罚成本时,就会选择生产销售不安全农产品,反之,就会选择生产销售安全的农产品。因此,农产品生产经营者是否积极执行农产品质量安全标准,是否向社会提供优质安全的农产品取决于违法成本与违法收益的预期。因此,要达到生产经营者积极执行农产品质量安全标准,保证农产品质量安全,第一是矫正农产品生产经营者与农产品消费者之间的信息不对称,由市场调节农产品质量安全(矫正信息不对称见后部分)。第二是加大对生产销售有毒有害农产品的生产经营者的处罚力度。但不是二选一,而是两者同时并用。

建立优质优价制度。20世纪90年代初,我国开始发展有机食品,1994年我国成立第一个有机食品认证机构,即国家环保局南京环境科学研究所有机食品发展中心,但直到2002年有机蔬菜才进入大型超市。20世纪90年代,我国又提出绿色食品的概念,并制定了相应的标准。2001年农业部提出"无公害食品行动计划",同时制定了《无公害农产品产地环境》《无公害产品安全要求》和具体到每种产品如黄瓜、小麦、水稻等的生产标准,从2003年开始实施无公害农产品认证。这说明我国的农产品根据其品质不同,分为无公害农产品、绿色食品与有机食品,在农产品交易市场上应该实行优质优价。但事实是,我国农产品交易市场劣币驱走良币的现象十分突出,优质优价难以体现。就有机食品而言,目前市场上有两类虚假有机食品到处可见,一类是"假有机"食品,另一类是经所谓认证的"伪有机"食品。前者是指未经权威机构认证便贴上了有机标签,这种假冒的有机食品在2012年7月1日《有机产品认证实施规则》施后行有所收敛。因为,该规则规定所有的有机食品上市时,最小的独立包装上除了贴有机认证标签、认证单位等之外,还要贴有机追溯码。笔者调查发现,认证机构发证后,每年最多到产地检查两次,有些企业在幼苗的时候喷洒农药,检测的时候就很难查出来。另外,市场上还有假有机蔬菜等。后者是指,"假认证,乱发证""花钱买认证"等情况。这主要是我国有机食品认证机构背景的复杂性所造成的。目前我国有30家有机食品认证机构,其中23家从事国际认证,既有农业部、环保部等政府背景的,也有挂靠在名牌大学旗下的,还有国外背景,既有国家事业单位,也有民营企业。虽然国家规定的标准很严格,但是不同的机构、不同的检查员,在对有机食品认证时,具体执行标准时差异性很大,导致认证活动混乱,引起了社会对有机认证有效性和公信力产生怀疑。笔者在山西稷山调研时,问及农民销售用无污染的草饲养的兔子与用饲料饲养的兔子售价,他们回答价格没有什么区别。这充分说明优质不优价。部分农民之所以用草饲养兔子,其主要原因是认为自己利用业余时间割草,没有成本,用饲料饲养"成本高"。国外则不同,认证机构严格依法认证,尤其是后续检查到位,打击力度大,农产品优质优价,极大地激励了农场生产优质农产品。2001年德国有机食品消费市场占欧洲销售值达到40多亿欧元,法国、英国、荷兰、瑞士、丹麦、意大利等国家也是有机食品的消费大国。但由于各国消费习惯不同,欧洲各国消费的有机食品各不相同。如法国有机食品市场谷物占42％、水果/蔬菜占25％、酒占2％、肉禽类占3％;而英国水果/蔬菜占54％、谷物占14％、奶制品占7％;在丹麦奶制品占45％、水果/蔬菜占17％。与六年之前相比,2012年德国人购买的有机食品量增长了30％。如今,德国人在有机食物方面每年大约花费70亿欧元,人均消费额约为73.6欧元。德国用于种植有机作物的土地面积从2000—2012年间翻了一番,但德国本土生产的有机蔬菜和水果远不能满足其市场需求,每年都从奥地利、以色列和埃及等进口大量的有机食品。因此,我国要实行农产品优质优价,必须严抓"三品一标"工作,并将其视为维护我国农产品质量安全大局,推进现代农业建设的需要。目前要把好四个关口:把好入门关;把好质量检测关;把好现场检查关;把好材料审查关。只有农产品生产经营者真正体会到,只有生产经营质量安全的农产品才能够获得一定的收入,且一旦生产不安全的农产品就将失去这些收入时,才具有提供高质量农产品的积极性,才能生产优质的农产品。

宣传普及农产品安全生产知识。农户不懂生产安全农产品的科学知识,也生产不出安全的农产品。因此,目前农户在农业生产中滥用农药、兽药、植物生长调节剂、瘦肉精等除了追求经济利益外,也存在不懂农药、兽药等农业投入品的相关知识而造成的农产品质量安全事件。因此,宣传普及农产品安全生产知识就是保证农产品质量安全不可缺少措施之一。关于如何开展农产品质量安全生产知识,在农业部的部署下,全国各地进行了各种尝试,创造了各种宣传方式。但笔者在调研时发现,农户认可的最有效的农产品质量安全宣传方式有如下几种。

第一,开展农产品质量安全科技下乡活动。结合当地农产品安全生产实际,根据农产品生产阶段,有针对性地向农户宣传农产品安全生产知识,特别是如何科学施肥、用药等。这种变农产品质量安全监管为农户农产品生产服务的"监管方式",最受农户欢迎。比如,浙江某县根据乡镇农产品质量安全监管能力建设,组织农产品质量安全专家组、农产品质量安全监管机构、农技推广人员和农业执法人员,重点在蔬菜、水果、茶叶、畜产品的关键农时季节,深入田间地头,根据实际生产条件,有针对性地进行标准化安全生产技术指导,普及农资识假辨假常识,把质量安全科技知识和法律法规宣传到户,保障农产品质量安全,非常受种植户欢迎。笔者在山西稷山荆平村调研时,农民们一听到村广播站广播,镇政府聘请山西农业大学教授来村讲授葡萄安全生产知识及如何防治病虫害,不少农民们会提前赶到会议室,抢占前排座位,将整个会议室挤得水泄不通,而且每个农民似乎都有问不完的问题,但遗憾的是农民抱怨这样的讲授太少了。这充分说明农民们渴望农产品安全生产知识,希望政府有关部门采取各种形式满足农民对农产品安全生产的知识。

第二,利用社会媒体宣传农产品质量安全法及农产品安全生产知识。充分利用当地的电视台、广播电台、报纸、网络等公共媒体宣传农产质量安全法及农产品生产科普知识,也深受农民欢迎。目前全国各省自治区直辖市都建立农业信息网,广泛开展以《食品安全法》《农产品质量安全法》为主要内容的宣传,同时发布相关农产品安全生产的科普知识,增强社会各界对农产品质量安全的认识。但问题是我国农产品具有品种多、种类丰富,各地种植养殖品种差异大的特点,省级电视台与农业信息网针对性差,具有一定的局限性。因此,应该充分发挥市县电视台、广播电台、报纸、网络的作用,结合当地实际,结合当前农产品生产的环节,有针对性地宣传农产品安全生产知识及农产品质量安全法,确实解决农民在农产品生产中遇到实际问题,这样的农产品质量安全法宣传及农产品安全生产知识的普及,可能更加有效。

第三,建立农产品安全生产咨询站。在各县、乡镇建立农产品安全生产知识咨询服务站,方便农民咨询农产品种植养殖过程遇到的实际问题,但目前由于编制与咨询人员的知识的局限性,在乡镇建立咨询站有一定的难度,但在县级政府建立咨询站应该没有任何问题。另外,可以鼓励农业大学与农村对接,建立咨询服务站,政府给予相应的经济补贴。

第四,开展农产品质量安全专业知识培训。一是培训农产品质量安全监管人员,提升他们的执法素质与农产品安全生产科技知识。根据农产品质量安全监管、检测和过程控制等情况,强化县、乡镇农产品质量安全监管员、县检测人员等相关人员的专业知识培训。推行考核认可,实施持证上岗,全面提升基层农产品质量监管人员的监管能力、检测水平和技术应用能力。二是培训农产品生产经营人员,提升他们的从业素质。对农业从人员的培训,主要是利用各种形式,深入田间地头培训他们农业生产科普知识。当前主要培训农业从业人员科学种植养殖技术、规范农药、兽药等农业投入品使用,讲授各种农药使用方法及间隔期,各种兽药休药期等知识。通过农(牧)民、农民专业合作社、农业生产经营企业等推广农产品科学生产的专业知识,推进科学种植养殖,从源头上保障农产品质量安全。有条件的地方政府可以就农业生产标准化技术、农业生产病虫害防治技术、农业行政执法、农产品质量安全监管等内容聘请专家对当地所有相关工作人员进行专题辅导。

第五,其他农产品安全生产知识宣传活动。诸如举办现场宣传咨询活动。利用乡村农贸集会时间,到多个乡镇村群众比较集中的地点,采取现场咨询、板块展示宣传、张贴海报标语、印发科普读物等方式,向群众宣传《食品安全法》《农产品质量安全法》等法律、法规知识,普及农产品质量安全知识、辨别假冒伪劣农资知识等。举办农产品安全生产周或月,通过出动宣传车、张贴宣传标语、印发科普资料等方式宣传农产品安全知识与《农产品质量安全法》。

三、从消费者消费行为看农产品质量安全问题及其对策

经济学原理告诉我们,"没有需求就没有供应"。正如一则公益广告中所说:"没有买卖就没有杀戮",解决农产品质量安全问题最需要的是农产品消费者拒绝购买不符合国家食品安全标准的农产品。农产品消费者的消费行为导致农产品质量安全问题,也与农产品消费者的主观原因与客观原因不无关系。

(一)农产品消费者主观原因造成的农产品质量安全问题

从理论上讲,农产品消费者都十分珍惜自己的生命健康,都会拒绝消费存在安全隐患的农产品。但在现实生活中,农产品消费者因不良的消费习惯(实际是缺少农产品安全知识),或者基于不科学的农产品质量安全知识,助长有毒有害农产品的供应普遍存在。

在激烈竞争的农产品市场上,农产品消费者的消费观念对具有搜寻特性的农产品产生直接影响。健康的消费观念引导农产品供给者提供安全的农产品,不健康的消费观念引导农产品供给者提供不安全的农产品。农产品消费者,尤其是城市农产品消费者具有很多不健康的消费习惯,其中之一是看重农产品的卖相,比如在调味品消费方面,辣椒粉、花椒、生姜等购买颜色鲜艳的;在蔬菜消费方面,西红柿、黄瓜等购买带花或带叶的;在水果消费方面,西瓜、草莓、枇杷等购买个头大的;在肉食消费方面,越瘦越好卖;等等。这些消费习惯导致农产品生产经营者滥用保

鲜剂、防腐剂、添加剂等,造成农产品质量安全隐患。

(二) 农产品消费者客观原因造成的农产品质量安全问题

农产品消费者客观原因造成的农产品质量安全问题,是指因信息不对称导致农产品消费者上当受骗的情况。

农产品质量安全问题的直接表现就是消费者消费了低质量、不安全的农产品,导致其身体健康和生命安全受到短期或长期影响。因此,农产品消费者如果能够严把好农产品质量关,不去消费不安全农产品,农产品质量安全问题便不会产生。但问题是,农产品的信用品特征,决定了农产品消费者与农产品供应者之间存在着严重的信息不对称。农产品生产经营者处于信息优势地位,农产品消费者处于信息劣势地位。由于,我国农产品质量安全监管法律不完善,执法不严、违法不究时有发生。这又给农产品生产经营者利用其信息优势,产生道德风险提供了客观上的可能。因此,农产品供应者不仅可以通过各种媒体宣传对其销售的优质农产品进行夸大宣传,甚至千方百计隐瞒劣质农产品或有毒有害农产品的真实信息,导致农产品消费者在毫不知情的情况下,食用了有毒有害的农产品非常普遍。笔者在河南南阳进行调研的结论,也证明了这一点。当询问农民如何处理发霉变质的麦子、玉米时,有58.30%的农民回答出售,有30.5%的农民回答作饲料。在我们调查时有一个农民"自豪"地告诉我们,他曾将一死猪仔当活猪卖给他人,他们从来不吃卖给城里人的蔬菜。

(三) 解决之对策

改变农产品消费者不健康的消费习惯。农产品消费者的不健康消费习惯,是其不懂农产品安全知识,或者基于前人的消费习惯形成的。因此,改变农产品消费者不健康消费习惯,必须从宣传农产品质量安全知识入手,让他们学会如何识别不安全的农产品。政府可以利用电视台、广播、报纸、网络等多种媒体,普及农产品安全知识,教会农产品消费者如何识别有毒有害的农产品,也可以补贴出版农产品安全消费指南,免费发送到各家各户,强化农产品消费者的安全意识,提高他们识别有毒有害农产品的能力。美国、日本等发达国家就是通过普及消费者安全消费知识,迫使农产品生产经营者提供安全优质的农产品。因为农产品生产经营者非常清楚,提供不安全的农产品或有毒有害的农产品,一旦被农产品消费者识别出来,他们将无生存之空间。美国农业部与食品药品局,都在其官方网站为消费者提供咨询服务,不仅可以查询农产品质量安全信息,也可以咨询安全消费知识,深受消费者欢迎。另外,美国将每年9月确定为全国食品安全教育月,以加强对食品服务人员的食品安全训练和公众正确处理食品的教育,并建立了全国食品安全信息网络,向公众提供食品安全信息,从而提高了公众的食品安全意识,减少了食品安全事故的出现。我国可以借鉴这些国家的成功经验,开展具有中国特色、适合我国国情的农产品安全消费知识宣传,不断提高农产品消费者识别不安全农产品的能力。

矫正农产品消费者与农产品销售商的信息不对称。从农业投入品交易,到农产品生产、流通、消费,整个农产品供应链的上游所掌握的信息总比供应链的下游掌握的信息多。农业投入品的生产销售者总比农业投入品的使用者掌握更多有关农业投入品品质的信息,农产品生产者总比农产品消费者掌握更多有关农产品品质的信息。由于农产品生产经营者与农产品消费者之间存在信息不对称,无法通过市场调节得到矫正。换言之,这意味着市场本身无法通过自发调节实现经营者和消费者、经营者和经营者间的对等博弈。这种市场调节机制失灵的现象,只有通过政府监管才能得到矫正。因此,西方国家十分重视规制信息不对称问题,通过及时向公众公布农产品质量安全信息,保护公众的知情权等方式矫正农产品生产经营者与农产品消费者之间的信息不对称问题。如英国《1999年食品标准法》就规定食品标准局对其检测所获得的任何信息,除依法不得公开的外,均要求向公众公布;同时,还可以就有关食品安全问题向公众提供建议。这种制度不仅有效地保护了公众的生命健康,而且在客观上也导致了违法者商誉下降,使其产品难以销售,在某种意义上,也不失为对违法者惩罚的另一种形式。根据我国的实际情况,政府在矫正信息不对称时,可以采取如下措施:

第一,严格执行"三品一标"制度,增加检查力度与频率,确保"三品一标"农产品货真价实,同时加大打击假冒"三品一标"农产品力度,让"李鬼"无藏身之地。为了保证无公害农产品、绿色食品、有机食品、地理标志农产品货真价实,解决信息不对称问题。首先,从源头保证"三品一标"产品符合国家标准。检查获证企业是否按质量控制措施和生产技术规程进行生产管理;检查加工原辅料来源是否受控;农药、肥料等投入品贮藏是否有专人管理,是否有出入库记录;产品包装和标识是否有违法违规行为;标志管理是否严格规范;检查产地环境质量状况是否符合种植养殖的标准;病虫害的发生、防治等生产过程是否记录清晰;是否建立了产品生产、销售记录档案;产品的采收是否符合农药安全间隔期或休药期的要求。其次,加强流通领域农产品检查力度,防范假冒伪劣农产品从流通领域进入消费领域。重点对农贸市场和大型超市等销售的"三品一标"产品进行跟踪检查;检查"三品一标"标志使用情况和假冒行为,发现标志使用不规范的产品、过期使用标志或超范围使用标志产品和假冒产品,必须严格依法进行处罚;同时,根据检查情况,对超市、市场等经营单位负责人开展"三品一标"知识培训,引导经营单位建立查标验证制度,把好市场准入关。再次,建立无公害农产品、绿色食品、有机食品追溯制度,方便消费者查阅追溯信息,有效防范假冒产品的出现。农产品质量安全可追溯体系通过记录管理、标识管理、查询管理,为消费者提供反向查询和追溯,建立农产品从生产加工到消费的信息平台。通过记录管理、标识管理、信用管理、查询管理,可规范农产品供应链上各主体的行为,使其记载信息真实完整,并可以为农产品监管部门提供从上而下的信息追踪和从下而上的信息追溯平台,提高农产品质量安全监管部门的监管效率和效果。可追溯系统必须坚持对整个信息链条的严格管理,任何一个环节和节点都不能出现任何失误。因为何一个环节和节点出现了问题,都会造成整个食品供应链条的信息中断,都会严重影响到农产品信息追踪与追溯的效果。最后,加大对假冒伪劣"三品一标"农产品的处罚力度。现在假冒伪劣"三品一标"农产品比较猖獗,尤其产地标志,笔者在上海调研时发现,个别农产品批发商可以为销售商提供任何品牌的大米与食用油,想要什么包装都可以。之所以这样,是因为监管力量不足与监管不到位,处罚力度过轻所致。因此,必须加大打击假冒伪劣"三品一标"农产品的力度,修改相关法律法规增加处罚力度,使假冒伪劣"三品一标"农产品的经营者承担更多的违法成本。

第二,规范农产品标签行为,加大虚假表示的处罚力度。农产品标签是指在农产品包装容器上或附于农产品包装容器的附签、吊牌、文字、图形符号及一切说明物。农产品标签有三大作用:一是可以让消费者了解更多的农产品信息,有助于消费者选购农产品,同时也是维护消费者权益重要法律依据;二是可以帮助农产品生产经营者宣传自己的产品,扩大产品销路,同时加强对下游农产品经营者的监管,还可以迫使上游农产品经营者提供更多的信息,保证原材料的质量,保证进货质量;三是农产品质量安全监管部门实施监管的重要法律依据。标签标示真实合法,既可以解决下游经营者与上游经营者之间的信息不对称问题,也可以解决消费者与经营者之间的信息不对称问题,还可以在一定程度上解决农产品监管部门与农产品经营者之间的信息不对称问题。针对目前我国农产品标签存在的问题,监管部门应该加大对农贸市场、大型超市等农产品交易场所的监管力度与抽检频率,严查标签标识不规范行为,重点监管农产品产地标注虚假,标签内容不真实、不全面,标签表述不规范,标签字体大小不规范等。

第三,规范农产品广告宣传行为,杜绝虚假农产品广告。广告是当今社会传递信息的一种主要手段,每天向人们传递着各种各样的信息。农产品广告就是让更多的农产品消费者了解到农产品的真实品质,让农产品消费者了解到更多的农产品信息,矫正消费者与农产品供给者之间的信息不对称。不仅可以保护农产品消费者的知情权,还可以防范"劣币驱逐良币"。虚假农产品广告是指农产品广告提供的信息不完整、内容不全面、信息模糊不清、语言模棱两可、内容不真实,诱导消费者购买的违法行为。因此,打击虚假广告就成为矫正农产品经营者与农产品消费者信息不对称的主要手段之一。农产品广告监管部门要加大虚假农产品广告的监管力度,加强提高虚假广告违法成本是治本之策。首先,严厉惩罚虚假违法广告主、广告经营者、广告发布者的法律责任;其次,建议立法规定虚假广告代言人的法律责任。虽然《广告法》规定了广告主、广告经营者、广告发布者的法律责任,但《食品安全法》却规定了广告代言人的法律责任,有关农产品广告的法律法规也应该借鉴《食品安全法》的规定,明确规定农产品广告代言人代言虚假农产品广告的法律责任。

第四,建立政府为主导的农产品质量信息平台,及时发布农产品质量安全信息。农产品质量信息平台主要包括农产品质量安全信息发布体系、风险收集和交流体系、信息咨询服务体系。其主要功能是完成农产品产地环境,农业投入品使用,农产品生产、加工、运输、储藏、消费等从田间到餐桌各个环节的信息收集、加工、传递、反馈与利用,以及农产品质量安全风险信息的收集、交流和农产品质量安全信息的咨询服务,并依法发布农产品种植、养殖、生产加工、运输、贮存、销售、检验检疫等过程中的各种监督检查的结果,公布农产品品质抽查结果,发布农产品产地环境信息、农业投入品信息等。因此,农产品质量安全信息平台的建立与完善,对于缓解农产品生产、流通、消费、监管各环节之间的信息不对称有重大的意义。

综上所述,下游农产品经营者在获得上游农产品经营者提供的农产品质量存在安全隐患,而不会冒着承担严厉法律责任的风险去购销这样的农产品。特别是农产品消费者充分获得农产品质量安全信息后,不会拿自己的生命健康做赌注购买有毒有害的农产品,这就倒逼农产品生产经营者提供优质安全的农产品。因此,农产品品质信息是否对称,是充分发挥市场调节作用的前提或基础。

第八章 保健食品监管法律问题

保健食品被视为调节人体机能,提高身体免疫力的有效产品。鉴于保健食品的成分的复杂性,消费者往往不具备独立的专业判断能力,政府作为社会公共服务提供者,应当通过严格监管保障保健食品的安全可靠。本章立足于我国保健食品产业发展及法制建设的现状,针对保健食品监管法律制度的缺陷,借鉴发达国家经验,提出构建统一有效的保健食品监管体系的探索性建议。

第一节 保健食品监管的基本理论

一、保健食品监管的基本内涵

概念作为思维认识和掌握自然现象的桥梁,是认识事物的基础元素。法律概念是一种具有法律意义的概念,是认识、表达、掌握和实践法律的基础元素,是对各种法律事物、状态及行为进行概括而成的法律术语。法律概念对于法的运行和认识具有重要的意义,通过法律概念,立法者、执法者和司法者方能制定和运用法律,社会公众才能认识和适用法律。为了客观认识和评价我国保健食品监管制度,清晰发现其中问题,并科学预见我国保健食品监管制度的发展趋势和前景,有必要对保健食品监管的基本概念进行准确定位分析。

(一) 保健食品监管的概念

由于受经济制度、社会文化和民族传统的影响,目前国内外对保健食品没有统一的概念,且各国对保健食品的称谓也不尽相同。日本最早称其为"功能性食品"(Functional Food),并明确定义:"功能性食品是指具有与机体防御、机体节律调节、疾病防治、健康恢复等有关的功能因子,经设计加工,对机体有明显调节功能的食品"。[①] 美国没有关于保健食品明确的官方概念,市场上存在功能食品、健康食品或是膳食补充剂,生产经营者的市场定位和广告宣传需要决定保健食品的种类。1994年10月26日,美国食品药品管理局(FDA)颁布了《膳食补充剂健康与教育法》(DHSEA),DSHAE规定膳食补充剂是一种旨在补充膳食,但不能代替普通食品或作为膳食的唯一品种,可以是药丸、胶囊、片剂或粉末形式的产品。加拿大营养科学局将保健食品定义为:日常膳食的一部分,外部与传统食品相似,除基本营养功能外具有生理学益处或减少慢性病危险的食品。1982年欧洲健康食品制造商联合会(EHPM)对健康食品作了规定,健康食品必须以保证和增进健康为宗旨,应尽可能地以天然物为原料,在遵守健康食品的原则和保证质量的前提下进行生产。[②] 在我国保健食品的立法中,保健食品是一种声称具有特定保健作用的食品,适宜于特定人群,具有调节人体机能作用,但不以治疗疾病为目的的产品。2005年4月30日,原国家食品药品监督管理局颁布的《保健食品注册管理办法》将"以补充维生素、矿物质为目的的食品"也纳入保健食品的概念,增加"保健食品对人体不产生任何急性、亚急性或慢性危害"的限制规定,强调保健食品安全性能的首要原则。笔者认为,保健食品首先应当是一种食品,具有一般食品的共性,能够提供人体生存必需的营养物质,也具有特定的色、香、味、形,但保健食品含有一定量的生理活性物质,并通过提取、分离、浓缩或添加纯度较高的生理活性物质,使其在人体内达到发挥作用的浓度,从而具备了特定的保健功能。一般食品所不具有的功能,这也是保健食品存在的意义。

保健食品监管有广义和狭义之分,广义上的监管包括政府公权力监管、行业协会自律以及社会公众等第三方监督,狭义上的监管仅指政府监管。我国现有保健食品监管体系中主要倚重政府监管力量,即国家相关部门对保健食品安全的监督

[①] 马玉霞,张志强.我国保健食品的现状和管理对策研究[J].中国食品卫生杂志,2002(5):12-17.
[②] 方一平,苏春江,徐云.中国保健食品的结构特征及发展趋势[J].山地学报,2004(S1):98-103.

管理,主要包括对保健食品的行政许可监管、日常检查以及稽查监督等。一个系统有效的监管体系应当包括外部的政府监管以及内部的行业自律,但目前我国保健食品监管体系尚处于起步阶段,立法不规范,层次较低,建立有效统一的政府监管体系对于解决保健食品市场混乱的管理局面的难题更为迫切。故本书主要从政府监管角度来讨论我国保健食品监管法律制度建设。

政府监管的实质是政府与市场、社会的界限问题,当市场出现失灵情况(自然垄断、外部性、信息不对称、公共产品等)时,为提高资源配置效率,维护社会公平正义,政府出面干预。[1] 而政府干预往往是政府主体依据法律授权,通过制定规章、设定许可、监督检查、行政处罚等行政行为对社会经济个体的行为实施的直接控制。[2] 保健食品监管是一项系统工程,从保健食品生产企业的市场准入,到生产企业的日常监管,以及售后的安全责任监管,涉及到经济性监管和社会性监管等直接监管以及对不公平竞争的间接监管。[3] 保健食品监管需要防止无效率的资源配置发生,惩戒违反市场秩序的行为,更要保障保健食品消费者的安全、健康和卫生。保健食品的安全与公民人身健康、生命安全息息相关,政府作为社会公共资源的管理者,有建立市场秩序、维护社会稳定及实现公共利益的责任,理应承担管理保健食品的职责,保证保健食品安全,加强保健食品监管制度建设。基于保健食品的特殊功效作用,保健食品监管应当加强对其安全性和功能性的规制,以法律为载体,对生产企业在保健食品的原料选取、制造生产、销售服务等过程进行监督和管理,保护企业与消费者的合法权益,保障市场经济稳定运行。故保健食品监管可定义为,行政主体为确保保健食品安全,依法采取特定的行政行为或准立法、准司法行

---

[1] 宋华琳,傅蔚冈.规制研究:食品与药品安全的政府监管[M].上海:格致出版社、上海人民出版社,2009:162.

[2] 肖兴华,宋晶.政府监管理论与政策[M].大连:东北财经大学出版社,2006:1.

[3] 日本经济学家植草益根据政府监管的领域、性质和目标,将政府监管分为直接监管和间接监管,其中直接监管又分为经济性监管和社会性监管。这种分类方法是当前最为普遍的分类。经济性监管主要针对自然垄断与信息不对称问题,为了防止无效率的资源配置的发生和确保需要者的公平利用,通过被认可的方式和手段,对企业的进入、退出、投资等方面的活动进行监管。社会性监管是一种与传统的经济性监管相对的新型监管方式,以保障劳动者和消费者的安全、健康、卫生以及保护环境和防止灾害为目的,对物品和服务的质量及伴随着提供它们而产生的各种活动进行监管。随着社会的进步发展,对生活质量、健康安全、环境质量的问题日益重视,各国在完善政府监管制度中,对产业经济性监管逐步放松,越来越重视社会性监管的作用。社会性监管注重对消费者和劳动者利益保护以及对社会可持续发展问题的关注,社会性监管的加强在一定程度上反映了社会的进步和文明,也是经济社会发展的必然趋势。直接监管是由政府直接行使监管行为,而间接监管主要是反对阻碍市场机制发挥作用的行为,并不直接介入经济主体的决策,其为了防止各种对市场秩序和其他主体合法权益构成损害的不正当行为出现,通过法律对不公平竞争行为进行间接制约,包括对广告和说明行为的要求和监管,对违反市场秩序行为的预防和惩戒等。尽管从理论上看,不同类型监管间区分明显,但在实践中,监管类型之间并不是严格分开的。

为,对市场经济主体在保健食品原料选取、制造、生产、加工、销售、消费等一系列环节的经济行为进行的控制或干预。

(二) 保健食品监管与普通食品监管的区别

1. 保健食品与普通食品的区别

保健食品是食品的一个种类,具有食品的共性,但因为其特定的保健作用,又不同于一般普通食品。国家标准《食品工业基本术语》(GB/T 15901—1994)第 2.1 条将"普通食品"定义为:"可供人类食用或饮用的物质,包括加工食品、半成品和未加工食品,不包括烟草或只作药品用的物质。"普通食品的载体可以是膳食、菜肴、糖果、饮料等。保健食品具有一般食品所没有的特性:

第一,保健食品具有明确的保健功能,如免疫调节、延缓衰老、改善记忆等。而普通食品一般只提供营养需求(即蛋白质、脂肪、糖、维生素、矿物质、水、膳食纤维),[①]没有确定的保健功能。

第二,保健食品仅适用于特定人群,如太太口服液仅适用于更年期妇女,而普通食品是适用于所有群体。

第三,保健食品对适用剂量有明确规定,因为其中的功效成分或营养素有"量效关系"存在,服用量不够或超量服用,都可能导致健康安全问题,而普通食品不做剂量规定。[②] 所以说,保健食品是一类特殊食品,需要采取不同于普通食品的特殊监管制度。

2. 保健食品与普通食品监管的区别

虽然保健食品监管目标和普通食品监管目标是一致的,旨在确保消费者的健康、安全与卫生,维护公平的市场竞争秩序。但基于保健食品的功效作用,政府在保健食品、普通食品的具体监管制度上还是存在一定区别。

第一,在准入制度上,政府对于保健食品实行更高的准入门槛。保健食品首先要经过动物和人体试验确知其保健功能,申报并经过审查合格后取得《保健食品批准证书》。然后,在生产保健食品前,生产企业必须向所在地省级主管部门提出申请,经审查同意并在申请者的卫生许可证上加注"××保健食品"的许可项目后方可进行生产。而普通食品生产企业仅需得食品生产许可证,在实施食品生产许可制度的产品上实行市场准入标志制度,加贴 QS 标志。保健食品因其专业性,不仅

---

① 唐民皓.食品药品安全与监管政策研究报告(2009)[M].北京:社会科学文献出版社,2009:107.
② 唐民皓.食品药品安全与监管政策研究报告(2009)[M].北京:社会科学文献出版社,2009:107.

需经过严格繁复的审批程序,且在生产企业与产品上进行双重的市场准入制度,强化保健食品的准入监管。而普通食品通过许可申请同步取得企业食品生产许可证和食品质量安全生产许可证编码,相对保健食品的审批要简单容易得多。

第二,在原料管理上,保健食品实行更为细化严格的原辅料管理制度。食品原料不存在统一的概念,通常认为在"日常中有食用习惯的动物、植物和微生物"以及"从动物、植物、微生物中分离的在我国有食用习惯的",都可以用作食品原料。普通食品对于原配料的管理,主要集中在对食品添加剂的管制,严格控制食品添加剂品种和使用标准,并实行食品添加剂使用国家标准。政府在保健食品生产原辅料上实行更为细化的管理,原卫生部2002年发布《关于进一步规范保健食品原料管理的通知》(卫法监发〔2002〕51号),公布《既是食品又是药品的物品名单》《可用于保健食品的物品名单》和《保健食品禁用物品名单》,对保健食品原料的使用种类作出了具体规定。普通食品对于原料并没有进行具体品种规定,且允许按照《新资源食品管理办法》的规定来申报批准新的原料。而保健食品原辅料在普通食品原料基础上,进行限制性扩展,规定了仅可用于保健食品的物品名单。由于保健食品特定功能作用,保健食品可使用的原辅料范围比普通食品广,但政府在监管上更为严格细化,严格规范原辅料的质量标准和卫生要求,详细规定采用特殊原料保健食品的申报与审评制度,而普通食品在原料审批管理上仅笼统规定按《新资源食品管理办法》申报新的原料。

第三,在功能作用上,政府对保健食品的功能作用实行全程监管。由于保健食品具有特定的保健作用,保健食品监管尤其注重对保健功能的管理,从1996年至今,卫生部门不断完善对保健食品功能作用管理,目前允许申报的功能范围包括免疫调节、延缓衰老、改善记忆等27项。而且保健食品在注册审批过程必须经过功能学评价试验和安全性毒理学试验,提供保健食品的功能学评价报告,加强对功效成分资源的审查。同时还在标签、说明书和广告上严格规范保健食品功能作用的说明。功能作用是保健食品的存在价值,政府从注册审批到标签宣传对功能作用进行全程监管,监督保健食品功能作用的安全有效。而普通食品并没有特定功能作用,在政府监管上也较少涉及。

二、保健食品监管法律制度存在的基础

制度的构建和形成离不开两大基础支撑:理论基础和实践基础。理论基础是

制度形成的逻辑起点,实践基础是制度发展的经验依据。无论是理论基础还是实践基础都为制度的架构、发展和完善提供坚实合法的根基。保健食品监管法律制度的发展和建立同样离不开两大基础的支撑。

(一) 保健食品监管法律制度的经济基础

市场发展之初,受生产力水平低下限制,个体之间信息、能力处于同等地位,人们根据自我需要在市场上自由交易,优化配置资源,维护良好的市场秩序。价值规律在这里发挥着近乎万能的作用,它从微观上调节个体经营者的经济行为,从宏观上调节资源配置和资金流向,维护经济稳定和协调发展。当生产力水平提升时,由于市场主体天然的趋利性和盲目性,不可避免地存在着市场不完全、市场不普遍、信息不充分、外部负效应、公共产品不足、社会分配不公、存在经济周期等市场缺陷,[①]即"市场失灵"。

"市场失灵"(Market Failure)最早是由萨缪尔森在《公共支出的纯理论》中提出的,他把不合理的收入分配、垄断的外在性及失业的不稳定看作是偏离社会最优状态的三个主要方面,并将这三方面归纳为市场失灵,认为市场在这三个方面始终存在失灵之处。从20世纪70年代末以来,西方经济学界已经把市场失灵的概念扩展到广义市场失灵;广义市场失灵在科勒《经济学》教科书中是这样描述的:"市场经济显示出被叫作市场失灵的若干典型的缺点……这些缺点的任何一张清单都必定包括无效率、不公平和不稳定。"由此可见,市场失灵的主要内容包括了微观经济无效率、宏观经济不稳定以及社会不公平。[②] 当市场无形之手失灵时,市场缺陷显现,带来市场自身无法解决的问题。以庇古等人为代表的福利经济学家通过规范分析认为:垄断、外在性和社会不平等是自由竞争市场的结果却又是市场自身无法解决的问题,因此市场是存在缺陷的,无形之手是会"失灵"的,故需要依赖国家权力通过限制垄断、校正外在性和转移收入的方法来弥补这些市场缺陷,以达到社会整体福利的增长。[③] 国家通过货币财政政策和法律制度等形式来引导和推动市场经济发展,以恢复市场活力,提高经济效率,维护经济稳定和保障社会公平。

在我国保健食品行业,自20世纪80年代初声称具有保健功能的食品进入市

---

① 李昌麒.寻求经济法真谛之路[M].北京:法律出版社,2003:156-160.
② 黄海.从广义市场失灵理论谈经济法存在和发展的基础[J].当代法学,2001(6):1-4.
③ 顾功耘.经济法教程[M].2版.上海人民出版社、北京大学出版社,2006:33.

场以来,历经了时起时落,每一次的停滞与整顿都伴随着国家法治建设的萧条,每一次的发展与复兴相随着法律体系的完善。保健食品市场上存在着诸多缺陷和隐患,在保健食品行业非法添加违禁物品的情况经常发生,一些企业纯粹追逐利益最大化,为了突出产品功能擅自在产品中添加违禁物品;在未经审批或伪造许可证书情况下非法生产保健食品并投放市场的违法现象屡见不鲜;保健食品广告随意夸大,产品标签不规范等。市场的缺陷导致市场失灵,混乱的保健食品市场局面呼唤国家的法律规制和政策引导。为了扭转保健市场混乱局面,国家开始对保健食品市场进行整顿管理,从最初的"不宣传、不命名",[①]到"允许存在,允许宣传,科学依据,严格审批",保健食品逐步迎来法治管理的春天。1995年10月颁布的《食品卫生法》确定了保健食品在我国的法律地位,之后又相继颁布了一系列关于保健食品管理的配套技术标准和规范性文件,推动保健食品从自发无序的局面走向法制化发展轨道。

(二) 保健食品监管法律制度的法治基础

1. 提供社会公平与社会正义的需要

所谓"公平",指根据一定的社会标准,按照正当合理地秩序待人处事,是制度、社会活动的重要品质。公平包括公民参与经济、管理国家和社会生活的机会公平、过程公平和结果分配公平。社会公平是社会经济利益、政治利益、其他利益在全体社会成员之间平等合理的分配,它意味着权利平等、机会均等和司法公正。正义则是公正的义理,包括社会正义、政治正义和法律正义等。公平正义是现代社会追求的理想和目标,各国在重视经济建设的同时,尽可能加大对社会公共服务和社会保障的投入,重视个体机会平等,实现社会公平和社会正义的目标。

市场机制无法提供完全公平的社会公平与社会正义,因为市场力量不对等、信息不对称等市场失灵情况,市场机制自动运作将会导致"强者愈强,弱者愈弱"的情况出现,因此需要国家干预以期实现社会公平与社会正义。国家的介入管理需要法制化,否则可能导致行政垄断、行政行为滥用等政府失灵情况出现。

保健食品是一项直接关系百姓身体健康、生命安全的产品,然而因为保健食品所具有的专业性和技术性,普通消费者往往不具有辨识和判断其优劣的专业知识能力,在市场中处于弱势地位。国家作为社会公共服务的提供者,应当通过法制化

---

① 20世纪80年代,政府主管部门在对保健食品不宣传保健效果,不命名保健食品的前提下,允许保健食品的存在,并在1990年7月颁布《新资源食品卫生管理办法》以"新资源食品"的名义管理保健食品。

方式合理追求社会公平和社会正义的实现。保健食品监管的法律制度必须保证形式公平和实质公平,既要保护弱者,也要维护其他市场主体的合法权益;既要主动管理干预,又要防止行政权力滥用,保障国家在法治的轨道中对保健食品进行有效监管,实现社会公平和社会正义。

2. 法治原则的需要

《布莱克法律辞典》对"法治"的解释是:"法治是由最高权威认可颁布的并且通常以准则或逻辑命题形式表现出来的、具有普遍适用性的法律原则。"法治原则的理念是强调平等、反对特权,注重公民权利的保障,限制权力的滥用。法治原则的形式要求是指法律具有可计算、可预期和稳定、确定的特征。[①] 而保健食品监管的法制化,可以使市场主体对自己的市场行为进行预测,使保健食品监管体系、程序稳定与确立,减少国家行政机关的行政恣意和权力滥用。根据稳定明确的保健食品监管的法律规定,市场主体在法律允许的范围内进行市场行为,自主安排经营活动,杜绝破坏市场秩序的违法行为;行政机关合理正当行使行政监管权力,限制行政权力滥用,提供社会公共服务,维护社会公共利益,接受公众与法律的监督,实现责任政府和有限政府的统一。

(三) 保健食品监管法律制度的社会基础

任何一项事物的出现都与社会的发展息息相关,法律制度的存在是满足社会发展的需要。保健食品监管法律制度同样是建立也是满足对保健食品监管的需要。

1. 传统保健理论的作用

养生保健自古就有,早在五千多年的甲骨文中就有关于养生的记载,历代统治者孜孜不倦追究养生保健之道。西周时期就有关于养生管理制度的记载,《周礼·天官》记有:"医师上士二人,下士二人,府二人,史二人,徒二人,掌医之政令,聚毒药以供医事。""食养中士二人,掌和王之六食、六饮、六膳、六馐、百酱、八珍之齐。"[②]说明西周时期就有丰富的养生药膳知识,并设有专门的官员来管理药膳事务。《神农本草经》根据各种食物和药物的性味与功效,将药物分为上、中、下三品以区别不同的药食功效,这与现代保健食品的药食两用的原料选取一脉相承。中国传统养生保健之道是根植于一定世界观、人生观,与传统思想文化

---

① 顾功耘.经济法教程[M].2 版.上海人民出版社、北京大学出版社,2006:257.
② 李连达,靖雨珍.中国保健食品的优势与发展[J].中国工程科学,2003,5(5):35-39.

相互影响、相互渗透,是中华民族在长期的社会实践经验和认识中积累发展起来的,对现代社会人们的养生保健具有重要的借鉴意义。现代社会,人们对于"药食同源"养生保健之道的追求仍是热情不减,造就现代保健食品行业发展的原动力。

2. 社会对保健食品的需求

随着经济的繁荣发展和人们生活水平的提高,人们的健康消费逐年攀升,对营养保健食品的需求十分旺盛。2017 年我国营养保健品市场销售收入 2 445.16 亿元,2018 年我国营养保健品市场销售收入接近 2 900 亿元。[①] 人们自我保健意识不断增强,相对于传统的事后药物治疗模式,人们更愿意通过日常膳食的合理搭配来调节人体机能,提高人体免疫力,以达预防疾病的目的。在社会公众巨大需求的驱动下,保健食品行业迅速发展,但是消费者对于保健食品的认知有限,自身保健理论水平薄弱,政府作为社会公共利益的管理者,应当为保健食品行业的健康发展保驾护航。政府的社会管理职能需要通过对保健食品监管的法律制度来实现,以达安全和有效的目的。

3. 保健食品市场的发展态势

20 世纪 80 年代我国经济飞跃发展,人们健康观念不断增强,保健食品需求强劲,市场繁荣发展,到 90 年代,大量企业涌入保健食品行业。根据 2017 年全国保健食品市场调查资料,全国保健食品生产企业三千多家,产值 4 000 亿元。[②] 在取得市场突破发展同时,行业进入无序膨胀状态,不良厂商乘机作乱,广告宣传泛滥,保健食品市场引发消费者信任危机。由于人们缺乏对保健食品的真正了解,在保健食品的标签宣传上存在诸多问题,随意夸大保健功能和宣传疗效,且科技投入有限,保健产品科技含量低。保健食品市场进入停滞阶段,企业数量和销售额大面积缩水。1995 年,《食品卫生法》确定了保健食品的法律定位,而后国家主管部门颁发了一批保健食品管理的标准技术和规范性文件。2001 年,保健食品市场进入规范阶段。保健食品发展初期,由于缺乏对市场的充分认识,对保健食品行业的管理不到位、监管缺失,导致整个市场长期处于混乱无序局面。随着保健食品监管法律制度的不断完善,保健食品市场逐步走向成熟。

---

① 黄敬."药房下架保健品"现状调查[J].知识经济,2019(26):48-50.
② 董培智等.对中西部省份保健食品生产企业监管的建议[J].中国食品药品监管,2019(1):84-87.

第二节 我国保健食品监管法律制度的探索与实践

一、我国保健食品发展的历史沿革

任何事物的发展都不会一帆风顺,一项新兴产业的发展总是跌宕起伏,纵观保健食品产业近 40 载发展历程,大体可将其分为萌发发展、高速发展、诚信危机和平稳发展四个阶段。本节将结合保健食品产业的发展变迁讨论保健食品监管的法制建设以及行政监管特点。

(一) 萌芽发展阶段(1980—1990 年)

20 世纪 80 年代初,随着经济发展和社会进步,人们生活水平逐步提高,对于食品的需求不再局限于温饱,富余、闲适的生活使人们越来越重视对健康食品的追求,人们健康观念逐步加强,对保健食品的需求不断增加,市场上开始出现不少与传统食品相比,在形态、使用的原料上有差异,并声称有一定保健作用的产品,同时也出现一批以滋补营养、保健康复作用为主,治疗作用不显著或无治疗功效的中药产品。保健食品种类不断增加,产量逐步上升,全国性行业组织"中国保健食品协会""中国保健科技协会"相继挂牌成立,1988 年,"太阳神""娃哈哈"更是掀起国内保健品市场的消费热潮。保健食品的迅速发展使行业的生产管理监督成为了不可缺少的约束机制。

在保健食品的萌芽发展阶段,保健食品的管理监督倚重行业自律管理,两个全国性行业协会相继成立,对保健食品的发展进行初步的指导管理。而行政监管作为外部监督力量因固有的滞后性未能与保健食品产业实现同步发展。在这一阶段,行政监管力量相对薄弱,法律对于保健食品处于消极管理状态,并不承认"保健食品"概念。1987 年 8 月 18 日卫生部颁布的《食品新资源管理办法》将保食品作为特殊营养食品以"新资源食品"名义进行管理。但另一方面,在保健食品行业发展初期国家就特别注重对保健食品原料的监管。1987 年 10 月 22 日,卫生部发布《禁止食品加药卫生管理办法》以及"第一批食品和药品兼用的品种名单"共计66种，严格控制在食品中添加药品，规范保健食品产业发展。在保健食品发展初期，虽然卫生部多次在法律文件中明确规定不得对食品进行疗效和保健功能宣传，但"新资源食品"法律概念的确定实际在一定程度上肯定了保健食品的意义。《食品新资源管理办法》及相关法律文件的颁布为保健食品监管奠定了一定的法律基础。

(二) 高速发展阶段(1990—1995年)

20世纪90年代初，经济水平不断提高，人们收入增加，国家经济实力逐步增强，市场进入活跃发展状态，同时人们的生活工作节奏加快，环境污染现象日益严重，人们越来越重视健康投资，保健食品作为防御型治疗食品受到人们的青睐。在保健食品旺盛需求支配下，涌入保健食品市场的企业不断增加，实力雄厚的企业利用先进工业技艺和生产设备，不断研发出新的保健食品品种，整个市场销量不断提升，"太阳神""脑黄金"等不断创造保健食品产业的销售记录，1991年中国保健品市场突破100亿元。截至1994年，全国生产保健品的厂家从几十家增至3 000多家，产品多达28 000种，年产值从16亿多元增至300亿元以上。整个市场进入高速的繁荣发展阶段。

由于保健食品的高额利润和较低的政策壁垒和技术壁垒，大量企业争先恐后涌入保健食品市场，促进保健食品行业高速发展。与此同时，由于政府对保健食品行业的监管体系尚未建立，一些不法之徒趁机作乱，引发消费者的信任危机，整个市场无序膨胀发展。市场无序发展与行业自我膨胀倾向越来越严重，保健食品逐步偏离健康发展轨道，原卫生部虽已颁布《食品新资源管理办法》等法规，但在行政管理上并未落实到位，对保健食品的监管形同虚设。面对保健食品在高速发展中出现种种问题，业内人士开始求助于国家管理，建议国家立法加强对保健食品的监督管理。国家也开始重视保健食品的法律定位，1990年第三次全国食品卫生监督检验所所长会议上提出制定"保健食品管理办法"的建议。20世纪90年代初，保健食品市场高速发展，而行政监管体系尚未建立，法律法制建设落后，行政监管的缺失阻碍保健食品的持续发展。

(三) 诚信危机阶段(1995—1996年)

市场的无序繁荣带来了膨胀的恶性竞争，保健食品市场硝烟四起，一些企业片面追求经济效益、不讲科学质量、夸大宣传产品疗效和欺骗消费者，严重损害保健食品行业信誉,使人们对保健食品行业诚信度产生了强烈质疑。另外,当时技术落后,条件简陋,产品的安全性和功能性难以得到保证,整个保健食品市场良莠不齐,鱼龙混杂,真假难辨,进一步加深了消费者对保健食品的信任危机。

1995年,卫生部对212种口服液进行抽查,结果合格率仅为30%,保健食品市场开始从顶峰滑落,企业数量和产品销售额大幅度缩水,仅剩下1000家左右的生产厂家和100多亿元的年产值。整个市场已到了非整顿不可的地步。面对保健食品发展的诸多问题,国家开始保健食品的立法管理。1995年10月30日,全国人大常务委员会审议通过并公布实施《食品卫生法》,该法第22条、23条和45条对保健食品审批和监管作出了明确规定,首次确立了保健食品的法律地位,具有开创性意义,由此拉开了保健食品的法制化管理。1996年3月15日卫生部根据《食品卫生法》颁布《保健食品管理办法》,作为我国第一部专门性的保健食品法律文件,该办法对保健食品的定义、审批、监督管理等作出了具体规定,第一次明确保健食品的法律概念和监管原则。"市场失灵"呼吁政府有效干预,保健食品市场的诚信危机加快行政监管步伐,《食品卫生法》的颁布表明我国保健食品开始步入法制管理轨道。

(四) 平稳发展阶段(1997年至今)

为了扭转保健食品市场的低迷状况,国家加强对保健食品行业的法制化管理。为了配合《食品卫生法》和《保健食品管理办法》,卫生部随后又出台了一系列的规章制度和技术规范、技术标准,包括《保健食品通用卫生要求》《保健食品标识规定》《保健(功能)食品通用标准》《保健食品良好生产规范》《保健食品检验与评价技术规范》等,初步建立了保健食品法律法规标准体系,使保健食品逐步走上法制之路。国家加强对保健食品法律监管,同时保健食品行业自身也进入全面整顿阶段。在上一轮诚信危机中,保健食品行业全面缩水,一批技术落后、信誉低下的企业在市场竞争中破产倒闭,幸存的企业更加注重自我管理,淘汰落后的管理技术,建立产学研相结合的技术研发模式,提高产品科技含量,强化产品的宣传管理,加强企业自律性。1998年保健食品行业开始走出低谷,呈现健康发展、缓慢回升的态势。

随着保健食品的日益发展,针对保健食品法律监管力度亦不断加强。2005年4月30日,原国家食品药品监督管理局(State Food and Drug Administration,以下简称SFDA)发布《保健食品注册管理办法(试行)》,重点规范保健食品的行政审批工作。针对保健食品广告宣传,SFDA制定《保健食品广告审查暂行规定》;对于特殊原料、工艺申报审核、现场核查等规定了一系列规范性文件。原卫生部先后颁布《既是食品又是药品的物品名单》和《可用于保健食品的物品名单》等规范性文件,严格规范保健食品的原辅料管理。2009年《食品安全法》及其实施条例进一步明确保健食品的法律地位,《食品安全法》作为目前我国保健食品监管法律体系中法律效力层次最高的法律,是我国保健食品监管法律体系中的核心法,是制定从属性的保健食品管理法规、规章标准及其他规范性文件的依据,它的实施进一步落实国家对保健食品的严格监管原则。保健食品法律管理制度逐步完善,企业生产日渐规范,产业结构重新调整,行业进入了一轮平稳发展期,截至2009年10月,原卫生部和国家食品药品监管局共注册保健食品9 900个,其中,卫生部注册5 076个,国家食品药品监管局注册4 824个,2009年保健食品行业产值达1 000多亿元。

综上所述,伴随着保健食品市场的兴衰发展,保健食品监管制度从法律空白逐步走向体系化发展。从1995年第一部保健食品行业立法开始,到2013年止,我国共出台了保健食品相关法规、规章130余部,涵盖产品注册、GMP认证、执行标准、生产许可、经营许可、广告审查、市场监管、进出口管理等多个方面。这一系列旨在保证保健食品安全的法律规章制度,为我国保健食品的法制化监管提供基础。虽然,我国现有保健食品法律涉及范围较广且全,但法律建设相对经济发展现状而言较为落后,且缺失保健食品监管的专门法律法规。当前,应当加快修订现有法律法规,促进保健食品监管条例的出台,以适应保健食品行业的持续发展。

二、我国保健食品监管法律制度的现状分析

(一)保健食品的监管主体

1996年保健食品行业立法之初,原卫生部作为保健食品主管部门负责保健食品的审批、生产经营环节的监督管理;2003年,根据《国务院办公厅关于印发国家食品药品监督管理局主要职责内设机构和人员编制规定的通知》的规定,保健食品注册职能的主管部门由卫生部转为国家食品药品监督管理局;2008年,《卫生部主要职责内设机构和人员编制规定》规定,将卫生部承担的保健食品监督管理的职责划给国家食品药品监督管理局。自此,我国确立了保健食品相对统一的监管体制,

国家食品药品监管局作为保健食品监管主体负责保健食品的审批、保健食品广告的审查,由食品许可司承担保健食品注册工作,保健食品审评中心负责保健食品的技术评审工作。

(二)保健食品的行政审批制度

2003年10月10日起国家食品药品监督管理局正式履行保健食品的注册职能,保健食品的注册审批程序区分国产保健食品与进口保健食品。国产保健食品的注册审批包括检验、初审、受理、技术评审和审查批准五个阶段。申请人首先将样品及其与试验有关的资料提供给国家食品药品监督管理局确定的检验机构进行相关的试验和检测;检验机构出具实验报告后,由省级食品药品监督管理机构根据申请人的申报材料进行形式审查和现场核查;经初审合格后,报 SFDA 审批,对于符合要求的审查意见、申报资料和样品,SFDA 应当在 80 日内组织评审委员会对申报资料进行技术审评和行政审查,并作出审查决定;对于符合保健食品有关法律、法规规定的,予以注册,发给注册证书,国产保健食品批准证书文号为"国食健字 G"。①

相对于国产保健食品的注册程序,进口保健食品的注册程序标准更为统一。进口保健食品的注册申请由 SFDA 直接受理,具体程序包括检验、受理、技术评审和审查批准四个阶段。SFDA 在收到申报资料后对其进行形式审查,并根据需要进行现场核查;国家疾病预防控制中心营养与食品安全所对样品进行样品检验和复核检验;SFDA 在受理申请后 80 日内评审委员会对申报资料进行技术审评和行政审查,并作出审查决定;符合规定的,颁发注册证书,进口保健食品批准证书文号为"国食健字 J"。②

(三)保健食品的生产经营管理

《食品安全法》实施前,食品生产企业在生产保健食品前,必须向所在地的省级卫生行政部门提出申请,经省级卫生行政部门审查同意并在申请者的卫生许可证上加注"××保健食品"的许可项目后方可进行生产。③

《食品安全法》实施后,取消食品卫生许可证制度,根据生产经营活动分别由国

---

① 参见国家食品药品监督管理局:《保健食品注册管理办法(试行)》。
② 参见国家食品药品监督管理局:《保健食品注册管理办法(试行)》。
③ 参见《保健食品管理办法》。

务院质量监督、工商行政管理和国家食品药品监督管理部门颁布食品生产许可证、食品流通许可证和餐饮服务许可证。在《保健食品监督管理条例（草案）》（第二次征求意见稿）中，食品生产企业在生产保健食品前，必须获得所在地的省级食品药品监督管理部门颁发的保健食品生产许可证；经营保健食品的企业应当依照食品安全法及其实施条例的规定取得食品流通许可证。[①]

目前，《保健食品监督管理条例》尚未出台，保健食品生产应当取得生产许可证还是卫生许可证未有统一规定，暂时按照《关于贯彻实施〈食品安全法〉有关问题的通知》（卫监督发〔2009〕52号）执行。笔者认为，从行业发展趋势及法律配套性来看，保健食品生产应当实行生产许可证制度，协调保健食品与食品的生产管理制度。

（四）保健食品的日常检查制度

政府要求各级主管部门加强对保健食品的监督、监测及管理，对于已经批准生产的保健食品可以组织监督抽查，并向社会公布抽查结果。保健食品的日常检查方式包括语言交流、查阅文件和现场检查。主管部门根据《保健食品良好生产规范》《保健食品标识规定》等技术规范标准，对保健食品管理制度及其落实情况、标识标签、原料、生产过程、成品储存等进行检查，建立日常监督管理档案，对于需要整改的，应提出整改意见；对于涉嫌违法行为应移交稽查部门处理。

（五）保健食品的广告监督管理

《保健食品广告审查暂行规定》于2005年7月1日起实施，根据规定保健食品广告必须经省级以上地方人民政府食品药品监管部门审查批准，取得保健食品广告批准文号方可宣传。保健食品广告必须达到以下三个要求：必须与标签所标识的内容一致，不得虚假夸大宣传，不得涉及疾病预防、治疗、诊断等作用的词语。对于违反广告管理要求的宣传，由县级以上工商行政管理部门负责查处。

---

① 国家食品药品监督管理局：《保健食品监督管理条例（草案）》。

第三节　我国保健食品监管制度存在的问题

一、我国缺失系统的保健食品监管法律体系

自1996年《保健食品管理办法》出台以来,我国虽已先后颁布一批关于保健食品管理的法律法规,建立较为完备的法律法规体系,但仍未建立系统的保健食品监管法律体系,《保健食品监管条例》迟迟未出台,进一步限制了系统法律体系的形成和发展。

(一)"重审批、轻监管"影响保健食品监管体系建立

我国保健食品实行严格的审批注册制,企业生产保健食品要取得生产许可证和保健批号。目前我国进入第三代保健食品发展阶段,[①]保健食品在报批时要进行动物和人体实验,还需要确知有效成分的结构及含量,保健食品审批时间长、门槛高。保健食品允许申报的功能仅有27项,虽然允许新功能的申报,但是新功能申报要求经过繁复的动物和人体试食实验并形成功能研发报告,高门槛进一步限制保健新功能的研发。在严格的入市门槛前提下,政府主管部门对保健食品的质量管理和监督力度却是有限的,使得相当一部分保健食品生产经营企业生产的保健食品没有保健食品批准文号;甚至有的企业取得食品生产许可证后,不再向所在地省级食品药品监督管理部门提出申请,便擅自生产保健食品。在"重审批、轻监管"的管理模式支配下,导致企业不按照程序违规生产经营保健食品,严重破坏保健食品监管体系的协调性和系统系。我国早在2005年开始实施《保健食品注册管理条例》,严格规范管理保健食品的注册审批程序,而保健食品监督管理条例迟迟

---

① 传统上,保健食品发展大致可分成三个阶段:第一代保健食品,包括各类强化食品,是最原始的功能食品,仅根据各类营养素或强化的营养素的功能推断该食品的营养功能,这些功能未经任何实验、检验;第二代保健品是必须经过动物和人体实验,证明具有某项生理机能;第三代保健食品不仅需要用动物和人体实验来证明具有某项功能,还需要确知具有该功效的有效成分(或称功能因子)的结构及含量。第三代保健食品在我国正蓬勃兴起,代表保健食品未来的发展趋势。

未出台,以致政府的监管行为缺乏法律依据,执法力度不够,执法积极性不高,缺乏有效的法律威慑力,导致市场违法行为日渐猖獗。

(二)法律法规建设滞后、配套制度缺位

如前所述,我国虽然已出台关于保健食品注册审批、生产经营的法律法规,而在原料和辅料限制、功能申请、标签管理及广告宣传、技术标准及检测检验等方面仅有主管部门颁布的规范性文件和技术标准、技术规范,缺乏专门的保健食品监管条例,对于生产经营企业的违法行为缺乏有效的法律规制。我国在《保健食品管理办法》和《保健食品注册管理办法(试行)》里关于法律责任、惩罚制度大多是准用性规则,援引《食品卫生法》和《行政许可法》中关于生产企业违法行为以及行政不作为的惩罚措施等,缺乏专门针对保健食品生产企业不规范市场行为的惩罚规定;缺乏对保健食品虚假广告宣传中生产企业、广告商明确的责任认定及惩罚措施;缺少对标签管理的不规范、不完整行为的法律规制;对于违反GMP生产管理的企业等均未有明确的惩罚措施和监督规制。法律惩罚的缺失致使企业违法成本低,在对高额利润追求的驱动下,企业扰乱保健食品市场的行为屡见不鲜。整体上说,我国保健食品法律监管的立法层次低,立法不完善,法律法规建设滞后,缺乏完备的配套制度。

二、保健食品的标准体系亟待完善,检测技术亟待提升

完备的技术标准和先进的检测检验系统是保健食品安全的技术保障。保健食品因其本身的高专业性,对质量标准体系和检测系统均有较高的技术要求。然而,我国在保健食品标准体系和检测方面还存在诸多不足。

(一)技术标准落后

与国际标准化组织和发达国家相比,我国保健食品标准依据的方法和模式陈旧,与国际标准不接轨,以致我国保健食品在国际贸易上频频遭遇绿色壁垒,而未达到国际标准的国外保健食品却轻松进入我国市场,给消费者的健康和保健市场的安全埋下隐患。另外,我国保健食品标准没有建立在风险评估上,国内缺乏对标准基础资料的研究,使得制定出来的标准缺乏可操作性和科学性。我国现行的《保健(功能)食品通用标准》(GB 16740—1997)对保健食品技术要求、试验方法和标签

要求作出了具体规定,但是对原料重要成分缺乏具体的标准,且近年来我国保健食品行业飞速发展,新品种、新功能、新技术不断涌现,而国家标准没有与保健食品行业同步发展,更新速度缓慢,难以适用于更为复杂多样的保健食品市场。另外,标准体系的混乱、重叠和交叉与重要标准的缺位、部分标准监管空白的现象并存,增加标准技术提升难度,制约保健食品标准体系的形成。

(二) 检测体系不健全

保健食品检测检验包括注册前的试验、注册实验和监督检验,根据检验阶段行政主管部门指定不同的检验机构承担不同的检验工作。试验机构负责保健食品安全性毒理学、功能学、功效成分/标志性成分检测、卫生学和稳定性试验;注册检验机构负责保健食品样品检验和复核检验;监督检验机构负责保健食品监督工作中的检验。详细的检验分类要求足够多的检验机构来承担相应检验工作,目前,市场上光监督检验机构就达3 000多家,检测机构本身存在多、小、杂、乱现象,难以保证检测结果的科学性和公正性。其次,我国对检测技术的资金投入有限,对检测技术的研发投入不够,缺少精密的检测仪器设备、快速的检测方法和高素质专业人员。再次,《保健食品检验与评价技术规范》不够完善,技术标准过低,对于安全性毒理学检验设计不合理,技术门槛低。最后,目前我国检测机构安全性及功能学检测是依据《保健食品检验与评价技术规范》进行,由于保健食品影响因素较多,生搬硬套统一的检验方法,往往偏差较大,国家应加大对检测检验技术投入,引入并研发先进检测设备,开发先进检测技术和快速检方法,提升检验人员的专业素质,建立完善的检测检验体系。

三、保健食品的标签管理、广告宣传问题严重

与发达国家相比,我国消费者市场成熟度不高,消费者对保健食品的辨识能力弱,对保健功能概念认识模糊,多数消费者仅仅通过产品的标签标识来认识和了解产品的功效作用,在选择保健食品上容易受到广告宣传的影响,对于夸大宣传的广告没有鉴别能力。在这样的消费市场背景下,保健食品行业的健康发展需要标准化的标签管理、合理的广告宣传规制来保证消费者知情权和选择权的实现,保障消费者的健康安全。然而,《保健食品标识规定》注重对产品规格、生产日期等内容的管理,忽视对于标签的警示作用。另外,在贯彻执行上,生产企业并未完全按照标

识规定来进行产品标签管理,存在改变适宜人群、缺少食用注意事项等现象,缺乏对标签的标准化管理。

在广告宣传上,生产厂商注重宣传忽视品质,夸大宣传功效的情况比比皆是,扰乱保健食品市场秩序的现象俯拾皆是,泛滥的宣传造成产品高知名度、低信誉度的矛盾现象。现有法律对广告的管理"重审批、轻监管",缺乏对违法广告行为的法律规制,以及违法广告的生产企业、广告商的法律责任认定及惩罚措施。

四、保健食品缺乏有效的日常监管机制

(一) 企业自律性低、自检能力弱

保健食品生产企业大多规模较小、研发能力弱,无力配置先进的技术设备和专业的技术人员,自主创新能力低,保健食品功能重复,产品质量档次和附加值不高,难以形成品牌效应和规模生产。由于缺少集团化、规模化生产,小企业抗风险能力弱,在竞争中处于弱势地位容易遭市场淘汰,影响保健食品行业的稳定发展。商人的天然逐利性导致部分企业在利益驱动下违规生产,有些企业虽然通过保健食品良好生产规范的审查,但在实际生产过程中,为了节约成本在生产过程中违反保健食品良好生产规范的要求。

个别企业为了突出产品功能,擅自更改已经批准的配方,在产品中非法添加药物。如辽宁省健康伟业生物有限公司生产的保健食品"苦乐康胶囊"(批准文号:卫食健字〔2002〕第 0588 号)样品胶囊壳里含有化学药物格列本脲,按照规定食品中不得擅自添加药品,而该产品添加的格列本脲属于降糖类药物成分。[①] 生产企业违反添加药物的行为置消费者的安全于不顾,严重威胁消费者的身体健康和生命安全。另外,我国保健食品委托生产现象普遍,有数据显示,60%保健食品生产企业选择委托加工模式生产产品,委托生产作为一种双赢的生产模式深受生产企业欢迎,但委托生产双方往往责任不清,职责不明,同时生产加工环节增加产品质量风险,带来产品质量安全隐患,增加国家行政监管难度。

企业的科研水平低,自检能力弱,缺乏高端的仪器设备和专业的检验人员,导致企业无法在生产过程中及时检测、发现产品缺陷,难以在产品投入市场前发现其

---

① 常伟兵.当前保健食品中存在的问题及监管对策[J].中国食品药品监管,2006(3):52-53.

瑕疵。另外,企业标准不规范且简陋,生产企业不注重对企业标准的研究和制定工作,往往是在国家标准、行业标准基础上加上自己产品的功效成分标准即构成保健食品的企业标准,缺乏针对性,不利于企业产品的质量考核,且滞后的标准制定严重制约保健食品市场监督管理。

(二)行政日常检查工作不到位、案件稽查工作力度有限

保健食品的监管主体是食品药品管理监督部门,在生产、流通环节需要联合质量技术监督部门和工商行政部门加强对企业的监督管理。我国的行政监管重视对已出现不良损害的消除,而忽视对安全隐患排查的日常检查工作,现代政府服务职能强调预防性服务管理。现实中,在生产环节上,对于企业 GMP 管理的审查往往局限于书面审查,由于受到财力物力限制,难以做到实质检查,无法避免企业隐瞒事实,虚报谎报现象出现,给保健食品的质量安全问题埋下隐患。[①] 在流通环节,电视直销、网络销售往往成为非法保健食品的流通渠道,而对于这部分违法行为的稽查,环节复杂,难度较高,涉及多部门管理,容易出现责任推诿和监管盲区,且因为违法载体的特殊性,专门法律监管的缺乏,进一步限制行政监管工作的开展。对于普通食品宣传保健功能,假冒保健食品,标签标识不规范,广告违规等干扰保健食品市场秩序的违法现象屡禁不止,与行政部门有限的稽查力度有关,食品药品监督管理局应当联合工商行政部门加强对保健食品质量安全的排查工作和对违法案件的稽查力度,加强产品的专项抽检制度,规范稽查工作程序,避免在执法过程中出现违法现象。

第四节 关于完善我国保健食品监管法律制度的建议

完善我国保健食品监管法律制度,是解决当前保健食品存在问题的现实需要,也是我国保健食品国际化发展趋势的必然要求。完善我国保健食品监管法律制度

---

① 周玉涛.保健食品监管的无奈[J].首都食品与医药,2009,15(1):13-15.

可以借鉴发达国家的经验,但更要重视与本国实际情况相结合,针对我国现存问题缺陷提出行之有效的建议。本节主要通过分析我国保健食品监管工作的基本思路,对比保健食品监管与食品安全监管法律制度,提出构建统一有效的保健食品法律监管体系的建议。

一、完善我国保健食品监管法律制度的思路

(一) 强化立法,有法可依

完善的立法,是确定政府、企业和市场职责的前提,只有存在明确的法律依据,才能实现政府依法行政、企业依法经营和管理的目标。保健食品是一个涉及社会多领域、多部门和多环节的复杂系统,需要完善的法律制度来保证行业的有序发展。我国保健食品发展于改革开放时期,在一个变革的时代中成长,注定面临着复杂多变的社会问题,更需要系统的法律支撑。系统的保健食品监管法律体系需要一部涵盖保健食品各个方面、各个环节,对整个保健食品监管体制、各主体职责权限作出具体规定,并能协调好与其他法律的关系,而后,依据此法和相关法律,逐步制定出其他相关配套的具体法律法规。目前,我国保健食品立法层次低,缺乏保健食品监督管理条例,仅存在零散的管理办法和注册管理办法等部门规章,导致保健食品监管工作开展无明确法律依据,制约政府行政职能的发挥和企业生产经营的拓展,阻碍保健食品行业的健康发展。因此,当前要加快保健食品监督管理条例的出台,明确保健食品的品种监管、保健食品企业的生产经营管理以及政府的监督管理措施等,落实各参与主体的职责。同时,要加快配套措施的建设,制订或重新颁布有关的规章,建立健全保健食品监管法律体系,推动保健食品监管在法制轨道上健康发展。

(二) 协调管理,明晰职责

一个权威统一的主管部门可以明确保健食品监管的责任主体,加大监管力度,增强责任意识,整合资源,协调行动,对保健食品生产、流通、销售的全过程的安全性问题,进行监督、检查、管理、执法,避免多部门分散管理造成的工作漏洞和浪费资源,缺乏威信,相互争权、推诿的弊端。

2003 年以前,保健食品主要是由卫生部门负责监管;2003 年机构改革后保健

食品的监管机构涉及食品药品监管、卫生、质检、工商、出入境检验检疫、海关等多个部门;2008年,新的机构改革方案又明确规定,国家食品药品监督管理局负责保健食品的监督管理,法律另有规定的从其规定。在监管机构上,保健食品确立了统一的监管模式,由食品药品监督管理局作为保健食品的监管机构,统一监管可以有效克服分散管理带来的资源浪费和工作漏洞,保障效率监管。从保健食品管理主体的变更状态可以看出监管工作并不是简单的机构设置,完善的保健食品管理制度需要其他部门的配合,比如工商部门负责保健食品违法广告的查处,生产经营企业营业执照的发放,卫生部门负责相关标准制定工作。建立有效统一的保健食品监管体系应当要协调好食品药品监督管理局与其他部门间的关系,在合作基础上明晰各部门职责,协同配合而又各司其职,方能实现保健食品的有效监管。

(三) 明确标准,严格执行

保健食品的质量安全关系到百姓身体健康和生命安全,把好质量关是当前监管工作的重中之重。制定和实行严格的保健食品标准是保证保健食品质量安全的首选之道。目前我国保健食品行业实行《保健(功能)食品通用标准》(GB 16740—1997),根据 GB 16740—1997,对保健食品原料和辅料、食品添加剂的都实行国家标准或行业标准。由于大多数保健食品所用的原料、生产工艺、产品剂型等较为复杂多样,国家和行业应当加强对其标准规范管理,提高产品入市门槛,落实企业贯彻执行标准生产经营。国家组织对标准的背景研究以及对国际标准的分析,以提高我国保健食品标准的整体水平;制定完善保健食品的国家标准,并加强标准的宣传,提高企业自觉性,引导企业按标准规范生产经营,形成科学、合理的食品标准新体系,为确保我国保健食品安全、提高我国保健食品质量和竞争力打好技术基础。

二、构建统一有效的保健食品法律监管体系

我国保健食品法律法规体系自1995年逐步发展起来,目前已经建立了一套涉及注册申请、标签管理及广告监督、检测检验及技术标准等的规范体系。它在保证保健食品质量、保证人民身体健康和生活质量上发挥了有效的作用,但与日本等发达国家相比,我国保健食品法律监管体系有待完善。我国应加强保健食品监管管

理,构建统一的保健食品法律监管体系。

(一)建立和完善保健食品监管的法律、法规体系

1. 加快推进《保健食品监督管理条例》的出台,完善配套制度

《保健食品监督管理条例》是保健食品法律监管的核心法律,是政府开展行政执行的法律依据、企业规范生产经营的导航、人民身体健康的保障。2009年6月1日《食品安全法》的实施,对保健食品的监管提出更高要求。当前应提高社会各界对保健食品监管条例的兴趣和关注,引导公众积极投入对《保健食品监督管理条例(草案)》(第二次征求意见稿)的讨论,政府组织专家学者研究国际法规,集思广益,加快《保健食品监督管理条例》的出台。随着经济发展和科技水平提升,保健食品的新品种不断涌现,产品的科技含量也逐步提升,对保健食品监管提出新考验。为了应对挑战,政府要加强保健食品配套法律制度建设,修改、完善和制定产品注册、生产许可、现场核查、检验机构认定等方面的规章和规范性文件,建立覆盖保健食品原料、注册、生产、销售、进口等各个环节的系统的法律监管体系。

2. 加快法律衔接,落实保健食品许可证问题

目前我国处于新旧体制交替阶段,尚未建立与新体制配套的法律法规体系。2008年国务院转变保健食品监管的主管机关,将卫生部承担的保健食品监督管理的职责划入国家食品药品监督管理局。2009年,《食品安全法》取代《食品卫生法》成为我国食品管理的核心法律,它对保健食品监管提出更高的技术要求和法律要求。职能部门对保健食品的监管处于衔接过渡阶段,需要各行政部门的沟通配合和完备的法律衔接。法律交替造成制度的不稳定,当前保健食品的生产应当取得卫生许可证还是生产许可证未作明确统一规定,造成保健食品管理的困难。应当尽快制定相应法规文件明确许可证问题,加快法律衔接,同时加强部门间沟通和配合,开展部门研讨,积极解决模糊难题,界定监管界限和职责,避免监管交叉和空白,促进部门间职能交接。笔者认为,借助保健食品许可制度过渡时机,应根据保健食品的专业特殊性,进一步完善保健食品的许可证管理。实践中,由于保健食品生产条件的特殊性,保健食品卫生许可证已经超过食品生产许可证范围,却缺乏有效的专业管理,使得公众容易混淆保健食品、食品与药品。保健食品许可证管理可以参照药品管理方法,取消保健食品卫生许可证,根据保健食品的专业性设立保健食品生产许可证和经营许可证。这样可以清晰界定保健食品与普通食品的区别,有效消除公众的误解,落实保健食品许可证问题。

(二) 建立科学公正的技术标准、检测方法和技术评审机制

1. 加快推进标准体系建设

建设完备的保健食品标准体系,首先,行政主管部门加快推出与国际标准接轨的国家标准,组织专家学者对技术标准的前提和国际标准的研究,开展原料标准研究工作,启动食品添加剂中保健食品标准研究工作,修改现行的通用标准,进一步明确相关指标需要,建立以风险评估为基础的标准体系,根据影响保健食品的关键因素和危害程度来划分等级,进行风险分析,提高技术标准的操作性和科学性。其次,生产企业要跟随保健食品的发展,及时更新企业标准,提高技术标准,并加强标准的执行自觉性,积极按照标准进行生产经营,严格把握产品原料的标准和生产卫生标准,实现在生产、加工、销售全过程的标准化管理。最后,整合企业标准和国家标准,保障企业标准不低于国家标准,协调统一标准,保证标准的实施和保健食品的质量安全。

2. 完善检测检验体系建设

检测检验技术应随着标准的提高而提升,当前,保健食品科技含量逐步提升,技术标准不断提高,对检测检验技术提出更高的要求。首先,国家应重点支持检验体系建设,增加财政投入和资金支持,开发快速、便携式的检测方法,制造先进检测设备仪器,培养专业检测人员,提升检测水平和专业度。其次,加强检测检验的规范工作,制定保健食品检验机构的配置规范、检验机构认定工作程序。规范检测检验机构,整合机构资源,避免机构的重复建设和资源浪费。最后,发挥企业的自检能力和中介检测机构的作用。企业在生产过程中进行自我检测,提高产品的合格率,严把产品质量关。充分发挥中介检验机构的作用,分享资源,弥补检测能力的不足。值得注意是,国家要加强对中介检验机构的资质认证,保证检验水准和检验结果的公正性。

3. 尝试推进灵活的安全性毒理学评价和功能学评价机制建设

我国保健食品的评价机制较为呆板,虽然规定了产品原料为传统食用类型且以通常的加工方式生产的产品不需进行安全性毒理学评价实验,但是产品的原料往往具有多样性,很难单纯使用该规定,致使该规定流于形式。我国可以借鉴日本在安全性毒理学评价和保健功能学评价方面的灵活管理方式,日本厚生劳动省要求对特定保健用食品的安全毒理学评价和保健功能评价进行动物和人体试验,证明产品安全无害。但因为安全性毒理学评价和保健功能评价的专业性和复杂性,

厚生劳动省对安全毒理学评价和保健功能评价只规定指导原则，没有制定必须遵循的评价程序和具体的实验方法，把保健食品产品的责任转移给生产经营企业转移，扩大企业的自主责任意识。但是，对于足以影响食品质量的成分检测评价应当还是由主管机关确定的检验机构进行。我国亦可参考日本模式，放权于企业，仅对评价机制进行原则性规定，在评价程序、实验方法上进行示范指导，尝试建立灵活的功能学评价机制，一方面可以减少政府的行政责任，另一方面督促从事检验与评价的机构和企业严格自律。

4. 强化技术支撑体系建设

在监管工作中对假冒产品的鉴定，功效成分的检验等需要先进的技术为支撑。建立保健食品专家委员会、修订功能评价规范和安全性毒理学评价规范，提高保健食品准入门槛。国家加大资金投入，重点支持技术研发和技术管理，加强对保健食品生产工艺管理，摒弃落后的生产方式，淘汰市场上混合、拼装类产品，提高产品的科技含量和功效作用。国家或行业组织制定技术标准，在现有技术评审机构基础上，建立和完善技术评价、技术检测、技术监督机构，形成系统的保健食品技术支撑体系。

5. 建立和完善风险控制体系建设

保健食品的质量安全关系公众身体健康和生命安全，风险控制体系是保证保健食品安全的有效途径。国家可借助食品安全风险监测制度加快开展保健食品风险监测工作，系统而持续地收集保健食品中有害因素的监测数据及相关信息，并进行综合分析和及时通报，同时加强对保健食品的抽检监督，尽早发现和处理保健食品及其原料中存在的不安全因素，建立保健食品不良反应个案报告制度和重大事故报告制度，建立保健食品安全事故的数据库，强化风险监测和风险评估的基础。根据职能分工，卫生部门负责食品包括保健食品安全的风险评估工作，风险监测工作由食品药品监督管理局统一组织开展，风险评估和风险监测工作是保健食品风险控制体系的重要内容，主管部门间要加强沟通协作，互通信息，共享资源，建立和完善风险控制体系。

（三）建立保健食品的分类许可和品种监管模式

我国对保健食品实行严格的行政审批制度。无论是国产还是进口保健食品，均需经过烦冗的行政审批程序后方可在中国上市，繁琐的行政审批费用高、耗时长，不利于企业对于新产品的研发和生产销售，以致有一批没有拿到行政批号的保健食品作为特殊食品在市场上销售，处于管理的灰色地带，不利于保健食品市场的稳定发展和政府监管体制建设,也在一定程度上阻碍新产品研发和技术提升。在国际社会上,保健食品的监管模式不尽相同,美国等发达国家市场成熟度较高,实行较为宽松的监管模式,在保证国家行政监管落实同时又增加企业自主性和责任感,形成较为完善的管理制度。笔者认为,要完善我国保健食品的监管模式,在立足于我国市场基本情况的基础上,可以借鉴发达国家的监管经验。

1. 国外的行政许可监管模式

日本的保健食品法律制度发展较晚,但是发展迅猛,目前已建立较为完善的保健食品监管法律体系。1991年日本《营养改善法》规定"特定保健用食品"(FOSHU),其含义是:"凡食用者可望获取标签上标明的保健功效的,属于特定保健用食品。"[1]2001年4月1日,日本厚生劳动省颁布《保健机能食品制度》,该制度将保健食品分为特定保健用食品和营养机能食品,并进行分类管理。前者是指适用于特定人群食用,用于特定的保健目的、能够标示保健效果的食品。对具有功效性的特定保健用食品,厚生劳动省实行审批许可制度。而对于旨在补充人体日常必需营养成分的营养机能食品,日本厚生劳动省实行备案管理。2005年1月,厚生劳动省颁布新《保健机能食品制度》,增加"条件许可型特定保健用食品",并定义为"具有一定保健作用,但是保健作用的机理不够明确、有效成分的检测尚不清晰的保健机能食品"。[2] 由此,日本的保健机能食品分为特定保健用食品、营养机能食品和条件许可型特定保健用食品,并实行不同审批方式和分类管理模式,特定保健食品实行审批制度,厚生劳动省根据申请资料进行审查,对于符合具体要求的产品,可获批标示保健功能;而对于符合厚生劳动省制度要求的营养机能食品实行备案管理;条件许可型特定保健用食品要使用特定保健用食品标识,必须在上市前经厚生劳动省批准,并获得"条件许可型特定保健用食品"证书。相对于我国严格的保健食品行政审批制度,日本的分类许可模式有效提高行政许可效率和灵活性,简化的行政程序可以提高企业参与的热情度和积极性,促进保健食品市场的有序发展。

美国保健食品行业发展早而迅速,早在20世纪90年代,美国保健食品市场以20%的速度递增。1990年11月8日,美国国会通过《营养标签与教育法》(NLEA)管理在标签上宣称具有健康作用的食品的"健康声称"。1994年10月26日美国食

---

[1] 陈君:《功能性保健食品管理模式》,http://www.masterkong.com.cn/EnterpriseInformation/NewsCentre/IndustryNews/256.jsp(2011年2月10日访问)

[2] 刘长喜.我国保健食品的理论与实践研究[D].北京:中国中医科学院,2006:78.

品药品管理局(FDA)颁布了《膳食补充剂健康与教育法》(DHSEA),DSHAE 规定膳食补充剂是一种旨在补充膳食,但不能代替普通食品或作为膳食的唯一品种,可以是药丸、胶囊、片剂或粉末形式的产品。当膳食补充剂危害消费者健康时,消费者可以提起索赔,生产商要承担损害赔偿责任。DSHAE 对保健食品实行较为宽松的管理,"生产者可以宣称其产品对人体营养有好处,但不能有关于疾病的诊断、减轻、治疗和治愈的声称"。[①] 美国保健食品由食品药品管理局负责监督管理,对于保健食品的行政许可制度,美国实行企业负责的备案制。在安全审查上,规定使用新的膳食补充剂成分无需进行上市前审批,但必须在上市前至少 75 天向 FDA 提交通告或资料证实该产品"有理由看作是安全的"。对于标签管理,有三类声称可以用在膳食补充剂的标签上,包括健康声称(Health Claims)、营养素含量声称(Nutrient Content Claims)和结构—功能声称(Structure/Function Claims)。对于健康声称实行行政审批许可制度,而对于结构—功能声称只需在产品上市后 30 天内向 FDA 备案即可。美国的备案制可视为有条件的备案,要求申请人必须提交资料证明其产品是安全的。另外,美国对于标签的规范管理,也值得我国借鉴,关于这部分的分析和借鉴将在建构良好的保健食品宣传体系对策上进行重点论述,此处不赘述。

2. 借鉴域外经验,完善我国保健食品监管模式

在我国,保健食品指:"声称具有特定保健功能或者以补充维生素、矿物质为目的的食品。"但市场上还存在一种添加某种或数种营养强化剂而制成的食物,即适用于特定人群食用的强化食品或特殊营养食物。对于这类食物,我国保健食品功能未加以涵盖,使得这类产品缺乏有效政策引导,不利于产品投放市场。可以借鉴日本营养机能食品的管理模式,将这类产品也纳入保健食品概念中,实行备案制管理。对于一些保健食品及其原料的安全性和功能可以通过通用指标进行评价的产品以及营养素补充剂,也可以借鉴日本、美国管理模式实行备案管理,采用事前备案事后监督模式,可以减轻行政主管的审批压力,减少产品投入市场时限,提高工作效率。同时对于其他的保健食品实行审批制度,进行保健食品的安全性毒理学试验、功能学试验,保证政府对于直接关系人民身体健康产品安全的有效监控。

2009 年 10 月 29 日,SFDA 公布的《保健食品监督管理条例(草案)》(第二次征

---

① 吴榜华.美国保健食品考察报告[J].吉林林业科技,2005(3):43-47.

求意见稿)拟定:"国家对保健食品实行注册管理;但是,对产品及其原料的安全性和功能可以通过通用指标进行评价的保健食品,实行备案管理。"由此观之,实行分类许可和品种监管模式是我国保健食品行政监管的趋势。面对日渐成熟的国内消费市场,根据保健食品特性和作用,实行备案制和注册制分类管理,建立保健食品的分类许可和品种监管模式,一方面保证政府对隐患产品的监管力度,另一方面加强企业责任感和行业自律性,灵活的行政监管有利于政府在社会主义市场经济中充分发挥宏观调控作用,促进国民经济稳定发展。

(四)规范保健食品的宣传管理

1.严格规范保健食品的标签管理

目前我国保健食品市场宣传违规现象严重,消费者市场较不成熟,应当加强对保健食品的标签宣传管理。国际社会上,发达国家在宽松的保健食品监管模式下严格规范保健食品的标签管理,监控标签的功能声称,规范企业的日常行为,保障市场的有序运行。分析发达国家的标签管理制度,有利于我国规范保健食品的标签管理。

美国膳食补充剂既不实行注册管理,也无需FDA审批,但是对于膳食补充的标签管理严格,膳食补充剂要求产品包装上除了标注产品基本信息外,还要有成分标识和营养标识。在标签声称上,有三类声称可以用在膳食补充剂的标签上,包括健康声称、营养素含量声称和结构—功能声称。根据1990年11月8日颁发的《营养标签与教育法》(NLEA)规定,FDA企业使用健康声称进行审批许可,即在申请书中提出健康声称的资料证据必须经过FDA审查后,方能授权认可该食品和膳食补充剂的健康声称。NLEA允许生产商在标签上说明食物中营养素含量水平,即营养素含量声称,生产商可以用无、高、低等量词来表示营养素含量声称,也可以通过与其他食品中营养素含量的比较来表示营养素含量水平。而生产企业使用结构—功能声称无需经过FDA审批,只需在产品上市后30天内报FDA,并在产品上标识"本声明未经FAD评估,本产品不得用于诊断、处理、治疗或预防疾病"即可。美国分类标签管理从源头上保证对保健食品功能宣传的监督。标准化的标签管理有利于产品的合理宣传,便于消费者识别和选择,维护保健食品市场秩序和帮助政府日常监管。

欧盟国家也强调食品的营养和健康声称。为了规范和统一欧盟成员国食品营养和健康声称,2006年12月20日,欧洲议会和理事会通过了《欧盟营养和健康声称法规》(EC)No1924/2006,主要适用于标签、宣传材料和广告等食品商业信息,旨在确保产品在包装宣传上向消费者提供准确的营养资料。该法规要求营养和健康声称的广告、促销手段和标签内容必须真实,该法规重点对不同种类的"声称"进行了明确区分和定义,主要包括"营养声称"和"健康声称",其中"健康声称"又分为"一般健康声称""降低疾病风险声称"和"儿童生长发育健康声称"等,并分别制定了相关程序和规定。

我国2003年5月1日实施的《保健食品检验与评价技术规范》规定保健食品功能共有27项,包括辅助改善记忆、降血脂、降血糖、缓解疲劳等。《保健食品标识》规定产品包装标签上保健作用必须与《保健食品批准证书》上载明的保健功能内容一致。可以说,在现行法律框架内,保健食品标签仅对保健作用进行27种法定的功能声称,而27种功能作用在保健食品行政审批过程中必须经过功能学检验和评价合格后方予核准,也就是说我国保健食品标签上标识的保健作用在产品注册过程中一并通过严格功能检验和评价。某种程度上说,保健食品标签标识的"保健作用"实施和产品注册一样严格的行政审批程序。当前我国消费市场较不成熟,而功能类保健食品对人体的作用影响较大,国家应当对其进行严格的审批管理,把好产品质量关。

我国市场上还存在一类"补充维生素、矿物质为目的食品",即"营养素补充剂"的保健食品,其功能表述包括补钙、铁、维生素等二十多种功能。对于营养素补充剂类保健食品可以借鉴欧美国家经验,无需进行严格的事前注册程序,而是实行标准化标签管理,适当允许标签对产品健康作用进行具体的声明,对于具体声明可以根据功效作用进行级别分类,区分"健康声明"和"营养声明",对于脂溶性维生素、微量元素等营养素,过量摄入或摄入不足均对人体健康具有较大影响的,适用标签审批许可的"健康声明",在上市前需提交资料经SFDA审查批准后方可标识该声明;而对于日常营养补充类的"营养声明"在上市后应及时向SFDA备案,无需经过事前审批即可标识声明。

故笔者认为,我国保健食品标签管理可以从立法上分为保健食品类的"功能声明"和营养素补充剂的"健康声明""营养声明"。"功能声明"需在保健食品注册过程中经过功能学试验(包括动物实验和人体试验)合格后,根据SFDA颁发的批准证书所载的保健功能来标识保健作用;营养补充剂的上市根据前述的建立保健食品分类许可和品种监管模式的建议,无需经过行政审批,但"健康声明"应经SFDA审查核准后方可在标签上标识,而"营养声明"可直接在产品标签上标识,只需事后向 SFDA 备案。另外,对于所有保健食品应明确产品标签宣传的警示"本产品不得用于治疗和预防疾病"。建立标签管理的索赔制度,若生产商未规范标签管理,虚假标识营养成分,导致消费者误食,损害消费者合法权益,生产商应为其未尽到注意管理义务或侵权责任承担损害赔偿责任。标准化的标签管理模式可以简化产品的行政审批程序,提高行政效率,有利于加强产品标签标识的监管、信息公开和接受公众监督。

2. 加快清理虚假广告宣传

虚假、夸张广告宣传充斥整个保健食品市场,一方面侵害消费者的合法权利,造成信任危机,导致行业信誉下降,同时置消费者身体健康和生命安全于危险中;另一方面虚假广告是对传统商业道德的挑战,破坏公平、自由、公正的市场竞争环境,虚假广告闯入市场势必占用社会公共服务,将大量合法的产品或服务挤兑在市场之外,浪费社会资源,对保健食品乃至国民经济的发展造成严重负面影响。若不加以惩治,后果将不堪设想。

理论上讲,整治保健食品行业虚假广告需要完善的法律依据,立法者应加强对广告监督配套措施建设,避免法律的空白地带,同时确保立法的质量,加强立法与执法、司法的协调配合,实现法律的最大利益。实践上,食品药品监督管理部门应联合工商行政部门、广告行业协会开展虚假广告整治行动,加大惩治力度,提高虚假广告违法成本,印发《违法保健食品广告公告》,建立保健食品广告诚信档案,明确落实保健食品生产商和广告商的法律责任。

3. 加强宣传教育,引导消费者理性消费

我国保健食品消费市场尚未成熟,消费者对保健食品的认识水平和程度有限,政府要加强保护市场弱者的合法权益。首先,政府和社会媒体要加强对保健食品专业知识的培训和宣传,定期开展保健食品知识宣传会,提高消费者专业素养,引导消费者理性消费,同时要严禁借开办健康宣传会形式来推销产品的情况出现,规范行业经营行为。其次,企业和消费者信息往往不对称,由于社会诚信缺失,消费者的知情权难以得到保证,实行消费者信息强制披露制度,对于影响消费者健康和安全的保健食品原料、成分等进行定期披露,保证消费者的知情权。再次,要加强消费者的自我保护意识,当合法权益受到侵害时,鼓励并支持消费者采用法律武器,通过诉讼、仲裁等形式维护合法权益,打击生产商不良行为。最后,建立保健食品的救济机制,降低诉讼成本,提高执法效率,建立有效的索赔机制,创造良好的社会监督环境。

（五）建立健全保健食品日常监管机制

1. 落实对生产企业的日常监管制度

加强对保健食品日常监督检查,可以规范保健食品市场秩序,保障产品质量安全。保健食品生产企业的日常监管包括企业的自我检查和食品药品监管部门的日常监管。食品药品监管部门主要通过查阅文件和现场检查来实现对生产经营企业的监管,包括对原料、标签标识、生产过程、成品仓储以及委托生产等进行检查。主管部门应提高行政执法人员的执法水平和素质,按照《保健食品经营企业日常监督现场检查工作指南》的规定,规范监管行为,加大执法力度,严惩违法行为,建立日常监管档案,加强对不良记录生产企业的监察频次,对于违法行为应当移送稽查部门依法查处。

在企业的自我检查方面,国家可以制定相关政策和标准指导,引导企业在日常生产经营中加强对生产卫生条件、标签管理及品质管理方面的自我检查,建立企业生产的内部监管体系。行业可以定期开展企业自我监管的交流研讨会,交流信息经验,提高企业的自我监管水平。强化企业的自主责任,规范生产经营,保证产品的质量安全。

2. 严格保健食品的 GMP 管理

GMP 作为国际社会公认的管理方法,被许多国家广泛运用于国际贸易,并作为国际贸易的参照准则。发达国家地区对保健食品实行 GMP 管理,对保健食品的生产过程、原料选取、品质管理等进行规范。为了保障保健食品安全质量,我国于 1999 年实行《保健食品良好生产规范》(《保健食品 GMP》),并适用于整个生产过程。生产企业应当严格贯彻《保健食品 GMP》,食品药品监督管理局加强对保健食品的审查,按照 GMP 具体条款通过资料审查和现场审查的方式对产品卫生安全进行严格监督,并出具 GMP 审查报告,监督生产企业贯彻落实 GMP 管理,保证保健食品的质量安全,为消费者提供安全可靠的保健食品,促进保健食品行业的健康发展。

3. 重视和发挥行业协会的作用

发达国家行业协会在规范行业行为、管理行业市场方面发挥着重要作用,行业协会作为国家和企业的中间桥梁,在行业规划、行业监督、信息交流以及法律法规的制定方面发挥重要作用。全日本自然健康食品协会在日本保健机能食品方面的成功管理经验值得我们借鉴。行业协会的自律作用一方面可以弥补政府在法律监管上的局限性,弱化政府的行政职能,强化政府的公共服务意识,另一方面可以规范行业行为,强化企业自律性和自我管理意识。

国家要加强对行业协会的政策支持和技术培训,为行业协会的发展创造宽松的社会环境,制定相关的配套制度,为行业协会发展配置人才资源,充分发挥行业协会的导向作用,协助政府引导企业规范生产经营。同时行业协会要加强自律性,作为政府和行业、企业的纽带和桥梁:第一,要积极参与到法律法规的制定工作中,加强法规的宣传贯彻工作;第二,加强行业自律性,强化企业诚信建设,参与维权活动,为消费者提供服务,发挥第三方的社会监督作用;第三,针对行业热点问题,展开调研工作并提出有效的对策,推动保健食品行业的健康发展。发展行业协会已成为国际社会的发展潮流,我国应当重视和发挥行业协会的作用,建立政府监督和行业自律相结合的管理模式,为我国保健食品行业的健康有序发展提供良好保障。

第九章 转基因食品安全监管

美国是转基因食品最早上市的国家,由于其转基因技术发达,且是食品输出大国,以"实质等同原则"作为对转基因食品安全立法的准则。欧盟转基因技术落后于美国,且进口食品多,以"风险预防原则"作为其转基因食品安全立法的首要原则。我国虽然对转基因技术的应用已有20余年的历史,但由于我国转基因技术相对不发达,加上党和政府一贯对人民健康和环境安全高度负责,因此,我国对转基因食品安全采取更为严格与谨慎的监管,并以此作为我国基因食品安全立法的基本原则。

第一节 转基因食品安全概述

一、转基因与转基因食品

(一)转基因技术

在过去的漫长的耕种历史中,人类从单纯的靠天吃饭,到慢慢认识到作物的遗传特性后开始尝试对作物进行基因改良经历了一个长期的过程。但在转基因技术出现之前,人类对作物基因的改良依靠的是作物自然突变产生优良基因等自然选择的利用。

转基因技术也叫生物技术、基因工程,是指科学家将基因(DNA)从一个有机体内移植到另一个有机体内以转换成所期望的特性的过程。① 基因工程是按照科学的原理,有目的、有计划地促使物种间的基因流动,并使流动基因在移居物种内能继续发挥作用的技术,是分子水平的基因资源创新。基因工程技术的出现创造了许多地球上从未出现过的动物和植物。②

转基因植物和转基因动物的出现,使人类的美好生活得到了更切实的物质保证。以转基因生物为基础开发植物的最初目标是改进作物保护,主要目的在于通过增强对由昆虫或病毒引起的植物病毒抗性或通过增强对除草剂的耐受性提高植物保护水平。通过从引起植物病的某些病毒中引入一种基因纳入粮食作物,从而实现抗病毒抗性,抗病毒抗性使植物不易受这些病毒引起的疾病影响,使作物产量更高。③

(二) 转基因食品

转基因食品英文简称为 GMF,即 Genetically Modified Food。转基因食品是依靠先进的生物科学技术,进行生物体之间基因的转换与重组,从而改变原有生物体的性能,实现自身抗菌保鲜功能的农作物食品。④ 所谓转基因食品,其实是为迎合人们对食品在其营养、性状、品质等各方面的需求,通过转基因技术,改变生物遗传物质,由此获得并生产出的食品及食品添加剂。

转基因食品的出现最为重要的原因是——随着世界人口的快速增长,食品生产必须保持不断的增长,且这种增长的速度要与世界人口的增长相适应,以使世界人口免于饥饿。然而,由于适于食物生长的土地是有限的,要在一块不变的可耕种土地上养活不断增长的人口,意味着在这块土地上单位面积内必须生产出越来越多的食物,所以要利用生物技术来增加食物的产量(甚至很多研究者认为只有生物技术能够增加食物的产量,使得此种增加能够得以满足世界人口的需求)。

世界上首例转基因植物于1983年诞生于美国,转基因食品的研究至今已有30多年的历史。世界上第一种正式投放于市场的转基因食品是1993年美国市场上

---

① 玛丽恩·内斯特尔.食品安全——令人震惊的食品行业真相[M].程池,等,译.北京:社会科学文献出版社,2004:101.
② 罗利军,潘重光.基因资源创新[M].上海:上海教育出版社,2005:100-101.
③ 吴维成.食品卫生法概论[M].成都:电子科技大学出版社,2008:106.
④ 谢玉梅,陈晓红.食品贸易法规政策解析[M].北京:化学工业出版社,2007:102.

的转基因晚熟番茄,这种转基因番茄与普通番茄相比其优势在于耐存储的特性,使其货架寿命大大延长。此后,抗除草剂大豆、抗虫玉米和抗除草剂油菜等10多种转基因植物获准商品化生产并上市销售。转基因技术在农业、畜牧业和食品领域内的广泛应用,实践证明可以大幅度提高农产品的质量和产量,对于解决世界粮食安全问题有着重大的意义。转基因食品得以开发和销售是因为生产者或消费者可从中受益——将其转变为一种价格较低、利益更大(在耐用或营养价值方面)或两者兼具的产品。①

目前理论中的和现有的食品生物技术的应用主要包括三个方面:一是食用植物(用于人类),包括改善味道、质地或新鲜度,提高维生素、蛋白质和其他营养素的含量,提高化学品的产量如糖、蜂蜡制品或重要营养成分,减少咖啡因或其他不需要的化学物质,减少植物籽油内的饱和脂肪酸,生产药品如抗生素、疫苗或避孕药。二是农作物(主要用于动物饲养),包括引入对除草剂的耐受性以增强对杂草的控制,使植物能在施用最小量的花费、杀虫剂或水的情况下生长,增强植物对昆虫、真菌、毒菌或其他微生物类害虫的抗击能力。增加谷物中稀有氨基酸的含量,增强植物对由霜冻、酷热、盐化或重金属引起的"应激"状况的抵抗力等。三是食用动物(用于人类),包括促进动物的生长率和繁殖率,增强抗病能力,增加奶产量和生产含药物的奶等。② 人们利用转基因技术培育出的抗干旱、耐盐碱、抗重金属、抵御瘟疫一级营养价值高的品种,对提高农作物产量、减少损失以及增加农产品营养价值都具有重要作用。③

二、转基因食品安全

(一) 转基因食品的安全性问题

1991年世界经济合作及发展组织早已对食品安全性做了具体的说明。"安全"的食物定义为:如果能合理地肯定,在预期的条件下消费某食品不会有害,则该食品就被认为是安全的。④ 生产转基因食品的主要障碍是公众对这类食品安全

---

① 吴维成.食品卫生法概论[M].成都:电子科技大学出版社,2008:106.
② 玛丽恩·内斯特尔.食品安全——令人震惊的食品行业真相[M].程池,等,译.北京:社会科学文献出版社,2004:107.
③ 谢玉梅,陈晓红.食品贸易法规政策解析[M].北京:化学工业出版社,2007:103.
④ 张启发.转基因作物将为中国农业发展提供根本出路[J].科技导报,2007(4):1.

性的担忧。基因工程技术的使用虽然可以提高农作物产量,但同时也可能使食品的安全性受到一定的影响,这些顾虑不是空穴来风,例如,2000 年 9 月,在美国 Krafe Taco shells 发现,微量的转基因蛋白 Cry9C 只能用于动物身上,而不能在人体上使用;① 另一方面,即使基因工程技术的引入可以同时提高农业生产量和食品安全性,但要让广大消费者相信此种安全性并完全接受转基因食品亦是当前转基因食品安全性问题研究中所面临的问题。简而言之,广大消费者不愿意接受转基因食品不是因为他们认为转基因食品都是不安全的,而是他们认为转基因食品的安全性存在极大的不确定性。

世界卫生组织一些会员国政府就转基因食品的性质和安全提出了许多问题和关注,其中与人类健康有重要关系的主要问题有:一是过敏性,作为一个原则问题,除非可以证明转入基因的蛋白产物不引起过敏,否则,不赞成从普遍引起过敏的食品转移基因。虽然对传统方法制备的食品一般并不检测过敏性,但是转基因食品测试方案已经联合国粮食及农业组织和世界卫生组织评价。二是基因转移。转入的遗传物质对人类健康是否会产生不良影响,已引起社会广泛关注。三是异性杂交。将基因从转基因植物转移到传统作物或相关野生物种(称为异性杂交)以及将传统种子与利用转基因作物培植的种子产生的作物混合,可对食品安全和粮食保障产生间接影响,这是一种实际风险。若干国家已采取战略以减少混合,包括明确分开种植转基因作物和传统作物的田地。② 2010 年的《中共中央、国务院关于加大统筹城乡发展力度进一步夯实农业农村发展基础的若干意见》中指出:"在科学评估、依法管理的基础上,推进转基因新品种产业化。"中央的这一文件,使得平静了一段时间的关于转基因食品的争论又起波澜。无论是学者或是普通老百姓都对转基因食品提出了各种质疑,但焦点都集中在了两个字上,那就是"安全",即转基因食品的安全性问题。

很多人一直有这样的一种误解,认为要证明转基因食品的安全性就是要证明转基因食品绝对无害,排除转基因食品有害的一切可能性。这未免有些矫枉过正,因为即使是天然食品也不可能排除有害的可能性。所以,对转基因食品如果采用如此严苛的标准是有失偏颇的。对转基因食品的安全性评价,国际上有一个广泛

---

① Linda Beebe, Note, In re Starlink Corn: The Link Between Genetically Damaged Crops and an Inadequate Regulatory Frame Work for Biotechnology, 28 Wm. & Mary Envtl. L. & Pol'y Rev. 511, 514 - 517 (2004).
② 王艳林.中华人民共和国食品安全法实施问题[M].北京:中国计量出版社,2009:107.

接受的以强调评价转基因食品安全性目的是评价它与非转基因的同类食品比较的相对安全性的"实质等同"原则。笔者赞同这一观点。

(二)转基因食品安全的特征

联合国世界卫生组织在《加强国家级食品安全计划指南》中对食品安全的定义为:对食品按其原定进行制作,并且食用时不会使消费者受害的一种担保。这是一般食品安全的要求。对于转基因食品而言,因其本身有别于普通食品的特殊性:利弊存在较大争议——转基因食品的优越性在各种机构和公司大力宣传下,人尽皆知,而且这些优越性也是可以得到事实支持的。但是,在转基因食品优越性的背后,隐藏着未知的危险。所以其安全性有着不同于普通食品的特征。

1. 转基因食品危害的潜在性

根据目前的科学技术水平,人类对转基因食品的认识尚不充分,虽然没有已经研究确定的证明转基因食品确实存在对人体健康的危害性的证据,但凭借当前的科学技术亦不能确证食用转基因食品后在将来不会对人类的健康产生危害。即有可能食用转基因食品在短期内是对人体健康无害的,但是长期是否会对人体健康产生影响具有不确定性。例如,某种食品或食品添加剂是以转入了抗生素基因的转基因作物或动物直接生产或者作为原料之一而生产,人类在食用此种转基因食品后是否会产生对该种抗生素的耐受性?大家都知道,抗生素是目前被广泛用于治疗各种细菌感染或致病微生物感染的药物。一旦对某种抗生素产生耐受性,将会使该种抗生素药物失去药效,此种潜在性的危害在转基因食品安全问题中不得不考虑。

另一方面,在生态环境方面,转基因作物在田间种植的过程中,不能够排除发生因花粉的飘散等原因而导致的转基因转移,即转基因作物对其他相邻的同类型普通传统作物的基因污染,严重的甚至会引发基因失控。此种情况下,非转基因作物也间接地成了转基因作物却不自知。

2. 转基因食品安全标准的不确定性

关于食品安全和营养的标准,各国都有着不同的规定。一般而言,食品和营养标准中通常规定了每单位食品产品中允许一定的异体物质存在的数量,只要这种异体物质的含量对人体的有害性降低到可以忽略的程度,那么这种食品即可被认为是安全的。

对于转基因食品中转基因成分的含量,不同的国家和地区也规定了各自的"安全"比例标准。这些不同的安全标准,受到各国消费者对转基因食品的接受程度、各国不同的生物技术水平等因素的影响。根据欧盟的立法,一般规定在食品中转基因成分含量低于 0.9% 的,可以视为不含有转基因成分,即认为其是"绝对"安全的。日本规定食品中转基因原材料用量不在主要成分前三位,并低于该食品总重量的 5% 的食品就不认定为转基因食品。韩国的标准为 3%,其规定食品中转基因原材料的含量不在前 5 位的,不视为转基因食品(原材料认定时排除加入的纯净水)。

国际上不同国家对转基因食品风险的认识度不同,接受度也不同,这直接导致了各个国家和地区安全标准的差异,即符合甲国的转基因食品安全标准的转基因食品不一定能够符合乙国的转基因食品安全标准。并且,随着科学技术的发展,安全标准也可能随时发生变化。这些都使得转基因食品安全的标准具有不确定性。

3. 致害范围的广泛性和后果的严重性

转基因食品的开发源于其特有的不同于传统普通食品的优势,随着技术的发展和基因工程的推进,转基因作物目前已在全球范围内广泛种植,并且很多转基因食品已以明示或潜藏的方式流通到世界各地。转基因食品一旦发生致害结果,所波及的范围之广,将呈现一种全球性的爆发态势。

转基因食品危害的潜在性中包含了危害程度的不确定性和危害爆发的突然性。同时,基于转基因技术是高科技与新兴技术的特性,致害后果一旦产生,其结果可能严重而影响深远。这种深远的影响凭借当前的科学技术水平是难以估量的。

4. 转基因食品安全法律保障的特殊性

转基因食品与传统食品的物理外观差异性几乎可以忽略,消费者对转基因食品的辨识只能依靠生产者或者经营者所提供的信息,而生产经营者因担心消费者拒绝往往不愿意提供相关信息,此种利益的博弈若单靠生产经营者的自觉很难产生积极的效果,所以,要靠具有国家强制力的法律制度来保障。

转基因技术的专业性和复杂性,加上转基因食品生产和加工的方式也有别于传统的食品,这些将致使对传统食品进行监督管理的食品安全法律法规在适用时产生技术性障碍。这就需要对转基因食品制定专门的法律规范来对其予以规范调整。此种法律法规不仅要包含监督管理方面的规范制度,还应当包含技术性的标准或要求。并且,转基因食品安全保障法律制度的更新速度需求也可能比其他法律制度要快,因为生物工程技术的发展是迅猛的,而风险产生的可能性要大于传统食品,所以转基因法律制度也要根据情势的发展及时做出调整。

第二节 国外转基因食品安全的立法实践

转基因食品的出现对于解决全球粮食问题大有裨益,但基于各国不同的文化背景、公众对转基因食品的认知等因素的不同,世界各国对转基因食品的监督管理政策大不相同,体现在立法方面,就表现出不同的立法理念和法律制度。

他山之石,可以攻玉。在我国进行转基因立法时,参考发达国家的立法经验,从中汲取先进的理念和原则,再根据我国的实际情况加以糅合,形成符合我国国情的转基因食品安全立法体系。

一、欧盟转基因食品安全的立法实践

(一) 欧盟的食品安全法律制度简述

欧盟发达国家拥有者世界上最为严格的食品安全控制制度,层级分明的食品安全规范文件和法律法规以及分工细致的食品安全管理机构曾使欧盟的食品安全保持在较高水平。但是,从 20 世纪末到 21 世纪初,欧盟却频频出现食品安全危机,这令很多人感到困惑,拥有严苛的食品安全法律法规和有组织的食品安全管理机构为何仍不能防止食品安全危机的出现?究其原因,就是欧盟的食品安全政策和监管体制出现了问题。欧盟虽然拥有严格的食品安全制度,但在具体操作和执行中,各成员国自行处理相关食品安全问题,这导致成员国间无法有效沟通,当危机可能出现或已经出现时,无法及时采取共同的应对措施。

在意识到问题的症结所在之后,欧盟首先制定了一套统一、完善并且操作性较强的食品安全法规,在此基础上于 2002 年初正式成立了欧盟食品安全管理局(EFSA),由该管理局对食品从农田到餐桌的全过程进行统一的监控。欧盟食品安全管理局成立于 2002 年 1 月 28 日,是一个独立的法定机构,不隶属于欧盟的任何其他机构,由管理委员会、行政主任、资讯论坛、科学委员会和 8 个专门科学小组组

成,即:① 食品添加剂小组;② 原料添加剂特别小组;③ 植物卫生小组;④ 转基因生物小组;⑤ 营养品、营养学及过敏症生物危险小组;⑥ 生物危险(包括 BSE)小组;⑦ 食物链污染小组;⑧ 动物健康和动物福利小组。主要负责风险评估、风险管理和风险交流,处理欧盟所有有关食品安全的问题。①

欧盟食品安全管理局对欧盟内部所有与食品安全相关的事务进行统一管理,负责与消费者就食品安全问题进行直接对话,建立成员国食品卫生和科研机构的合作网络,向欧盟委员会提出决策性意见等。它可实施任何对食品供给安全有直接或间接影响的因素的专业评估,包括有关动植物卫生、健康因素,查明某一领域潜在的食品安全风险及对其他领域的影响,根据科学家的研究成果作出风险评估,为制定食品法规、食品标准以及其他的管理政策提供信息科学依据,风险管理及风险决策职责由欧盟承担。因此,食品安全管理局职责可覆盖食品生产及供应的所有阶段,从初级生产,动物喂养安全,到食品消费者的供给。②

(二) 欧盟的转基因食品法律制度简述

欧盟是当前世界上对转基因食品管制最为严格的地区——欧盟对转基因食品的管理非常严格,在没有得到官方授权的情况下,转基因食品是不可能投放到欧盟市场中的,一种转基因食品要想在欧盟上市销售,要经过成员国和欧盟两个层次的批准。其所遵循的立法目标是确保对人类健康和生态环境的高水平保护。欧洲国家的许多消费者对转基因食品不信任甚至激烈地抵制,出现这种情况的一个重要原因是,欧盟地区爆发了太多的卫生危机,如疯牛病、口蹄疫等,这些卫生危机的不断出现,使欧洲人对于卫生和健康问题产生前所未有的敏感,因此,转基因食品在欧洲就遇到了非难。

欧盟对转基因食品所持的态度十分谨慎,体现在立法中为对转基因食品采用严格的预防原则,以最大限度的保护消费者的健康和生态环境的安全。欧盟将这项原则应用到对转基因食品的法律管制上,这意味着管制并不是建立在转基因食品的风险已有科学证据证明的基础上,而是根据"可能"产生的风险以及"其他合理因素"采取预防措施。

---

① 张敬礼.中国食品药品监管理论与法制实践[M].北京:中国法制出版社,2009:362.
② 国家食品药品监督管理局、黑龙江食品药品监督管理局.食品安全监督管理[M].北京:中国医药科技出版社,2008:2.

1. 转基因食品标签制度

欧洲议会于 1997 年 5 月 15 日通过了《新食品规程》的决议,规定欧盟成员国对上市的转基因产品必须要有转基因的标签。要求标签内容应包括转基因的来源、过敏性、伦理学考虑、不同于传统食品(成分、营养价值、效果)等。1998 年 9 月 1 日欧盟增设了标签指南,规定对来自于转基因豆类和玉米的食品必须加标签。[①] 2002 年底,欧盟通过了新的转基因食品标签制度。新的制度规定,最晚在 2003 年夏天前,以下食品必须有转基因标签:植物、种子、粮食、转基因源食品、转基因源添加剂、转基因源饲料和转基因源饲料添加剂。[②]

关于进行标识的标准,欧盟的《有关新食品和新食品成分的管理条例》中规定,只要食品是由转基因生物组成或者含有转基因生物成分都需要被标识。免于标识的情形是:食品中被混进转基因成分的情况是偶然发生的,或者是因为在技术上不可避免,并且其中的转基因成分低于 0.9%。

2. 转基因食品追踪制度

根据欧盟关于转基因食品的相关法律规定,分销商在出售含有转基因成分的食品时,必须对消费者的身份信息进行记录,同时需将所出售的转基因食品的相关成分信息以书面的形式向消费者提供,以建立起转基因食品追踪制度的基础——追踪制度的建立需要转基因食品的各项成分信息与流通信息与转基因食品本身一起流转,使转基因食品标识的内容有据可查。对于进口食品,欧盟要求进口食品标示所用原料的转基因历史资料,直至追溯到出产这些原料的农场。

拥有转基因食品的追踪制度,使得一旦发现转基因食品将有可能产生负面影响的预期,这些生产商和分销商保存的相关信息就能有效帮助政府部门掌握风险转基因食品的流向,便于及时追回该种食品。此外,当转基因食品侵权发生时,转基因食品追踪制度的建立亦有利于厘清侵权责任。

二、美国转基因食品安全的立法实践

(一)美国的转基因食品安全制度简述

美国是当前转基因食品最多的国家,在美国的超级市场大约有 4 000 多种商品

---

① 谢玉梅,陈晓红.食品贸易法规政策解析[M].北京:化学工业出版社,2007:116.
② 吴澎,赵丽芹.食品法律法规与标准[M].北京:化学工业出版社,2010:145.

是含有转基因植物的成分的。美国认为转基因食品不可能比传统食品不安全,采用的是"无罪推定"的策略。① 美国的立法者在针对转基因食品的立法中一直秉承着"实质等同性"的理念,即将转基因食品等同于传统食品对待,所以,一直以来都是沿用传统食品的监督管理法律法规来规范转基因食品的商业化生产与销售。

1986年,美国就制定了《生物技术法规协调框架》,之后又相继颁布了多部涉及转基因的法律、法规和规范性文件,如《植物害虫、基因工程生物和产品管理办法》《基因工程监管要求及程序示范规则》等。总体来看,美国对转基因食品采取的是较为宽松的立法态度,这当中一个很重要的原因是为了美国的经济利益,美国政府需要保护其转基因食品的出口贸易。在美国,转基因食品经批准后就可以投放市场,直到该产品被证明为不安全。

(二) 美国的转基因食品标识制度

美国对转基因食品的法律规制态度中,并不主张强制性的标识制度。在美国,如果强制推行转基因标识,将大幅度增加食品加工过程中转基因和非转基因原料隔离成本,而这些负担将通过食品零售价的上涨而最终转嫁到消费者身上。不管是否对转基因食品进行标识,只要消费者相信转基因食品确实与非转基因食品不同,他们就会得出结论,认为生物技术对他们没有什么益处,一些消费者就会希望转基因食品被禁止。②

当然,美国政府也不是一味地考虑到企业的利益和国家的出口利益,近年来美国政府越来越重视对消费者的权益保障。美国食品药品监督管理局为充分维护消费者的权利,在2002年时向国会提交了《转基因食品知情权法案》。根据该法案的规定,对转基因食品采用强制标识,而对非转基因食品则采取自愿标识的原则。此外,食品药品管理局需要定期对转基因食品进行检测。虽然该法案最终并没有获得通过,但是该法案的提出表明美国政府已意识到普通的食品监督管理法规无法满足转基因食品发展的监管需要。

(三) 美国的转基因食品安全监管

在美国,分别由农业部动植物健康检验署、环保署,以及联邦食品药品管理局

---

① 刘旭霞,李洁瑜,朱鹏.美欧日转基因食品监管法律制度分析及启示[J].华中农业大学学报(社会科学版),2010(2):23-28.

② 谢玉梅,陈晓红.食品贸易法规政策解析[M].北京:化学工业出版社,2007:109.

负责环境和食品等方面的安全性评估和审批。根据产品本身的特点评判和批准转基因产品的开发、推广和上市;原有的产品安全和环境保护的法律法规同样适用于转基因产品,只要其安全性能与传统产品无根本区别;转基因产品的安全评估只针对最终产品及其用途,而不涉及其生产方法。美国政府认为,转基因农产品与传统产品基本相同,先入为主地认定其与其他食品根本不同或比其他食品更具危险性没有科学依据。美国联邦政府不要求对转基因产品加贴标签,也不要求将转基因产品和传统产品严加区别。[①] 虽然美国对于转基因食品的监管体制是一种多部门的共同监管,但是由于各个部门都严格执行法律法规,对于责任的追究制度相当严格。因此,在对转基因食品进行监管的过程中并未出现重复监管或监管空白的情况。

在对转基因食品安全进行监管的过程中,美国三大监管部门的侧重点各不相同。农业部对转基因产品的监督管理主要是由其下属的动植物卫生检验检疫局和食品安全检查局负责,其监管目标主要是保证转基因肉类、家禽和蛋类作为食品的安全卫生及有益健康等消费安全。环保局则主要负责的是和环境有关的转基因食品安全问题,其通过建立对含有杀虫剂的转基因食品农作物的审批制度来对转基因食品作物进行管理。食品药品管理局旨在监管美国国内生产、进出口的食品药品,包括但不限于转基因食品及食品添加剂、出口的肉禽类产品制品等,对人体的安全性;也对由新品种植物所获得并生产出的食品药品的安全性及营养价值进行监管,最终做出评价。上述监管评价的最终举措,可简述为,对相关被检测食品药品于上市前进行监督审批管理,对其标识指导。因此,食品药品管理局被视为三大监管部门中最为重要的部门。

三、日本转基因食品安全的立法实践

日本国土面积较小,其耕地面积相对于人口数量而言处于一种严重不足的状态。转基因技术相对于传统作物种植技术而言,可以明显提高作物单位面积内的产量,这对于日本而言无疑是一个福音。此种客观需要使得日本不可能像欧盟那样对转基因食品采取过于严苛的控制制度和限制制度。而基于对本国国民人身安全和健康的慎重考量,又决定了日本不会采用如同美国那样的宽松政策。所以,不同于欧盟对转基因食品的严格谨慎态度和美国对转基因食品的宽松与乐观态度,

---

① 谢玉梅,陈晓红.食品贸易法规政策解析[M].北京:化学工业出版社,2007:119.

日本对转基因食品所持的是一种相对折中的态度。基于此政策导向,日本的转基因立法也呈现出其具有特色的"中性"特质。

早在1979年,日本政府就颁布了《重组DNA生物实验指南》,随后多次修订。之后,于1991年制定了转基因食品和食品添加剂安全性审查准则。1999年公布了对24种产品加贴标签的规范标准,并要求对转基因生物和非转基因生物原料实行"分别运输",确保转基因品种混入率低于5%;1999年7月,日本政府通过修改《关于农林物资的规格化以及确定质量标识的法律》规定食品生产厂家对其产品是否使用了转基因原料作出明确表述;2001年3月27日,日本政府发布了《转基因食品检验法》以确保转基因食品进口的安全性;2001年4月1日,日本政府正式颁布实施《转基因食品标识法》,对必须进行标识和无须标识的转基因食品进行了具体的规定。[1]

在此,笔者将只对《转基因食品标识法》中的相关规定予以介绍,因为此法对于我国的转基因食品安全立法借鉴意义较大。

《转基因食品标识法》于2001年4月由日本政府正式颁布实施。该法所规定的是有限度地对加工的食品进行全面标识的制度——对于主要成分已经通过安全性评价的加工食品,其在加工完成后仍然残留有转基因成分,并且此种带有转基因因素的原料在该种食品原料构成比例中位于前三且其重量占到该食品总重量的5%以上,那么这种食品就必须进行转基因标识。

日本对转基因食品采取的是强制标识与自愿标识并举的制度。对于强制性标识,具体而言,在日本目前要求对转基因食品进行强制性标识有两种情形:一是规定必须标识为"转基因食品"——该食品的主要原料是实行区别性生产流通管理的转基因农产品;反之,则规定须被标识"食品原料没有与转基因产品隔离"。关于自愿标识,指的是食品生产商或销售商在食品上标识"不含转基因成分",必须同时满足两个条件才能"自愿":一是食品中转基因成分不足5%,二是必须能够提供该种食品在生产和销售过程中的每一个阶段都进行了周密的区别性生产流通管理的证明。

四、其他国家转基因食品安全的立法实践

(一) 韩国

韩国食品药物管理局于1999年8月颁布了《转基因食品安全评估办法》,农水

---

[1] 刘旭霞,欧阳邓亚.日本转基因食品安全法律制度对我国的启示[J].法治研究,2009(7):42-46.

部于2001年颁布了《转基因农产品的环境安全评价办法》，2001年7月制定了《转基因加工食品标识办法草案》，构建了韩国的转基因产品安全评价体系，27种食品中使用了转基因原料的必须标明为"基因重组产品"。为保障消费者的认知权，实施了"转基因农产品、加工食品标识制"，每次通关都要确认"区别流通证明书"（转基因农产品、加工食品和非转基因农产品、加工食品区别流通的证明）。为了规范转基因食品（包括进口食品及食品添加剂）的标识，向消费者提供准确的标识信息，韩国食品安全卫生厅制定还公布了《转基因食品标识基准》，于2004年7月13日起开始实施。《转基因食品标识基准》规定，从事食品制造、加工业，快餐销售加工业及零售业，食品添加剂制造业、食品批发业，流通销售业，以及食品进口销售业的业主为转基因食品的标识义务人。①

（二）俄罗斯

俄罗斯制定了"关于完善转基因食品及医疗药物销售监控系统"的决议。从2000年7月1日开始，利用转基因技术生产的食品和药物在销售前，必须在俄罗斯国家卫生防疫监察部门登记，获得由医学科学院食品研究所颁发的许可证，并在包装上明示。所有从事进口、生产和销售转基因商品的企业、自然人，必须把利用转基因技术生产的原料和有关成分列在商品运输文件中。俄罗斯国家卫生防疫部门、粮食质量监察部门及消费者权利保护机构负责监察转基因产品标识的实施。②

第三节　我国转基因食品安全立法及分析

一、我国对转基因食品安全立法的现实意义

对于转基因食品的危险性存在与否尚需科学实验数据的验证。在科学测定之前，我们要通过法律制度的保障来提高转基因食品研究者、开发者和消费者的安全

---

① 谢玉梅，陈晓红.食品贸易法规政策解析[M].北京：化学工业出版社，2007：118.
② 谢玉梅，陈晓红.食品贸易法规政策解析[M].北京：化学工业出版社，2007：119.

意识和防范意识,引导人们正确对待作为生物技术中基因工程成果的转基因食品。通过强有力的法律保障消除消费者对转基因食品的恐惧心理,以及因此而产生的不安定、不安全的隐患,引导消费者正确认识转基因食品的积极作用。另一方面,通过转基因食品安全立法对转基因食品可能存在的隐患起到一种防患于未然的作用。

(一) 保障我国粮食安全的需要

中国以不到世界10%的耕地来养活超过世界20%的人口。根据预测的人口增长速度,到2020年中国需要增加45%的粮食产量才能维持当前水平的粮食供应。在食品领域对转基因技术的需要是我国的现实需求。解决全国人民的吃饭问题,保障粮食供应的安全固然重要,但也不能一味地为了增长而对转基因技术的实施不加控制,所以要通过建立和完善我国的转基因食品安全法律制度,在快速发展和应用基因工程技术的同时以国家强制力来规范其发展方式。

(二) 保障人类健康权和环境权的需要

很多转基因食品的研发都有其针对性,在越过了第一层次的增产目的后开始向第二层次迈进,如转基因金大米可以让以大米为主食的人群减少缺铁性贫血的发生,引入抗虫基因的转基因作物在种植过程中可以减少杀虫剂的喷洒,这样就能减少或消除农药对食品和环境的污染。能够提高农作物产量的转基因作物的推广,可以使农民不必扩大耕地面积来提高粮食的总产量,退耕还林就变得切实可行。所有的这些转基因食品所体现出的优势,都要通过法律制度的保障,才能够保证不会因为生产经营者的私心而损害人类的健康权和环境权。

(三) 保障消费者权利的需要

消费者权利中健康权、知情权、选择权在转基因食品的消费过程中有着区别于普通传统食品的特征——在消费转基因食品过程中存在着极为严重的信息不对称。

在商品经济条件下,消费者取得的消费资料是由他人提供,因此其并未占有商品信息,而经营者并不自己使用、消费由自己生产的商品,也即对该商品信息并无需求。而信息传递需要一定成本。经营者的趋利性决定,只有在传递信息获得的利益大于信息传递成本时,其才有动力将信息传递给消费者。因此,经营者不可能总是自愿地传递商品信息,尤其是对其不利的信息。所以需要靠法律的强制力予以威慑和保障。

二、我国转基因食品安全的立法现状

我国早在1993年就发布了《基因工程安全管理办法》,并参与国际社会组织制定《卡塔赫纳生物安全议定书》的历次会议和谈判。2000年完成《中国国家生物安全框架》的编制,同年8月我国签署《卡塔赫纳生物安全议定书》,2001年5月23日颁布了《农业转基因生物安全管理条例》,2002年1月5日发布了《农业转基因生物安全评价管理办法》《农业转基因生物进口安全管理办法》和《农业转基因生物标识管理办法》3个配套规章,基本确定了我国生物安全政策体系、法规体系和能力建设的国家框架。此外,卫生部于2002年4月8日出台了《转基因食品卫生管理办法》对转基因食品的管理作出了进一步的规定,[①]2004年6月实施的《进出境转基因产品检验检疫管理办法》对转基因食品的进出境管理进行了规定。2006年农业部发布了《农业转基因生物加工审批办法》进一步加强了对农业转基因生物的审批管理。2007年卫生部颁布实施了《新资源食品管理办法》,在2009年6月开始实施的《中华人民共和国食品安全法》(以下简称《食品安全法》)中,在第101条中对转基因食品的安全管理进行了一个概括性的规定。[②]

三、我国转基因食品安全立法分析

(一) 立法层级不高

我国目前对转基因食品进行监督管理的立法没有专门的一部法律规范,主要是以部门规章和行政法规的形式进行规定,当前,在我国有关转基因食品安全的立法中,法律位阶最高的是《农业转基因生物安全管理条例》——国务院的行政法规,其他如《进出境转基因产品检验检疫管理办法》等都是国务院的职能部门所颁布的部门规章。法律位阶的较低会影响到法的普遍性实施和执法效果,再加上我国的转基因食品安全立法中缺乏系统而全面的规定,立法滞后,且现存的各法律规范条文简单,法律规范之间协调性不高、分散不集中,统一性较差,可操作性缺乏。

---

① 谢玉梅,陈晓红.食品贸易法规政策解析[M].北京:化学工业出版社,2007:120.
② 《中华人民共和国食品安全法》第101条:乳品、转基因食品、生猪屠宰、酒类和食盐的食品安全管理,适用本法;法律、行政法规另有规定的,依照其规定。

（二）立法内容不全面

转基因食品安全的立法应当包括转基因食品从无到有，直至到消费者手中的每一个阶段，包括研究、试验、生产、保存、运输、进口、出口、推广、废弃等全过程完整的监督管理。但目前我国的转基因食品安全监督管理立法中，其中的几个重要阶段都被忽视了，使得某些阶段的监督管理出现了真空。

在转基因食品安全监督管理领域，一些极为重要的制度是不可或缺的，如转基因食品的公众参与制度，转基因食品的研发、应用、推广的监督管理制度等。然而，我国目前的转基因食品安全立法中，在这些领域内存在严重不足。事前有审批制度，但是事后的监督缺位。同时，行政处罚中，责令改正与罚款等措施亦不足以阻却违法。

我国从第一部与转基因相关的法律规范颁布以来，对转基因进行规制的法律法规主要都集中于农业领域。但是，随着生物技术突飞猛进的发展，转基因技术被越来越多的引入了食品领域，一些食用转基因食品方面的安全问题也日益显露出来，但我国在这些方面都还没有相关的立法予以保障。

在有关转基因食品标签的立法中，目前我国在《食品安全法》中作了一个概括的原则性规定，而具体法规中则仅仅列举了范围狭窄的几个种类，那么不属于列举中所规定的转基因食品如何标识，就陷入了一种尴尬的境地。此外，对转基因食品标签进行管理的管理主体不够明确，对于没有依法进行标识的生产商的惩罚可操作性低、惩罚力度弱。

在有关转基因食品监督管理的立法中，我国食品安全有多个部门进行监管，各部门都只在根据自己实际面对的情况和利益需要制定"各自为政"的部门规章，很少考虑到其他相关部门的利益。在此种情况下，出现法规重复或者法规真空也不足为奇了。此外，我国法律制度中亦没有明确规定监督管理机构在实际操作中是监督检查生产经营的卫生状况还是生产经营中的操作流程，是监督检查生产经营过程还是所生产出的转基因食品，这些立法的空白都为执法带来了困难。

（三）管理体制不合理

与欧美发达国家相比，我国的食品安全监督管理工作长期以来由十多个部门行分段式的管理：我国食品安全体系中的政府主管部门主要有国家食品药品监督管理局、农业部、卫生部和国家出入境检验检疫主管部门，它们分别管理着涉及食品安全的各个领域。农业部负责组织实施农业各产业产品及绿色食品的质量监督、认证和农业植物新品种的保护工作;组织协调种子、农药、兽药等农业投入品质量的监测、鉴定和执法监督管理;组织国内生产及进口种子、农药、兽药、有关肥料等产品的等级和农机安全监理工作;组织兽医医政、兽药药政药检工作;组织、监督对国内动植物的防疫、检疫工作,发布疫情并组织扑灭。卫生部负责全国食品、化妆品、生活饮用水卫生监督管理,组织制定食品、化妆品、消毒产品、保健品等于健康相关产品的国家质量管理规范,并负责产品审批认证;依法组织实施食品、化妆品、劳保、放射防护产品、饮用水以及消毒产品等于健康相关产品的国家监督、抽查工作。国家出入境检验检疫主管部门则负责对进出口食品的检验监督,组织实施对进出口食品及其生产单位的卫生注册、登记及对外注册管理。[①] 此外,国家环保总局、国家质量监督检验检疫总局、商务部和国家工商行政管理总局在行使各自职能时,也会涉及食品质量安全管理和安全技术性贸易措施等相关问题。

在2003年3月,我国为了进一步加强对食品安全的综合监督,组建了国家食品药品监督管理局,并对其赋予对食品、保健品、化妆品的安全管理进行综合监督、组织协调和依法组织开展对重大事故进行查处的职责。这无疑是我国食品安全监管中的里程碑式进步。但在对食品药品监督管理局的具体职责描述中,对转基因食品的监督管理并没有明确,现阶段卫生部、出入境检疫部门、农业部等仍然在一种模糊不清的状态下行使着各自对转基因食品的监管职责,管理较为混乱。

第四节　我国转基因食品安全法律制度的完善

一、我国转基因食品安全法律制度之原则

(一)知情选择原则

转基因食品作为一种新型食品类消费品,体现在消费者保护方面,最为重要的

---

① 谢玉梅,陈晓红.食品贸易法规政策解析[M].北京:化学工业出版社,2007:150-151.

就是保护消费者的知情权,即确立转基因食品的知情选择原则。也有将之理解为知情同意原则。知情同意原则要求在某人对某事自愿地表示同意时,应该是建立在对该事情的现状掌握了准确的信息和充分了解后果的前提下做出的表示。①

转基因食品的知情选择原则是指转基因食品的生产者或者销售者通过转基因食品标签向消费者提供准确而又全面的信息,消费者在知情的基础上做出的自由选择。②该原则应当包含两层含义:一是消费者知情,二是消费者在知情的基础上进行选择。

1. 消费者知情

真正知情。指消费者能够完全、清楚地理解转基因食品是什么、转基因食品有哪些、转基因食品与传统食品不同之处是什么、转基因食品的检验机构是哪个等问题。

表面知情。这是一种不完全知情状态——消费者对转基因食品相关信息看似清楚了,但实际仅仅是只知不解。造成此种状况的原因一方面是消费者知识水平的欠缺,导致对一些与转基因技术和转基因食品相关的专业性术语存在理解和认知的困难;另一方面是由于转基因食品的生产者或者制造销售者在转基因食品的标签中含糊其词,使消费者容易产生误解。

不知情。造成此种情况的根本就在于转基因食品缺乏可区别于传统食品的标签,导致消费者知情渠道的空白。

2. 消费者在知情的基础上进行选择

如果消费市场上的食品全是转基因食品或者全是非转基因食品,那么消费者选择问题也就不将存在。在消费市场上同时并存着转基因食品和非转基因食品时,根据消费者基本权利中的选择权,消费者有权根据自己的意愿选择食用转基因食品还是非转基因的传统食品。但是,单从外观上来说,转基因食品与传统食品并无区别,必须利用精密的仪器通过复杂的化学手段才可以检测出其所含有的转基因成分。所以,消费者选择的前提,或者说自愿选择的前提就是消费者对转基因食品知情权的充分行使,即真正、全面的知情。

(二) 风险预防原则

1. 风险及风险预防

风险,通俗言之,就是可能发生或者不发生危险的一种状态。食品安全风险是

---

① 王耀东.转基因食品知情权的正当性[J].技术与创新管理,2009,30(5):684-687.
② 徐进.浅析中国转基因食品安全法律保障的基本原则[J].经济研究导刊,2009(4):85-87.

指食品安全事件发生的可能性和后果的组合。① 转基因食品所包含的安全风险包括多个方面,如对于人类健康的风险,对生态环境产生影响的风险,甚至社会风险等。本书只涉及第一类风险,因为这是转基因食品安全风险中笔者认为最为重要的一项。

所谓风险预防原则,是指如果对某种活动可能导致人体健康或环境有害的后果存在很大怀疑,应该在该后果发生之前采取行动,而不是等到获得确切证据之后才采取行动。②

2. 确立风险预防原则的必要性

基因污染的不可逆性,使得风险防范显得尤为重要。我国与美国的国情不同,因此不能采用美国那样宽松的实质等同原则。我国食品安全法律制度中,各项保障机制尚不健全,因此,事前预防对我国显得尤为重要。风险预防原则的确立就建立在这样的理论假设中,符合我国的现实国情和民情。

转基因食品在人类健康和生态环境保护方面的风险防范,因为"科学不确定性"的存在,使得法律对转基因生物的风险规制努力只能是"防范"而非"根除"隐患;一旦转基因食品造成了损害,法律应该提供怎样的框架予以救济。③

3. 适当控制原则

任何一个国家或地区法律规范的制定都不能生搬硬套其他国家或地区的法律规范,必须在借鉴他国经验的同时综合考虑本国或本地区的经济、政治、文化等各种因素。就我国而言,在制定有关转基因食品的法律规范时,必须考虑我国对转基因食品的"需求性"——我国有限的耕地面积和在庞大的人口基数基础上不断增长的人口使得吃饭问题将是我国将来面临的一大问题。目前,在中国大约还有1.42亿(7%)的人仍然处于饥饿边缘。所以,这又决定了我国不能采用欧盟那样严苛的"风险预防原则"。我国应当在实施风险预防的同时,秉持适当控制的原则,宽严结合,在保障我国转基因安全的同时又不会抑制转基因食品的发展。

(三) 全过程控制原则

转基因食品安全法律制度对转基因食品监督管理所涉及的应当是转基因食品从无到有,再到达消费者手中的整个过程。因为现代的从农田到餐桌的食物链包

---

① 王艳林.中华人民共和国食品安全法实施问题[M].北京:中国计量出版社,2009:43.
② 王小军.中国生物安全法律体系的构建[J].科技进步与对策,2004,21(6):28-30.
③ 王明远."转基因生物安全"法律概念辨析[J].法学杂志,2008(1):79-81.

含了许多的人员,这又为污染提供了许多的机会,食品法必须积极地更新以确保该食品链的每一步都受到了充分的监督,这样才能防止由于故意或过失的因素所导致的食品传染病。①

要做到全过程的控制,信息记录必不可少,信息记录的目标是生产记录可存储、产品流向可追踪。信息记录作为食品溯源的依据,《食品安全法》中对食用农产品生产记录制度作了原则性的规定,这是我国食品安全立法中的一大进步,但是该法中并没有对如何实施提供可供操作的具体规定。所以,在我国的转基因食品安全法律制度中,要先将全过程控制作为基本原则确立下来,然后贯彻到我国转基因食品安全法律制度的建立和完善中,在具体法律法规中对每一个阶段的监督管理和控制通过具体的条文进行规范。

二、我国转基因食品安全立法之完善

(一) 立法的目的和宗旨

转基因食品安全立法的最终落脚点是让转基因食品的安全性保障从一种理论中的应然状态转化为一种现实可实现的实然状态。转基因食品安全立法是要防御和减轻转基因食品所可能引起的危害,是为了保障转基因食品的安全,最终保障公众的身体健康和生命安全。

(二) 立法模式的选择

在对我国转基因食品安全立法的模式进行选择时,必须考虑我国的现实国情和与已经存在的法律制度之间的协调。基于我国的基本国情,我国没有如同美国那样的巨额产品责任赔偿制度,也没有如美国那样发达而完善的企业信用制度,这些因素决定了我国立法机关在对转基因食品安全立法模式的选择时不能采用美国式的宽松型监管模式。另外,面对我国切实需要转基因技术保障我国粮食安全的需要,又决定了我国不宜采取欧盟式的过于严苛的监管模式,所以,我国应当采用和日本相似的折中的监管模式,通过较为严格的程序对转基因食品生产销售者的行为予以监管,最终达到切实保障消费者合法权益的立法目的。

---

① Caroline Smith DeWaal, From Hand to Mouth, via the Lab and the Legislature: International and Domestic Regulations to Secure the Food Supply, Vanderbilt Journal of Transnational Law, October, 2007.

（三）立法建议

作为一个成功的食品安全体系的支柱,现代的食品法律和规章"应该为一个完整统一而又协调配合的食品安全体系提供一个框架"。所以,我国在进行转基因食品安全立法时,应致力于建立一个多层次的转基因食品安全法律体系。笔者认为,转基因食品安全的法律规范的性质是以公法性质为主,兼具私法性质;既要体现国家干预的功能,又要体现对公权力的矫正。

一方面,由全国人民代表大会制定《中华人民共和国转基因食品安全法》,以基本法的形式确立转基因食品安全立法的原则、宗旨,并以基本法的基调确立转基因食品安全法律保障的重要性。另一方面,对现行的相关法规进行整合,减少法规间的冲突及给执法所带来的问题,解决现存法律体系的混乱状态。

三、我国转基因食品安全制度之完善

转基因食品法律制度的核心在于通过对转基因食品的监督管理建立法律保障,以保护消费者的合法权益,将转基因食品可能存在的潜在危害减少到最小。

（一）完善我国转基因食品安全的风险评估制度体系

1.转基因食品安全风险评估

食品安全风险评估,是指对食品、食品添加剂中生物性、化学性和物理性危害对人体健康可能造成的不良影响所进行的科学评估,包括危害识别、危害特征描述、暴露评估、风险特征描述等。[①] 对转基因食品,要充分评估其对人类健康可能存在的潜在性风险,在长期的安全性还没有完全被确定之前,应该慎重的在食品生产中使用带有转基因成分的原材料。转基因食品的安全性若要让广大消费者接受,不是几个学者进行说明、几个部门或公司进行宣传所可以做到的,必须对其应用的安全性采用国际上或者国家认可的方法进行公开透明的评估。对转基因食品进行风险评估,体现着我国对转基因食品安全法律制度中的风险预防原则。

《食品安全法》要求成立由农业、食品、医学、营养等方面专家组成的食品安全风险评估专家委员会,对食品安全风险进行评估。《新资源食品管理办法》中规定

---

① 《中华人民共和国食品安全法实施条例》第62条。

对新资源食品安全性评价采用危险性评估原则和实质等同原则。① 危险性评估,是指对人体摄入含有危害物质的食品所产生的健康不良作用可能性的科学评价,包括危害识别、危害特征的描述、暴露评估、危险性特征的描述四个步骤。实质等同,是指如某个新资源食品与传统食品或食品原料或已批准的新资源

食品在种属、来源、生物学特征、主要成分、食用部位、使用量、使用范围和应用人群等方面比较大体相同,所采用工艺和质量标准基本一致,可视为它们是同等安全的,具有实质等同性。②

笔者看来,风险评估或者说风险评价从另一个侧面也即对转基因食品的安全性进行评价。食品的安全性评价主要目的是评价某种食品是否可以安全食用,它是风险分析的基础。食品安全性评价中采用的毒理学评价适用于评价食品生产、加工、储藏、运输和销售过程中使用的化学和生物物质,以及在上述过程中产生的和污染的有害物质,也适用于评价食品中其他有害物质。食品安全性评价在食品安全性研究、监控和管理方面具有重要的意义。③ 风险评估中,笔者建议根据现有的生物工程技术水平和评估的科学技术水平,设定不同的安全等级,作为评价转基因成分的潜在危险性参数和标准。可以将风险等级设为 7 级,级别越高风险就越大,并对每一个风险级别的具体指向进行准确的说明。例如,1—2 级为无风险(实际无风险或可视为无风险),3—4 级为较低风险,5 级为应当予以特别注意的风险程度,6 级为较高风险限制生产经营,7 级为最高风险级别应当禁止生产经营。

2. 转基因食品安全风险监测

食品安全风险监测是指为了掌握食品安全状况,系统地收集、整理和分析与食品安全相关的危害因素的检验、监督和调查数据,对食品安全水平进行监督测量的活动。④ 对转基因食品进行风险监测的意义在于可以通过监测及时获得有关转基因食品安全风险的相关信息,尽早发现可能存在的安全隐患,对于有效预防转基因食品安全事故的发生大有裨益。

目前,我国的法律中尚未将转基因食品纳入食品安全风险监测的范围之内。风险监测与风险评估最重要的区别在于一种事后的持续的监督和评估,对转基因食品安全性的监测,在其上市销售后的长时间内应当持续进行,转基因食品安全监

---

① 《新资源食品管理办法》第 8 条。
② 《新资源食品管理办法》第 26 条。
③ 张敬礼.中国食品药品监管理论与法制实践[M].北京:中国法制出版社,2009:369.
④ 王艳林.中华人民共和国食品安全法实施问题[M].北京:中国计量出版社,2009:51.

督管理部门应当对转基因食品的生产经营进行不定期的监督抽查,并向社会及时公布监督抽查的结果。

对转基因食品、食品添加剂和食品相关产品实行电子监管码制度,以有效实施食品溯源是对转基因食品进行风险监测的一个极为有用的制度。在风险监测的过程中,一旦发现经批准生产销售或者进口的转基因食品有可能发生风险的新情况或者之前的风险评估中未发现的情况,就应立即对该种转基因食品安全性风险进行重新评价。虽然《转基因食品卫生管理办法》已于2007年废止,但笔者认为其中的相关规定是很有借鉴意义的。根据该办法的规定,已批准生产或者进口的转基因食品有下列情形之一的,应当进行重新评价:对转基因食品食用安全性和营养质量的科学认识发生改变的;转基因食品食用安全性和营养质量受到质疑的;其他原因需要重新评价的。[①] 若经过在评价后认为该种转基因食品风险过大或其他原因不再适合上市销售的,应当立即发布公告禁止此种转基因食品的生产和经营。

3. 风险评价体系中的风险信息交流

在转基因食品安全风险评价体系中,不得不提到转基因食品的风险信息交流制度。无论是前期的风险评估还是后期的风险监测,其结果作为转基因食品的重要信息,如何体现其作用,也需要依靠完善的信息交流制度予以保障。风险评估或者风险监测的信息都应当及时向公众公布,并且这种公布是及时的、透明的、准确的和完整的。转基因食品安全信息制度是政府与消费者进行沟通和交流、警戒和教育消费者、对转基因食品生产经营者进行监督的有效渠道。此外,信息的发布可以节约政府对转基因食品的监管成本,有关转基因食品风险评估和风险监测信息的收集、发布,能够引导公众在对转基因食品的选择中趋利避害。所以,我国在完善转基因食品的风险评估体系中,也应重视安全信息制度的建立,逐步形成统一、科学的转基因食品安全信息预警体系。

(二)完善我国转基因食品之标签制度

根据食品法典委员会(CAC)的定义,食品标识是指食品包装物上或粘贴拴系在食品包装物上,经书写、印刷、模印、标记、印压或打印成的任何签条、铭牌、标志、图形或者任何其他说明物。[②] 食品标签向消费者传达关于食品特征、性能的重要信息,能够引导消费,保护消费者的知情权,其上标识的执行标准代号更是为监督

---

① 《转基因食品卫生管理办法》第19条。
② 王艳林.中华人民共和国食品安全法实施问题[M].北京:中国计量出版社,2009:147.

机构的监督执法活动提供了依据(在本书中,基于用语习惯,对"食品标签"和"食品标识"不做区分,二者表达同一含义)。①

自 1995 年颁布的《中华人民共和国食品卫生法》规定定型包装食品标识后,我国对食品标识进行管理的力度逐步加大,当前对食品标识进行规范管理的主要法律法规有国家技术监督局 1995 年颁布的《查处食品标签违法行为规定》和国家质检总局 2007 年 8 月发布的《食品标识管理规定》等。而我国现行的食品标签标准主要是参照 CAC 的标准制定的,主要包括:《预包装食品标签通则》GB 7718—2004(代替《食品标签通用标准》GB 7718—1994),《预包装特殊膳食用食品标签通则》GB 13432—2004(代替《特殊营养食品标签》GB 13432—1992),《预包装饮料酒标签通则》GB 10344—2004(代替 GB 10344—1989)。②

转基因食品标签制度也即转基因食品的标识管理制度,按照该制度的要求,若食品产品中含有基因修饰有机体的(包括食品原料及加工而成的食品),必须标识该食品为转基因食品。1997 年,FAO/WHO 召开第 25 届食品标签法典委员会会议,提出了一个《关于采用生物技术制备食品的标签的推荐意见》的提案,要求对转基因食品实行基因改良有机体标签。目前除美国等少数国家反对转基因食品实行强制性标签制度,世界上其他大多数的国家都要求在该国实行转基因食品的强制性标签制度。GB7718 - 2004《预包装食品标签通则》规定了转基因食品必须进行强制标识,③《转基因食品卫生管理办法》规定从 2002 年 7 月 1 日后,对"以转基因动植物、微生物或者其直接加工品为原料生产的食品和食品添加剂"必须进行标识。

(三) 完善转基因食品标签制度的意义

1. 维护消费者的合法权益

消费者要对食品的质量特征进行区别、要了解食品的各种成分、要知道食品的新鲜程度等信息,食品标签是第一手资料。食品制造者、包装者(或分装者)或经销者通过对被标识食品的名称、配料表、净含量、生产日期等进行清晰、准确地描述,科学地向消费者传达该食品的质量特性、安全特性以及食用、饮用说明等信息,是对消费者的承诺。④ 食品标签管理是保障食品安全的重要措施,制定食品标签法

---

① 王艳林.中华人民共和国食品安全法实施问题[M].北京:中国计量出版社,2009:109.
② 王艳林.中华人民共和国食品安全法实施问题[M].北京:中国计量出版社,2009:146.
③ GB7718 - 2004《预包装食品标签通则》第 5.1 条。
④ 李援,汪建荣.中华人民共和国食品安全法解释与应用[M].北京:人民出版社,2009:125.

规及标准可规范企业行为、减少宣传误导、保障标识内容真实性和完整性,是尊重食品消费者知情权和选择权的体现。① 并且,标签的内容,无论是对是否含有转基因成分所做的说明抑或是转基因成分可能对人体健康所产生的影响的警示,都应当使用让广大消费者通俗易懂的、最平实的文字和名词,只有大多数的消费者都能够看明白标签的内容,才真正实现了消费者的知情选择权。

2. 满足转基因食品追溯制度的需要

食品标签是建立转基因食品质量安全责任追究制度的前提,是转基因食品安全追溯系统的基本要素。通过转基因食品标签这一纽带,食品安全监督管理机构可以有效地控制转基因食品的流向、安全等信息,实现转基因食品源头可追溯、流向可跟踪、信息可查询、产品可召回。②

3. 转基因食品标签制度的具体要求

(1) 标注原则

真实标注原则。所有标注在转基因食品标签上的信息都必须是真实的,不得以虚假信息欺骗和误导消费者。

直接标注原则。转基因食品要求必须加以标注的目的在于告知消费者该食品含转基因成分,如果转基因食品标签与转基因食品或者其包装相分离,将使该制度失去基本作用。因此,转基因食品的标签应当直接地标注在每一个最小销售单元的食品包装上。

清晰标注与显著标注原则。所标注的内容应当在转基因食品或其包装的显著位置,且所有标注的内容应当清晰与持久,应使消费者在购买时易于辨认,不得用任何带有暗示性的文字、图形或符号使消费者在购买时产生任何的误解或者混淆。

(2) 标注方式

根据《转基因食品卫生管理办法》第17条的规定,转基因食品采用下列方式标注:① 定型包装的,在标签的明显位置上标注;② 散装的,在价签上或另行设置的告示牌上标注;③ 转运的,在交运单上标注;④ 进口的,在贸易合同和报关单上标注。转基因食品的标签应当真实、客观,不得有下列内容:明示或暗示可以治疗疾病;虚假、夸大宣传产品的作用;卫生部规定的禁止标识的其他内容。③

目前我国对于转基因食品标签上的标识只是一个笼统的规定,并没有规定到

---

① 王艳林.中华人民共和国食品安全法实施问题[M].北京:中国计量出版社,2009:148.
② 王艳林.中华人民共和国食品安全法实施问题[M].北京:中国计量出版社,2009:149.
③ 《转基因食品卫生管理办法》第18条。

底一种食品中转基因含量达到多少就一定需要标注,抑或是只要含有微量的转基因因素就需要标识。如果这样,一种饼干在制作过程中使用了少量含有转基因大豆成分制成的大豆油,那此种饼干的标签中是否需要进行转基因成分标示?若采取在过去一段实践中我国通常的做法——以不含有或者检测不出转基因成分作为标识标准,这一则是我国目前的生物技术水平所无法达到的检测要求,二则也与目前国际上通行的做法不一致。笔者认为,我国应该参照欧盟或者日本设立一个最低比例,即当食品中的转基因成分达到或超过此最低比例(容许量)才需要在其标签中进行标示。并且,标识中传递的信息必须是真实的和充分的,这样消费者才足以依此做出购买决定。

(四)完善我国转基因食品之监督管理制度

政府不能够等到有了确切的危害结果发生之后才实施管制措施,应当在危害发生之前就进行管理和监督。根据世界卫生组织和联合国粮农组织的定义,食品监管是"由国家或地方政府机构实施的强制性管理活动,旨在为消费者提供保护,确保从生产、处理、储存、加工直到销售的过程中食品安全、完整并适于人食用,同时按照法律规定诚实而准确地贴上标签"。[①]

目前在发达国家和地区,食品安全监管体制趋向于一种协调高效的集中管理架构,强调从"农田到餐桌"全过程的食品安全监控,形成政府、企业、科研机构、消费者共同参与的监管模式,避免了仅由政府单一监督造成的监管职能弱化的弊端。[②] 食品安全监管呈现出从过去多头监管向现在集中统一监管,从过去重视食物链的重点环节监管向现在的加强食物链的全过程监管,从以政府部门监管为主向重视发挥社会力量的作用等的总体发展趋势。[③]

1. 完善转基因食品之检验检测制度

2001年7月在日内瓦召开的第24届国际食品法典委员会决定,转基因食品在推向市场前,其卫生标准必须经过政府的检验和批准,特别需要检验的是其"引起变态反应的能力"。[④]

食品检验是依法取得检验资质的食品检验机构,根据法律、法规、食品安全标

---

① 张敬礼.中国食品药品监管理论与法制实践[M].北京:中国法制出版社,2009:310.
② 国家食品药品监督管理局、黑龙江食品药品监督管理局.食品安全监督管理[M].北京:中国医药科技出版社,2008:1.
③ 陈锡文,邓楠.中国食品安全战略研究[M].北京:化学工业出版社,2004:83.
④ 谢玉梅,陈晓红.食品贸易法规政策解析[M].北京:化学工业出版社,2007:113.

准和技术规范,运用科学的检验技术和方法,对食品安全质量作出评定的活动。[①]食品检验是食品安全监督管理的基础,为食品安全监督提供科学的管理依据,为防止食源性疾病的发生起了积极的作用。检验检测是食品安全管理的重要环节。我国食品安全检验检测机构分布在卫生部、农业部、国家质检总局等多个政府部门。根据我国食品行业发展以及食品国际贸易化发展的需要,应建立统筹规划、分工合理、职能明确、技术先进、功能齐全、人员匹配、运行高效的食品检验检测体系。一是要加强现有检验检测机构的能力建设,跟踪国际食品检验检测技术发展,加强食品科学技术和食品检验检测技术方法的研究,建立检验检测信息管理网络,实现监督管理快速反应,建立一支高素质的食品检验检测队伍。二是要整合现有检验检测机构,同时应注意加强企业自检和中介组织检测,从而形成多方力量有效结合的高效的食品安全检验检测体系。三是要积极推动检验检测的社会化和第三方资质,保证检验检测的公正、公平和合理。[②]

在检验检测中,标准的设定是一个至关重要的基础。我国对于转基因食品检验检测的安全标准的制定应当综合考量我国现实国情及现有的生物技术水平。如果这个标准过于严苛,甚至是一个按照我国目前的生物技术水平不可能达到的标准,那这个形同虚设的标准对于我国的转基因食品检验检测制度而言毫无意义。所以,笔者认为,我国的检验检测标准可以在 $0.5\%\sim1.5\%$ 之间选择一个值,便于实际操作和具体认定。此外,除了对结果进行评价之外,笔者建议也要对过程进行控制,即采取过程控制与结果评价并行的监督标准。

另外,检测的方法亦是一个需要统一标准化的课题。目前在我国对转基因食品进行检验检测的部门中,农业部门有着自己的方法和标准,质检部门也有其不同于农业部门的方法和标准。不同的检测方法可能得出截然相反的结论。所以,在对检测标准设定一个明确的值的同时,也应该确定下来某种方法作为法定的检测方法。只有这样,才会结束双重标准所引发的矛盾,才能使公众确认政府部门的检测报告是真实可信赖的。除了检验检疫部门的检测之外,转基因食品生产企业应当在企业内部建立检验管理制度,以自律的企业社会要求来做到第一个层次的预防。

2. 完善我国转基因食品之监管机构体系

所有这些有利于保障食品安全的制度要求必将增加企业的成本;而对以利益

---

① 郑淑娜,刘沛,徐景和.中华人民共和国食品安全法释义[M].北京:中国商业出版社,2009:130.
② 张敬礼.中国食品药品监管理论与法制实践[M].北京:中国法制出版社,2009:331-332.

最大化为追求目标的企业来说,这些要求即便来自法律规定,但在监管不能完全持续覆盖的情况下,企业主动按法律要求从事生产的积极性就不会很高。我国目前对转基因食品进行监督管理的机构很多。过多的机构设置产生的多头监管状况会导致在一些领域内出现职责的重叠,而在另一些领域内又出现管理的真空。管理真空地带无人监管不言而喻,职责重叠的领域也会因为监管部门间的相互推诿而产生无人监管的现象。监管部门之间如果发生冲突,将直接导致执行的不力,影响转基因食品安全监督管理工作的科学性和效率性。转基因食品安全需要私法责任制度、政府监管制度、技术措施以及基础安全措施等共同保障。

美国和欧盟对食品安全的控制就是在重视私法和市场机制的同时,又建立了一套行政监管体系,如美国的农业部与食品药品管理局,欧盟的欧盟食品安全管理局等。我国应当参照美国和欧盟的模式,在食品和药品监督管理局下专门设立一个对转基因食品进行监督管理的有独立职权和独立职责的部门,赋予其对转基因食品全过程的监督管理权,再在此部门中根据不同的监督需要成立工作小组,如安全标准制定小组、转基因食品标签管理小组等,通过在统一部门内的指导和协调提高对转基因食品的监管效能,消除或者减少监管当中的空白和盲区。

3. 建立转基因食品召回制度

美国《食品安全法》中要求建立一个国内的系统用来"从开始生产的那点到零售为止食品和食用性动物进行追踪"。[①] 一旦产品被确认为不安全,该法案允许公司自发地召回他们的产品,但同时也授权食品安全管理机构在公司没有召回不安全产品时发起一种强制性的召回。这样将确保被污染的产品快速的从市场中撤出,并且能够增强消费者对食品供给的信心。

食品召回,是指食品生产者按照规定程序,对由其生产原因造成的某一批次或类别的不安全食品,通过换货、退货、补充或修正消费说明等方式,及时消除或减少食品安全危害的活动。食品召回制度起源于国外的缺陷产品召回制度,是随着科学技术的进步和消费者利益保护的加强逐渐发展起来的,它是现代市场法制进步的重要标志。食品生产经营者及时、有效地召回不符合标准的食品,由危害发生后的赔偿与惩罚发展至危害发生前采取措施防止危害产生和扩展,可以有效降低执法成本;食品安全的事前预防措施,有利于保障消费者的身体健康和生命安全,维护社会公平。在一次事件的爆发过程中,召回和追踪系统能够被激活以确保被污

---

① Safe Food Act of 2007 § 210.

染的食品从市场中撤走。食品召回可以由食品工厂、国家食品安全机构或消费者组织发起;然而,为了使一个召回系统真正有效,应该建立一个法定的国家食品追踪系统。[1] 该追踪系统应该包括动物识别、产品上生产农场的标签和所有包装食品上提供识别的数据。这些追踪和召回系统有助于迅速撤下任何被污染或贴错标签的食品。我国《食品安全法》规定的召回客体是不符合食品安全标准的食品,即当食品的生产者和经营者发现其生产或经营的食品不符合食品安全标准时,应当立即停止生产或者停止经营,立即召回已经上市销售的食品,并通知相关经营者和消费者,并记录召回和通知情况;当食品生产经营者没有依照法律的规定召回或者停止经营不符合食品安全标准的食品的,县级以上质量监督、工商行政管理、食品药品监督管理部门可以责令其召回或者停止经营。

笔者认为,对于转基因食品而言,如果仅以不符合安全标准作为召回条件范围太窄,不能够充分地对可能对消费者生命健康存在风险的转基因食品进行召回。对于转基因食品,应当规定特别于普通食品的召回标准。对转基因食品应当召回的标准应当包括且不限于:① 生产者和经营者所生产或经营的转基因食品不符合转基因食品安全标准的;② 生产者和经营者发现其所生产或经营的转基因食品存在或者可能存在风险(如虽然国内未发现,但国外同类型转基因食品已被发现风险)且未被证明此种风险已经消除;③ 生产者和经营者所生产或经营的转基因食品在监管机构的再次风险评估中被评为较高等级,不适于再生产或销售;④ 其他应当被召回的情况。

能够使召回制度有效运行的前提是记录保持规则的遵守,即转基因食品的生产者和经营者应当对转基因食品的生产、进出货情况进行记录。如美国食品药品管理局所确认的记录保持规则,该规则允许食品和药品管理局要求"建立和保持用来决定食品的直接来源和直接领受者所需要的记录,即所谓的'一上一下原则'"。[2]

笔者认为,对于转基因食品流转的有关信息,记录很重要,但是记录的保持更为重要,笔者建议在我国的法规中规定有关转基因食品流转的记录保持时间至少为两年以备查。对于食品生产者所召回的转基因食品,应当采取无害化处理或者销毁等措施,销毁时,要特别考虑转基因食品有可能会对环境产生影响的特性。无

---

[1] SFI, Guidelines, supra note 23, at 11.
[2] See Ctr. for Food Safety & Applied Nutrition, FDA, What You Need to Know About Establishment and Maintenance of Records (2004), available at http://www.cfsan.fda.gov/~acrobat/fsbtrec.pdf (informing U.S. food producers about record-keeping.

害化处理或者销毁后,要及时将有关召回和处理的情况向主管部门报告。

(五) 完善我国转基因食品之救济制度

1. 加大对违法者的处罚力度,增加对消费者的补偿

《新资源食品管理办法》中规定对食用安全信息隐瞒不报的生产经营或者使用新资源食品的企业的处罚仅仅是通报批评。而生产经营未经卫生部批准的新资源食品,或者将未经卫生部批准的新资源食品作为原料生产加工食品的,依照《食品卫生法》的规定予以处罚。但《食品卫生法》随着《食品安全法》的颁布实施已经失效。所以,《新资源食品管理办法》中的这条也失去了处罚依据。目前,市场上销售的转基因食品有很多都没有进行明确标识,一方面是生产者担心转基因食品标签会对产品带来滞销风险,另一方面是由于违法惩罚力度轻。正是因为对转基因食品生产者及经销商的处罚规定较少,且罚则较轻,使得生产者就愿以较低的违法成本来换取丰厚的企业利益。因此,要加大对违法者的处罚力度,以保护消费者的知情权和生命健康权。首先,要没收违法的产品和违法所得,情节严重的应该取消生产或者经营转基因食品的许可,甚至吊销企业营业执照。其次,要加大罚款的力度。罚款数额的加大一则对违法者基于违法成本的考量而产生震慑作用,二则亦可以用来填补转基因食品监督管理所需的成本支出。

基于转基因食品的特殊性,在制定《中华人民共和国转基因食品安全法》时应对消费者的赔偿部分给予格外的重视。对生产者或经营者的各种不符合转基因食品安全管理规定的行为,涉及消费者的,都可以规定消费者对生产者和经营者的求偿权。对消费者的身体健康或生命安全造成损害的,消费者应当享有求偿权自不待言,但一些看似未发生实际损害的行为亦应当赋予转基因食品消费者求偿权。例如对于生产者或者经营者不按照规定对转基因食品进行标识的行为,表面看来对消费者不会造成损害,消费者应当没有权利向生产者和经营者索赔,只应由监督管理部门对其进行处罚。但笔者认为,不加标识的行为严重侵害了消费者的知情选择权,对于转基因食品而言,此种对知情选择权的侵害对消费者的影响要比其他消费行为中的类似行为严重得多。因为消费者不愿意食用转基因食品,除了担心其安全不确定之外,还有一部分是心理情感因素,甚至是基于民族风俗或某种宗教信仰,所以应当赋予消费者被侵害知情权的求偿权。有人可能认为只有当消费者因食用了未经标识的转基因食品而产生了致害结果,并且此种致害结果是通过标识可以避免的(如对某种物质过敏的消费者,可以在转基因食品的标签中获知该食

品中含有致敏成分,那么他就不会选择这种食品,从而避免致害结果的发生),生产商和经销商才需要对消费者承担损害赔偿责任。但笔者认为,只要消费者证明其购买了按照规定应当标识但没有标识的转基因食品,就有权向生产商或经销商索赔,赔偿额度可以在购买商品价值的5~10倍间确定一个值。虽然如此规定在消费者举证方面和赔偿范围的确定方面需要仔细考量,而消费者的个别维权也有难度,但也应当先确立一个原则性的条文,让消费者欲维权时有法可依。

2. 建立转基因食品安全保障基金

如上文所述,转基因食品如果发生致害其影响范围是相当广泛的,并且危害结果也是很严重的。因此,当致害结果出现时,致害发生的突然性使单纯依靠企业对消费者的赔付从时间上有明显的滞后性,而致害范围的广泛使得依靠一个企业对所有受损害的消费者进行完全补偿也是不现实的。在此,笔者认为可以通过建立转基因食品安全保障基金来解决这个问题,为消费者提供强有力的保障。

关于保障基金的来源,笔者认为应该有三个途径:一是由政府每年按照一定的数额进行财政拨款;二是每个转基因食品生产者或者经营者在申请生产或者经营转基因食品许可时缴纳一定数额的费用,如同在环境保护管理中向排污企业所征收的排污费;三是从对违法转基因食品生产商或者经销商的罚款中按一定的比例提取。

不同于一般的保障基金,转基因食品安全保障基金不能由基金公司来管理和运营,因为保障性是转基因食品保障基金的本质,其不应当和其他基金一样进行风险性的投资活动,笔者认为,保障基金应由食品药品监督管理局下设一个专门的机构独立进行管理,专门负责从各种途径进行保障基金的收取工作和发生致害结果时对消费者的给付。

第十章 食品召回制度

食品召回制度是保护人类生命权和健康权的有力措施,意义十分重大。美国、欧盟、加拿大、澳大利亚等国家和地区已经建立起了严格而完备的食品召回制度,形成了较为成熟的运行模式,能有效地保障消费者的健康和权益。我国虽然也建立了生产环节的食品召回制度,但仍然存在不足之处。本章在借鉴外国有关经验的基础之上,提出完善我国食品召回制度的具体意见与建议。

第一节 国外食品召回制度

一、澳大利亚、新西兰食品召回体系

澳大利亚、新西兰(以下简称澳、新)食品召回由国家、州和地方立法共同管理。澳、新食品召回制度的法律、法规主要有:《澳、新食品标准局(FSANZ)法案(1991)》《贸易实践法案(1974)》以及《澳、新食品工业召回规范(2002年第5版)》[①]。《(FSANZ法案1991)指出,澳、新食品召回由实施《贸易实践法案(1974)》的部门

---

① Marion Hcaly 等主编,潘家荣等主译.食品法规管理体系框架.北京:2004年(第三届),中国食品与农业科学技术讨论会会议资料.

协调执行,应在国家和地方的要求下,遵照国家和地方法律,实施国家和地方的食品召回行动。《贸易实践法案(1974)》对澳、新食品召回的立法权作了规定,指出国家仅对从事商业和贸易的有关公司拥有强制召回权。一些州和地方通过食品立法和消费者保护立法拥有强制召回权,而其他州仅能通过其中一条途径拥有此权利,政府参议会没有制定食品召回的立法权,但可通过相关部门授予某些权利。

所谓食品召回规范就是指由于公众健康和安全的原因,为了使食品远离供应或消费者食用而采取的步骤《澳、新食品工业召回规范(2002年第5版)》对澳、新食品召回的标准及程序作了说明其中,标准3.2.2指出:召回食品在丢弃前必须和其他食品分开,拟召回食品应尽快返还给供应者(批发商和进口商),供应者应进一步采取措施明确这些食品是否是安全的,不安全食品必须销毁或丢弃,防止被人类消费或食用。标准3.2.2还规定:澳、新从事食品批发供应、生产和进口的食品商应有一个确保不安全食品召回的适宜系统,并在文件中陈述这个系统,在授权官员需要时可以提供这个文件在实践中生产商应遵照该系统召回食品。

(一) 澳大利亚、新西兰食品召回体系的构成主体

澳、新食品召回体系的主体由生产者、销售商和消费者三方构成,当需要召回食品时,生产者、销售商都有责任在有关机构的监管下,依据食品召回的法律法规将问题食品从消费者手中召回。

中央机构承担召回协调员的责任。澳、新食品召回具体由中央机构负责实施,中央机构充当召回协调员的角色,在食品召回工作中起着关键作用,同时也担当着重要的责任,主要有:① 及时向权限机构和其他受潜在影响的团体传递信息;② 就召回事项与相关政府机构和食品企业保持联系,为召回过程提供建议和帮助;③ 进行食品召回的复核;④ 保存所有召回相关信息的电子数据库;⑤ 向消费者机构和澳、新食品标准局(FSANZ)报告召回的进展。

当市场上发现问题食品并且需要进行食品召回时,生产者负有主要责任,应做以下工作:① 保存记录,书写召回计划;② 向召回协调员和当地管理机构通报;③ 提供所有相关信息;④ 启动召回过程,并进行管理;⑤ 向分销者和消费者通报;⑥ 报告召回的进展和评价。

(二) 澳大利亚、新西兰食品召回体系的运行

澳、新食品召回运行由确定食品召回计划、启动食品召回、实施食品召回、召

完成评价等四个环节组成,食品召回体系效力取决于:① 企业、政府和消费者对作用和责任的熟悉和理解;② 政府和企业之间良好的工作关系和合作;③ 中央政府的协调制定食品召回计划。任何从事食品批发、生产和进口的食品商都应该有一个书面召回计划,食品召回计划包括:① 主要部门(召回委员会)的职责和关系;② 生产和销售记录;③ 召回采取的步骤;③ 实施判别,模拟召回。

启动食品召回生产者(公司),是食品召回的发起人,负责启动食品召回,应该做以下工作:① 召集委员会开会并审查资料,包括撤除的初始操作;② 确认召回的必要性首先进行风险评估,进一步了解信息,如需召回,确定召回采取的方式;③ 向召回协调员、地方或省级召回协调员提供信息。

实施食品召回首先确定召回层次,确定是消费者层次召回还是商业层次召回,这取决于分销和产品性质,另一方面应根据卫生机构的讨论来决定。若是消费者层次召回,首先则应通过媒体广告来通知公众。其次,停止产品分销和销售,立即通知分销商停止销售,让消费者停止购买,并且"让销售商尽快从消费者手中取回产品等待处理"。

食品召回过程完成时,厂商(公司)需要做总结评价工作,具体包括:① 编写召回进展报告,说明召回工作的进度;② 审查厂商(公司)食品召回的执行程序,具体有召回计划、召回体系、人员培训等;③ 向卫生部提交食品召回总结报告;④ 应重点提出保证食品质量安全,防止再次生产问题食品的措施,实行以预防为主的战略。

为保证今后我国食品召回制度的顺利实施,必须采取措施尽快解决当前我国食品召回实施过程中存在的一系列问题,澳、新食品召回体系为我们提供了借鉴。

二、美国的食品召回制度

在美国,应当召回的食品主要有三种:一种是掺假掺杂的(adulterate);一种是违反标识管理规定的(misbrand);一种是包装缺陷、串味、变色、瓶装饮料泄漏等情况。这三种情况的食品都有一个共同点,即属于不合格食品的范畴。不合格食品的范畴是不安全和缺陷(unsafe and defective)食品。有的食品吃了并不会影响健康,不属于不安全食品的范畴,但只要是不合格的食品,就应当召回。

美国负责食品召回的政府职能部门有两个:一个是卫生部(U. S. Department of Health and Human Services)属下的食品药品管理局(Food and Drug Administration,

以下称 FDA);另一个是农业部(U. S. Department of Agriculture)属下的食品安全与检查局(Food Safety and Inspection Service,以下称 FSIS)。FSIS 主要负责监督肉、禽和蛋类产品质量和缺陷产品的召回,FDA 主要负责 FSIS 管辖以外的产品,即肉、禽和蛋类制品以外食品的召回。

美国政府职能部门对实施食品召回的主导作用表现在食品召回实施的步骤和程序上分两种情况,第一种情况是企业发现产品有缺陷主动启动食品召回程序。在这种情况下,食品召回的步骤和程序是企业发现食品缺陷后主动向 FDA 或者 FSIS 提交问题报告,FDA 或者 FSIS 对企业的报告进行评估,评估报告如果认定食品应当召回,则企业一方面应立即停止该食品的生产、进口或者销售,通知零售商从货架上撤下食品,另一方面应当制定缺陷食品召回计划,企业的召回计划由 FDA 或者 FSIS 认可后即可实施,此时,先由 FDA 或者 FSIS 再向新闻媒体或者在自己的网站上发布召回新闻稿(press release),然后由企业公布经 FDA 或者 FSIS 审查过的、详细的食品召回公告,最后在 FDA 或者 FSIS 的监督下,企业召回缺陷食品,对缺陷食品进行处理,同时对消费者进行赔偿。第二种情况是 FDA 或者 FSIS 启动食品召回计划。在这种情况下,FDA 或者 FSIS 得到举报或者通过诉讼案件等途径获悉食品质量存在问题,要求企业予以说明,企业向 FDA 或者 FSIS 提交报告,若 FDA 或者 FSIS 的评估结果认为需要召回食品的,其后的步骤和程序与第一种情况基本相同。上述两种情况,无论食品召回是由企业启动的,还是由政府职能部门启动的,都显示出政府职能部门对实施缺陷食品召回的主导作用。

在美国,无论是 FDA,还是 FSIS,都把食品召回分为三级,以 FSIS 为例,当有理由相信掺假或者不符合标签管理规定要求的食品进入流通领域时,FSIS 属下的召回管理处(Recall Management Division)召集召回委员会(FSIS 内部的一个常务委员会)对所有的相关信息进行评估,然后向公司作出需要召回的劝告。召回委员会根据食品与健康危险的关联度,将召回分为以下三个级别:第一级召回,食品的危害情况包括,吃了这些食品将导致健康问题或者死亡的可能性明显。第二级召回,食品潜在的危害情况包括,吃了这些食品将不利于健康的可能性较细微;第二级召回,食品的情况包括,吃了这些食品将不会导致不利于健康的结果。根据食品安全检验局的记录,1982 年至 1998 年召回肉类和禽类产品 479 起,涉及数量 5.93 万吨,其中第一级召回占召回次数的 52%,占召回总数量的 64%;第二级召回占召回次数的 40%,占召回总数量的 29%;第三级召回分别占总召回次数和数量的8%和7%。①

将食品召回进行分类的意义在于,不同召回级别采用不同的管理方法,使公众知道某种被召回食品的危害程度从而采取不同的处理方法和处理态度,也有利于政府职能部门对食品召回进行分类管理,增强工作的针对性,提高行政效率。以FDA为例,如果是第一级召回,FDA要检查并确信每个缺陷食品被召回或者被修理完好,相反,如果是第二级召回,FDA可能决定仅需要抽样调查来确信产品已经从市场召回。

美国食品召回制度的实施有着严格的法律程序,其具体步骤如下:① 食品生产商、进口商或经销商在发现其生产、进口或经销的食品存在危险时,应在得知的24小时内向食品药品管理局和食品安全检验局提出报告,如果有必要,还应按要求提交书面报告。当然企业进行报告不代表一定进行召回,食品是否需要召回要由食品药品管理局和食品安全检验局的专家委员会进行评估。② 食品药品管理局和食品检验局在收到企业报告后,要迅速对食品是否存在问题进行调查,如需召回,需评估召回的等级,还要对食品上市时间长短、流入市场数量、流通方式、消费者群体等资料及危害程度进行评估。③ 在确定食品存在问题并应召回后,食品的生产、销售、进口应立即停止,企业应通知零售商从货柜上撤下该问题食品,另一方面,企业根据食品的缺陷等级、进入市场的方式、流向、数量等,制定食品召回计划。④ 企业制定的召回计划经过食品药品管理局和食品检验局的认可后即可立即实施。食品药品管理局和食品检验局首先通过网站或媒体发布召回公告,然后企业通过大众媒体向消费者、各级销售商公布经过审查的食品召回计划,最后在食品药品管理局和食品检验局的监督下,企业召回缺陷食品,对缺陷食品采取补救措施,造成损害的要对消费者进行赔偿。②

在美国,绝大多数食品召回是食品生产经营者自愿完成。如果企业自身发现食存在潜在风险,且还没有造成严重危害,主动向FSIS或FDA提出报告,愿意召回缺陷食品并制定出切实有效的召回计划,FSIS或FDA将简化召回程序,不作缺陷食品的风险评估报告,也不再发布召回新闻。③ FDA发现公司的某一产品有缺陷时,通知公司并建议或者要求公司召回产品,公司通常都愿意顺从。如果公司不

---

① 张利国,徐翔.美国食品召回制度及对中国的启示[J].农村经济,2006(6):127-129.
② 杨明亮,赵亢.发达国家和地区食品召回制度概要及其思考[J].中国卫生监督杂志,2006,13(15):7-13.
③ 吴冬晖.建立我国缺陷产品召回制度之立法探讨[J].武汉理工大学学报(社会科学版),2002,15(6):560-564.

召回产品，FDA 可以根据《联邦食品、药物和化妆品法》(FDCA)采取法律措施这些法律措施。包括由 FDA 根据联邦地区法院的命令派美国警官对有关食品加以没收，或者指令公司召回食品，对违法行为负责的个人或者公司可能会被起诉。这种公司和 FDA 之间的合作多年来被证明是把潜在的危险食品从市场上撤回的最快速和最可靠的方法。这种方法的成功在于它符合 FDA 和食品工业企业的共同利益，即尽快让不安全食品和缺陷食品远离消费者。FSIS 内部的召回委员会是 FSIS 的一个"常务委员会"，该委员会由科学家、技术专家、专业检查管理者、执行人员和信息专家组成，专门评估所有的相关信息，然后作出公司需要召回食品的劝告或者建议。

我国大多数食品生产企业的规模小，有的只有 4~5 人，他们很难在能力上判断自己的食品是否需要召回，即使能够判断食品需要召回，他们也假装不懂，因此，我国也可以借鉴美国的做法，在有关的政府职能部门内成立不安全食品召回委员会，专门收集、分析和评估有关食品安全方面的信息，然后提出要求企业召回不安全食品的意见或者建议如果确实需要召回食品的，由政府职能部门直接向企业发出不安全食品召回通知书。这样，就把政府的监管和企业的自律结合起来，监管效果会更好。

三、加拿大的食品召回制度

加拿大负责食品召回的监管机构是食品检验局(CFIA)，由设在食品检验局的食品安全召回办公室(OFSR)协调全部的食品召回工作。OFSR 实行 24 小时工作制，随时可以对各级别的食品召回做出反应。指导加拿大食品进行召回的法律主要是《加拿大食品检验局法》，此外，OFSR 还就食品召回问题分别撰写了批发商指南、进口商指南、制造商指南及零售商指南，来指导食品从生产到销售各环节责任人制定企业的召回计划，配合食品检验局法的工作以促使召回顺利进行。

加拿大的食品召回方式分为两种：企业自愿召回和强制召回。一般以企业的自愿召回为主，在企业不实施积极召回的情况下，OFSR 可以强制企业进行召回，并且给以那些不执行食品召回令的企业严厉的处罚。

加拿大的食品召回级别也分为一级、二级、三级，分别根据被召回产品造成的不同的危害程度。在加拿大，一级召回一般需要发布警报，二级召回可以发布警报，三级召回一般不需要发布警报。加拿大食品召回分为五个阶段：调查并进行危害确认阶段、风险管理和战略决策阶段、实施召回阶段、检查召回效果阶段以及后续工作阶段。

四、对我国的启示

借鉴澳、新经验,规范食品召回程序编制一套规范的食品召回程序,包括制定食品召回计划、启动食品召回、实施食品召回、食品召回完成评价等环节的具体内容,让有关责任主体以及管理部门在具体食品召回中确切知道应该履行什么职责和义务。①

建立中央食品召回协调机构。澳、新食品召回体系非常重要的一点就是设有中央级食品召回协调机构—召回协调员,该机构能将各个负责食品安全管理的不同部门协调起来,使各相关职能部门职责明确我国目前的多个部门同时交叉管理食品安全的问题有赖于统一的中央级协调机构来解决。

建立完备的食品溯源制度。为了避免在遇到问题食品时无法确定食品生产厂家,必须从食品生产的源头开始,实施从"农田到餐桌"的全程动态监控,通过采用标签管理来建立完备的食品溯源制度。

从国外的立法经验来看,产品召回立法大多是遵循"从特殊到一般"的原则。例如,美国、日本的产品召回立法都是从汽车产品召回开始,然后扩大到几乎所有的产品领域。这也是我国首先出台汽车产品召回管理规定的重要原因。由于产品种类繁多,不同的产品差异性极大,我国的产品召回法律体系的建设应当坚持一般调整和特殊调整相结合的原则。以立法的形式强制食品企业建立最起码的标识制度和产品流向溯源和跟踪记录,并对可能出现的食品安全问题建立相应的预警防范机制。既要有关于产品召回的一般法律规定,例如在产品质量法、消费者权益保护法中增加关于产品召回的一般条款;又要有专门的法律、法规调整特殊类别的产品召回,例如汽车、食品等有关产品召回法律规范。最终形成我国的完整、科学、系统的产品召回法律体系②。

处罚力度大。在美国,一旦被查出食品安全有问题,食品供应商和销售商将面临严厉的处罚和数目惊人的巨额罚款。只有提高制造伪劣食品药品的成本,才能根本杜绝此类现象。

---

① 魏益民,刘为军.澳大利亚、新西兰食品召回体系及其借鉴[J].中国食物与营养,2005(4):7-9.
② 薛贵滨.构建我国食品召回制度的法律思考[J].行政与法,2006(8):74-77.

西方国家不仅有一套健全的法律,而且注重与时俱进。不断修正出台新的规则和标准,有效地保证了食品药品的安全。美国一年有逾2 000个新的规则出台和生效,为净化食品药品市场提供了依据。①

第二节　食品召回制度的法经济学分析

当前,食品召回制度的研究已经引起相关方学者的注意,但是,对于食品召回的法理学基础研究还比较欠缺,这不能满足执法实践的需要,食品召回制度缘何产生,其存在的根基及其体系的支撑,都需要论证。选择合理的路径是开展论证的关键。

(一) 法经济学角度上的食品召回制度的法理依据

在市场经济中,个人、社会作为理性主体必然要追求效率最大化,这与法经济学核心关注的效率观存在天然契合。艾克曼(B.A. Ackerman)指出,法经济学"这种思想路线提供了一个分析结构,使我们能够对由于采用了一个法律规则而不是另一个法律规则的结果而产生的收益的规模和分配,进行理智的评价"②。关注效率,并不意味着无视公平、正义等价值,波斯纳在《法律的经济分析》中阐明:"经济学后面还有公平,法律的经济分析的解释力和改进力都可以向社会表明为取得非经济的公平理想所应做的让步而权衡各种价值。对公平的要求绝不能脱离于这种要求所应付出的代价。"③因此,法经济学角度论证会更本能而自然的解释食品召回制度的进程。

(二) 食品召回体现经济法的核心价值理念——效率

从短期来看,实施食品召回在一定程度上会影响到企业个体、社会整体的效

---

① 周全绍.国外食品药品安全保障值得借鉴的几个问题[J].商场现代化,2007(32):205-206.
② 张文显.二十世纪西方法哲学思潮研究[M].北京:法律出版社,2006:198.
③ 理查德·A·波斯纳.法律的经济分析[M].蒋兆康,译.北京:中国大百科全书出版社,1997:32.

率。从效率的标准产出与投入比例分析,召回制度会增加食品企业的成本,影响企业的短期经济效益,但是长远来看,企业防止了缺陷食品致人损害之后的高额的惩罚性损害赔偿以及行政罚款甚或刑事责任,而且通过食品召回,企业赢得了信用这种无形资产。信用会降低消费者的搜寻成本和经营者与消费者之间的交易成本,顺利实现平等交易。若诚信度下降,消费者的安全权得不到充分的保障,就会导致交易双方相互猜疑,出现"低度均衡"现象,其结果是交易成本升高,经济效率降低,严重时甚至会使经营者退出市场,市场经济体制遭到破坏。因此,食品召回制度的建立正是出于维持企业长期效率的考虑。

2001年美国的一项调查显示,缺陷食品召回引起所有者经济损失,平均占公司财产的1.5%~3.0%;严重威胁消费者身体健康的第一级食品召回,从发布召回新闻稿起企业股价大约有一个月的异常波动,会导致企业利益受损;对公众不会造成严重危害的缺陷食品召回,企业利益基本没有负面影响。[①] 可见,食品召回绝非洪水猛兽,一般情况下不足以令企业立刻陷入困境。西方国家产品召回的历史向我们说明,产品召回引发企业破产或经营困难只是极少数现象,与企业自身的其他因素也有关系,并不是实施召回的必然结果。

其次,企业成本的提高效率的受损也是责任自负的正当逻辑。在市场上,要获益就必须付出代价,生产缺陷食品的召回责任只是与利润相联系的代价之一,若片面地追求企业效率即为绝对的"功利主义"倾向。"一个正义的社会并不是个人自我膨胀财富和权势社会,人们也不能只受警察和法院执行贤明的哲学家起草的法律的约束。相反,一个公正的社会是由公正的个人组成的社会,个人实践着正义,他们认为正义是其本身值得加以培养的道德",[②]我们的社会主义和谐社会正是这样一个公正的社会。"这种理性伴随着正义与效率的交替循环上升",[③]法经济学的逻辑起点就是关注效率的同时不能无视正义。

再次,企业承担缺陷食品召回义务是权义配置效率最大化的合理安排。法律制度的重要内容就是权利、义务的配置,配制的是否得当是衡量制度价值的基本所在。效率最大化是理想制度的追求目标。"效率是用收益和成本来衡量的。在法律中,正义又必须通过权利和责任的特定安排来体现。效率的最大化构成正义的

---

① 程言清,黄祖辉.美国食品召回制度及其对我国食品安全的启示[J].科学 经济 社会,2003,20(1):55-59.
② 张文显.二十世纪西方法哲学思潮研究[M].北京:法律出版社,2006:510.
③ 曲振涛,杨恺钧.法经济学教程[M].北京:高等教育出版社,2006:32.

一个标准。""在法律上,事故责任应该归咎于能以最低成本避免事故而没有这样做的当事人",①这是著名的"波斯纳定理"的对偶形式。缺陷食品存在危害人体健康与生命安全的风险。假使食品安全事故已经发生,事故责任应该归咎于何方？食品之信任品特性导致出信息不对称的必然。鉴于信任品特性与信息不对称属性,食品企业当然是以最低成本避免事故者,甚至是可能阻止事故发生的唯一主体;信任品和信息不对称二者成为消费者抵抗食品安全事故责任的合理抗辩。既然事故理应归责于食品企业,那么在事故发生之前的风险预防义务自当归属于食品企业,因为责任本质是由于违反第一性义务而引起的第二性义务,若由他方承担避免事故的第一性义务则导出第一性义务的违反之由,更是对权义一致原则的无视。

食品产业经济的发展如果以健康安全为代价,任何理性的主体都不同意。用经济学家经常使用的"卡尔多—希克斯效率"——即如果从社会资源再分配中获利的人获得的利益足够补偿那些因此而损失者的损失,哪怕并不存在实际的补偿,来分析食品安全问题,结论仍然是效率的。因为,生命本无价,在波斯纳看来,"要用金钱来评估生命价值是极度困难的",而且"这是不现实的"。个体的生命无价,公众生命更难以计价。即使食品召回制度给食品生产企业造成了严重的经济损失,但就无价的生命而言,社会因挽救生命而得之收益远高于有限的经济损失,这样的结果符合"卡尔多—希克斯效率"的要求,实现了社会资源的优化配置。无论是制度建构还是变革,法律应该坚持以"卡尔多—希克斯效率"为底线,并尽最大可能降低交易成本,使得潜在的帕累托改善变成现实的帕累托改善,是基于"效率"的基本考量。

第三节　我国食品召回立法现状及存在的问题

缺陷产品召回(Product Recall)制度最早出现在1966年的美国。当时美国国

---

① 陈国富.法经济学[M].北京:经济科学出版社,2006:286.

会出台了一部《国家交通与机动车辆法》,正式确立汽车召回制度。① 其后,美国国会在有关运输、公共健康与福利、食品与药品、商业与贸易、农业方面的多部法律中都规定了产品召回制度。目前,世界上许多国家,尤其是发达国家都建立了产品召回制度。我国的召回制度也是首先在汽车领域确立。2004 年,为与国际市场接轨,我国建立了缺陷汽车召回制度。后来又将召回制度发展到食品、药品、玩具等可能涉及人身安全的领域。

一、立法现状研究

(一)我国已具备了制定食品召回制度的条件

《食品卫生法》《产品质量法》《标准化法》《标准化法实施条例》《消费者权益保护法》及 2007 年 7 月 26 日国务院《关于加强食品等生产安全监督的特别决定》(下称"国务院《食品安全特别决定》")等法律法规均不同程度地表明我国实行食品召回制度。国务院《食品安全特别决定》有如下明确的规定:企业有义务召回缺陷食品。如果生产企业和销售者不履行召回义务,对生产企业并处货值金额 3 倍的罚款,对销售者并处 1 000 元以上 5 万元以下罚款;造成严重后果者吊销许可证照。该规定被媒体称为我国食品召回制度的破冰之举。

2007 年 8 月 31 日,国家质检总局公布并正式实施《食品召回管理规定》。管理规定共 5 章 45 条,主要内容包括食品召回的管理体制;食品安全信息管理;食品安全危害调查和评估;食品召回实施,包括主动召回、责令召回和召回结果评估与监督以及召回食品后处理,以及法律责任。按照规定,根据食品安全危害程度的评估对食品召回分为三级:一级召回。已经或可能诱发食品污染、食源性疾病等对人体健康造成严重危害甚至死亡的,或者流通范围广、社会影响大的不安全食品的召回。二级召回。已经或可能引发食品污染、食源性疾病等对人体健康造成危害,危害程度一般或流通范围较小、社会影响较小的不安全食品的召回。三级召回。已经或可能引发食品污染、食源性疾病等对人体健康造成危害,危害程度轻微的不安全食品的召回。根据召回级别对食品召回的具体行动作时限要求,以迅速有效地实现召回目的,最大可能地消除食品安全危害。除了《食品召回管理规定》对食品

---

① 谢杨.对我国食品召回制度的探讨[J].中国卫生法制,2004(3):34 - 35.

召回制定了相关细则外,在《食品安全法》之前,没有专门针对食品召回的法律法规或部门规章,关于食品召回制度的相关条文或类似规定,散见于各级、各地制定的相关法规和规章中。

(二) 部分地方政府已经建立食品召回制度

2002年11月北京市人民政府第117号令颁布了《北京市食品安全监督管理规定》,第25条规定了缺陷食品的"追回"或"收回"制度,成为我国食品召回的开端。2006年上海市出台《缺陷食品召回管理规定》(试行)是我国首部较为系统规定食品召回的地方性规定。随后厦门、吉林、杭州等相继推出了菜肉召回制。河南省从2006年1月1日起试行不合格食品召回制度。安徽省安庆市制定了《安庆市食品生产加工企业缺陷食品召回管理规定》。安徽马鞍山市制定了《安徽马鞍山市食品生产加工企业缺陷食品召回实施规定》。北京和广东省正在制定《食品安全条例》。另外,由上海市食品药品监督管理局制定并颁布的《缺陷食品召回管理规定(试行)》于2006年8月1日起施行,这是我国首部参照发达国家食品召回制度制定的较为系统的、具有操作性的食品召回地方规定。

(三)《食品安全法》明确了食品召回的程序和责任

国家建立食品召回制度,食品生产者发现其生产的食品不符合食品安全标准,应当立即停止生产,召回已经上市销售的食品,通知相关生产经营者和消费者,并记录召回和通知情况。食品经营者发现其经营的食品不符合食品安全标准,应当立即停止经营,通知相关生产经营者和消费者,并记录停止经营和通知情况。食品生产者认为应当召回的,应当立即召回。食品生产者应当对召回的食品采取补救、无害化处理、销毁等措施,并将食品召回和处理情况向县级以上质量监督部门报告。食品生产经营者未依照本条规定召回或者停止经营不符合食品安全标准的食品的,县级以上质量监督、工商行政管理、食品药品监督管理部门可以责令其召回或者停止经营。

二、我国食品召回制度中存在问题

我国市场上劣质食品泛滥,阜阳劣质奶粉案、麦当劳食品安全案、荷尔蒙牛肉案、金华毒火腿事件、巨能钙事件、有毒咖啡事件、三鹿奶粉等不断出现食物中毒的恶性案件。据调查,民众对食品卫生安全现状表示不满意为51%,对政府在食品领域的监管体系及力度的满意度为57%;全国现有食品生产、加工、经销企业约一千多万家,部分食品生产质量令人担忧。发生这些事件的原因主要有:

第一,缺少针对食品安全的法律。我国目前与产品质量相关的法律主要有《产品质量法》《食品安全法》和《消费者权益保护法》,尽管《消费者权益保护法》做出了政府保护消费者权益的规定,但针对缺陷产品的防范和处理的规定过于原则,即缺少"细则",因此可操作性差,真正实施起来难度很大,尤其是对生产商和经销商的经营行为未做明确规定。法律上的盲点导致了对缺陷产品管理的低效与无序。[①] 2009年6月1日实施的《食品安全法》尽管对食品召回做了原则性规定,明确了以风险评估为基础来建立食品召回体系,但该法并没有就食品召回在实体上和程序上做系统、全面的规定。有些学者认为《食品安全法》确立了我国食品召回制度的观点值得商榷。[②]

第二,食品召回中缺乏统一的评估标准。食品安全的风险评估原则,应是透明的、灵活的,但是我国因为没有专门的评估机构,所以各地的评估标准不统一。

第三,食品召回信息不透明,程序不完善。导致收回食品后就完成了召回的现象普遍存在。食品召回的信息应当及时披露,按召回级别,确定披露的范围和方法。重视食品安全信息管理和食品安全危害调查和评估,明确风险评估等措施,可以提高监管效率。在召回程序上,企业首先应当将不安全食品的缺陷、潜在危险可能造成的损害情况以及食品在市场上的流向等相关信息进行上报,监管部门得到信息后,立即通过新闻媒体及在官方网站上进行信息披露,告知广大消费者,与此同时,企业应当及时通知销售商或经销商从市场上撤下该种食品。食品召回后,企业应当做好记录,对不安全食品展开调查和分析。然后对于给消费者造成的损害承担损失,进行赔偿。这样才是完整的食品召回制度,并不是说收回食品后即算完成了召回。

第四,食品召回中公众参与度不够。食品召回,其目的是实现全体人民的福利,实现我国的可持续发展,这不仅需要国家的大力推动,更需要全社会的共同努力。公众参与,是解决我国食品安全中一些问题的重要途径。通过公众参与,影响食品监管中的主体的行为,从而间接地影响立法、执法与司法。

鉴于这几年来食品领域发生的问题多多,食品召回制度的完善迫在眉睫。首

---

① 张海燕.论缺陷产品的召回制度[J].律师世界,2002(5):25-27.
② 何悦.对我国食品召回有关问题的立法建议[J].河北法学,2008,26(3):91-95.

先，食品召回促使生产经营者权衡利弊，召回缺陷食品。产品召回可以对企业形成一种外部压力，生产经营者为了减少因召回而造成的损失从而加强食品质量管理，严把进货关，抛弃那种不成熟的盈利方法，督促企业不断通过改进技术来提高自己的产品质量，树立和增强品牌意识，从而使企业走上健康、稳定、良性的发展之路。召回不安全食品必然造成生产经营者的损失，他们会在召回产生的经济损失和为提高产品质量而投入的成本之间进行权衡，能促进社会成本内部化，保护消费者权益。因此食品召回制度可以督促生产经营者加强食品质量管理，把可能由公众承担的损失转移到生产经营者身上，即将社会成本内部化，保护消费者的合法权益，降低社会成本。其次，提供了健康的市场环境。召回制度从短期看是企业负担，长远看可以维护企业形象。对召回食品的处理、赔偿消费者损失等行为会给企业造成短期负担，另外会造成品牌危机及股价大跌等。但召回制度降低了可能发生的更大数额的赔偿，赢得了消费者的信赖，实际上是维护了企业的良好形象，有利于企业的长期发展。如2004年10月15日，全球最大家具巨头瑞典宜家公司向外界宣布，从即日起，在全球范围内召回法格拉德儿童椅。在解释召回原因时宜家表示，该产品的塑料脚垫可能会发生脱落，从而存在会被孩子吞食，导致发生梗塞窒息事故的危险。在整个产品召回的信息发布中，媒体的舆论导向是朝着对宜家有利的一方发展的。宜家此次产品召回的危机处理结果明显是成功的，既赢得了消费者的理解和信赖，同时也没有对企业生产和销售产生太大的波动和影响。最后，建立召回制度是与国际接轨，保护我国消费者的合法权益的必然要求。加入WTO就应遵循国际惯例。欧美、日本等发达国家均建立了完善的缺陷产品召回制度，这样有利于国内消费者权益的保护。之前我国没有实行缺陷产品召回制度，同样产品，比如日本汽车出现问题，在美国可以成功地向日本的经销商退货，而在中国却不能直接退货，严重损害了我国消费者的利益。为保护我国消费者的利益，我国应尽快建立起食品召回体系。

实行食品召回制度的优点在于：能更好地降低缺陷食品带来的安全风险，保障公众安全，维护消费者的根本利益；有利于食品企业的长期健康发展，将可能发生的食品安全带来的巨额赔偿数目降低，降低发生经济纠纷的概率，赢得消费者的信赖，维护企业的良好形象；食品召回制度能够对企业起到警示作用，使企业自觉到参与维护食品的工作。[①]

---

① 彭亚拉，庞萌.美国食品安全体系状况及其对我国的启示[J].食品与发酵工业，2005(1)：92-95.

第四节 完善食品召回制度的必要性和食品召回的特点

一、完善食品召回制度的必要性

产品质量和食品安全,关系人民群众生命健康和切身利益,关系企业信誉,关系国家形象,必须赋予高度重视。反思食品安全监管保障制度,通过与西方发达国家产品安全的制度比较研究发现,食品召回制度是保障公众食品安全的重要制度。2007年5月国务院办公厅印发的食品药品安全"十一五"规划中指出食品安全的目标是:到"十一五"末期,食品安全保障体系基本建立,重大食品安全事故处理率达到100%,食品召回覆盖率达到80%。其中食品召回目标的实现有赖于食品召回立法的有效确立和实施。近几年来,我国食品市场领域问题不断,2008年的三鹿奶粉事件造成了恶劣的社会影响,蒙牛、伊利等奶产品巨头也纷纷被卷入问题牛奶事件,全国的奶农遭殃,广大人民群众对牛奶市场丧失信心。另外,国际社会频繁出现食品召回事件,如日本的日清方便面召回(食品召回典型案件)。在中国,金华火腿、阜阳奶粉、龙口粉丝、四川泡菜等食品安全危机得到了一定的关注和处理,但是,总的趋势并没有好转。2014年上海福喜事件使我们更深刻地认识到我国召回制度的缺陷,因为信息披露不及时,召回程序启动不及时,责任追究机制的滞后性,使受害者数目扩大,造成恶劣影响。而相比之下,美国、日本有相对完善的召回立法和程序,在食品安全事件发生后即积极采取措施,迅速召回问题产品,使损失降低到最低。如果我国有完善的食品安全监管法律,在三鹿奶粉事件、双汇瘦肉精事件等食品安全事故发生后能及时召回,相信这些事件不会造成现在这么大的后果和损失。

我国的立法现状是针对缺陷产品的防范和处理的规定过于原则,即缺少"细则",可操作性差,实施起来难度很大。法律并未对生产商和经销商的经营行为做明确限制性规定,法律上的盲点导致了对缺陷产品管理的低效与无序。如何界定食品对公众安全构成的威胁?对于缺陷食品及责任主体由哪个具体行政部门管理？为消除系统性缺陷食品对消费者和公共安全所带来的危害,责任主体应采取哪些具体步骤？责任主体的具体责任承担机制是怎样的？这一系列问题都需要从法律上加以解决。为使处理缺陷食品具有法律效力,必须修改我国消费者权益保护法、产品质量法等法律。另外,我国监管食品市场的行政部门职能不清。农业局、畜牧局、渔业局、环保局、卫生防疫站、工商局、质量技术监督局、贸易局、检疫局等部门都有职责监督食品的生产和管理。在监管食品质量的过程中,由于分工过细、职能重叠,监管后果不如人意。所以尽快明确缺陷食品行政管理的具体分工,制定缺陷产品的衡量标准,建立并完善与《产品质量法》相配套的缺陷食品召回等方面的行政法规,确定食品召回的管理模式,实现由计划行政管理向依法管理转变,是我们当前迫切需要解决的问题。

食品召回的推行与社会生产力水平、企业的实力、人们的生活质量和消费意识紧密相连,2009年3月,十一届全国人大常委会第七次会议以158票赞成、3票反对、4票弃权表决通过了《食品安全法》,《食品卫生法》同时废止。《食品安全法》借鉴国际通行做法,明确了不安全食品的召回和停止经营制度。食品生产者发现其生产的食品不符合食品安全标准,应当立即停止生产,召回已经上市销售的食品,通知相关生产经营者和消费者,并记录召回和通知情况。食品生产经营者未依照规定召回或停止经营不符合食品安全标准的食品的,县级以上质检、工商、食品药品监管部门可以责令其召回或者停止经营。在这样高度重视食品安全立法的大背景下,与时俱进,进一步探讨完善我国食品召回制度更觉意义重大。

二、食品召回的特点

食品因其自身的特性决定了食品召回与一般产品召回存在诸多区别,研究这些区别对于我们确立食品制度有关键性作用,从食品本身的特性出发,有利于导出食品召回的特性。通说认为,食品召回制度是指食品的生产商、进口商或者经销商在获悉其生产、进口或经销的食品存在可能的危害消费者健康、安全的缺陷时,依法向政府有关部门报告,及时通知消费者,并从市场和消费者手中收回问题产品,予以更换、赔偿的积极有效的补偿措施,以消除缺陷产品危害风险的制度。通说的观点值得商榷:首先,概念欠缺一致性,定义表述中同时出现了"缺陷产品"和"问题产品"的用语,"缺陷"与"问题"两者虽为近义,绝非同义,存在着细微的差别。以非等同概念表征同一事物,与法学概念界定所追求的表述严谨、精确的原则相违背。首先,"问题"一词适用的广泛性根源于其内涵的宽泛性,以"问题食品"定性必然产生食品召回制度认识的模糊性而欠缺安全保障性指向。法律语言选用语词应"尽量避开那些含义繁复的语词,而使用那些内涵较为简洁,在语句结构中不易产生歧义的语词"。因此,"问题"一词应予摒弃。① 其次,"不合格"意味着存在相应的标准,而标准包含安全标准、质量标准等诸多类型,且国家标准、行业标准是综合多种因素而制订的,不以产品无危险性或具有安全性为唯一标准,标准只能作为认定缺陷的所有合理因素的构成之一,以标准为尺度与该制度对安全的内在追求相左;另外,标准制定后在一定的时间内具有稳定性,安全的要求是发展的、运动的,根植于人类的主观愿望,两者存在稳定性与不确定性的背离。其次,食品召回制度包含企业自主召回与政府强制召回两种基本形式,通说之定义对强制召回制度的政府颁布强制令等基本行为只字无涉,可见该定义表述的内涵明显小于概念的确切外延。笔者认为可以重新定义:食品召回,是指为保障公众人身安全健康,食品的生产商、进口商或者经销商在获悉其生产、进口或销售的食品存在可能危害消费者健康、安全的缺陷时,依法向政府主管部门报告,及时通知消费者,从市场和消费者手中收回缺陷食品,予以更新、赔偿等的积极有效的补救措施,以消除缺陷食品危害或者在政府主管部门颁布缺陷食品强制召回令后,采取补救措施的制度。

食品召回可分为主动召回和强制召回两种类型:主动召回是指企业发现食品质量问题时,主动召回产品;强制召回是指由政府责令企业召回其不合格产品。食品召回与一般工业产品召回相比,具有自身的特点。

第一,食品是消耗性不可逆商品。一旦食用即不可以回收,因此某类同一批次的食品在进入流通领域后,其回收只能是部分回收,而不能做到全部回收。像汽车、家具等产品在使用过程中只存在少量损耗,其生产流通的数量和途径都容易控制和掌握,发现缺陷后完全可以做到全部回收。

第二,食品召回与危害结果之间不是绝对必然的联系。一般产品的召回中,产品的危害性比较明确,已经存在发生危害的可能性或者已经发生危害结果,为制止这种危害性再次发生的可能性而实施召回,但是食品召回有些时候很难在病人的病症与食用的食品之间建立一种绝对的必然联系,但是出于保障人身健康的目的,

---

① 张云,林晖辉.食品召回之基础理论研究[J].中国标准化,2007(12):13-15.

只要存在合理怀疑性就要对"缺陷食品"及时召回。

第三,食品召回的原因决定食品可溯性很重要。多是由于技术原因在生产过程中造成的,而食品从企业流向市场后,如果经营者存贮、打理不当,也会出现食品安全问题。食品在流通中会受到许多复杂因素(如原材料、环境污染等)的影响。因此,食品的可追溯性极为重要。

第四,食品召回的主体比较特别。一般产品的召回主体为生产者。食品召回中召回的主体除了生产者以外,若是后续销售、储运环节导致食品缺陷的,应当由食品销售者、储运者承担召回义务。

第五,缺陷食品召回的方式不同于一般产品召回。作为召回对象的缺陷食品是已经进入市场流通的食品,其缺陷是系统性缺陷,而非偶然性缺陷,即在某一批次、型号或类别的食品中普遍存在的缺陷。缺陷食品召回的行动不仅包括直接收回缺陷食品,而且包括发布警示、补充或者修正消费说明等。[①]

第六,食品召回和产品召回的重要性不同。产品召回一般付出的是经济代价。但是食品召回付出的是生命和经济的代价。提供给市场的食品不可能保证100%的安全,消费者即使食用了1%的不安全食品,对消费者来说也是100%地受到了伤害。

第七,食品召回的成本高于一般的产品召回。产品是先经验性质,食品是后经验性质,即很多食品在食用多年以后才发现它的问题和缺陷,这种特性使得食品召回的成本高于一般的产品召回。

第八,食品召回的范围比一般产品召回要大得多。食品属于人人消耗的必需品,它是维持生命的根本,其流通范围的广度决定了食品召回参与人数的众多。

第九,食品召回的评估内容不同于一般的产品召回。食品召回评估包括对食品的缺陷评估、食用安全风险评估等内容。有关部门应当根据食品上市的时间长短、进入市场的数量多少、流通方式以及消费群体等资料,评估造成危害的严重程度,从而认定食品是否应当召回及召回的范围等。[②]

---

① 胡小红.我国缺陷食品召回立法探讨[J].中国市场监管研究,2008(11):32-34.
② 谢杨.对我国食品召回制度的探讨[J].中国卫生法制,2004(3):34-35.

第五节 完善我国食品召回制度的几点建议

一、明确食品召回责任主体

明确食品召回的义务主体,是食品召回制度顺利实施的前提。但从目前我国有关食品召回的法律、法规与规章等来看,我国食品召回主体过于狭窄,不利于发挥召回制度预防食品安全事故发生或防止食品安全进一步扩大的作用。

《食品安全法》第53条规定:"国家建立食品召回制度。"但该法已经实施多年,至今尚未建立起统一的食品召回制度。目前全面规范食品召回的立法,只有国家质检总局在《食品安全法》颁布之前发布的《食品召回管理规定》以及上海、北京、辽宁、广东等地方人大或地方政府制定的有关食品召回的地方性规章或法规。这些立法除了广东省之外,有一个共同的特点,即都是国家或地方质监部门负责起草与执行,只规定了生产环节的食品召回,并未涉及其他环节的食品召回,即食用农产品种植养殖环节召回、食品流通环节召回以及餐饮召回,对进口食品召回只字未提,似乎存在立法缺陷,遭到不少学者的批评。但是如果我们从食品安全监管体制角度研究这些立法,不难发现这些立法并不存在任何疏漏。这是由当时我国以分段监管为主,品种监管为辅的食品安全监管体制所决定的。质监部门负责生产环节的食品安全监管,其制定的《食品召回管理规定》只能规范生产环节的食品召回,否则涉嫌越权。但现在不同了,2013年全国人大对食品安全监管体制进行了较大调整,决定成立国家食品药品监管总局,全面负责除了食用农产品以外的食品安全监管。国家质检部门不再负责生产环节的食品安全监管,国家工商部门不再负责流通环节的食品安全监管。食品安全监管体制改革为我国制定统一的食品召回制度提供了有利条件。

但《食品安全法》第53条规定:食品生产者发现其生产的食品不符合食品安全标准,应当立即停止生产,召回已经上市销售的食品,通知相关生产经营者和消费者,并记录召回和通知情况。食品经营者发现其经营的食品不符合食品安全标准,应当立即停止经营,通知相关生产经营者和消费者,并记录停止经营和通知情况。可见,《食品安全法》的立法者不仅没有充分认识到从农田到餐桌,任何一个环节都可能出现安全隐患或风险,每一个环节都可能发生食品召回事件,而且还明确规定流通环节的食品经营者发现其经营的食品不符合食品安全标准后,仅承担停止销售,通知相关生产经营者和消费者的义务,①隐含食品批发零售企业不承担食品召回责任。该法并未规定进口食品召回的责任主体。这样,承担食品召回的责任主体只能是食品生产加工企业,将食品批发企业、食品零售企业或进口食品商排除在食品召回责任主体之外。笔者认为,如果说《食品召回管理规定》仅规范生产环节的食品召回,是由当时的食品安全监管体制所决定,《食品安全法》仅规定生产环节的食品召回就不能不说是一个严重的立法缺陷。值得注意的是《中华人民共和国侵权责任法》(以下简称《侵权责任法》)第46条:"产品投入流通后发现存在缺陷的,生产者、销售者应当及时采取警示、召回等补救措施。未及时采取补救措施或者补救措施不力造成损害的,应当承担侵权责任。"据此,《侵权责任法》第一次在法律上同时确认生产商与销售商承担缺陷产品召回的主体责任。

2013年5月1日实施的《进出口乳品检验检疫监督管理办法》第43条也规定,进口乳品的存在安全问题,已经或者可能对人体健康和生命安全造成损害的,进口乳品的进口商应当主动召回并向所在地检验检疫机构报告。进口乳品的进口商不主动实施召回的,由直属检验检疫局责令其召回,必要时,由国家质检总局责令召回。该办法虽然在一定程度上弥补了《食品安全法》没有规定进口食品召回规定之不足,但因尚未建立全面规范进口食品召回的法律制度,不能不说是一大缺憾。

从应然角度考虑,食品召回的范围不仅应该覆盖从农田到餐桌的整个食品供应链,还应该包括进口食品的进口商。众所周知,食品安全涉及从农田到餐桌的食品安全保障问题。食品供应链很长,任何一个环节存在安全隐患或发生安全问题,都有可能对消费者生命健康造成伤害。因此,食品召回制度作为预防食品安全事故发生,或者防止食品安全事故扩大,保护消费者生命健康不受不安全食品侵害的有效工具,必须注重食品供应链的任何一个环节,而不应该只重视生产环节的食品召回。无论是种植养殖环节,还是生产加工环节,或是流通销售环节,任何一个环节发现安全隐患都应该立即召回。这样,食用农产品的种植养殖户、食品生产加工

---

① 该规定还有一个缺陷,即不具有可操作性,有时食品经销商并不知道哪个消费者购买了不符合食品安全标准的食品,怎么通知他们,因此提高立法质量刻不容缓。

企业、食品销售企业都应该成为食品召回的责任主体。

从实然角度考虑,种植养殖环节的食用农产品召回是否可行,值得深入研究。其原因是目前我国农村仍然实行家庭联产承包责任制,家庭农场不仅规模较小,而且数量较少,不具有食用农产品的自检能力。要想依靠种植养殖户自检发现食用农产品存在安全隐患是不现实的,依靠监管部门在田间地头对食用农产品监管也是不可行的。因此,食用农产品的种植养殖户目前暂不宜作为食品召回的责任主体。为了保证食用农产品安全比较可行的办法,是不断加强食用农产投入品监管与生产过程监管,发现食用农产品不符合食品安全标准,应该立即销毁。

根据 2012 年中国统计年鉴,2010 年中国进口肉及食用杂碎 22.25 亿美元,2011 年进口 32.12 亿美元,增加 44.4%;2010 年乳品、蛋品、天然蜂蜜及其他食用动物产品 20.00 亿美元;2011 年进口 26.58 亿美元,增加 32.9%。① 可见,中国也是食品进口大国。进口食品并非百分之百安全,也可能存在安全隐患,进口商承担召回其存在安全隐患的进口食品,是其应尽的法律义务。2013 年 8 月 2 日,新西兰恒天然集团发布消息,称该公司一个工厂 2012 年 5 月生产的浓缩乳清蛋白检出肉毒杆菌,可能受污染的产品用于婴儿奶粉、儿童成长奶粉和运动饮料的生产。国家质检总局 2 日晚要求进口商立即召回可能受污染的产品。② 可见,无论在理论上还是实践上进口食品的进口商也应当成为食品召回的责任主体。

通过上述分析,笔者认为,我国承担食品召回责任的主体应该从食品生产加工企业,扩大到食品批发企业、食品零售企业以及进口食品的经营者。这样界定食品召回责任主体与世界上其他国家,尤其是发达国家基本一致。美国食品召回制度规定,食品生产商、进口商或者经销商获悉其生产、进口或经销的食品存在可能危害消费者健康、安全的缺陷时,依法向政府部门报告,及时通知消费者,并从市场和消费者手中收回问题产品。可见,美国也将食品生产商、进口商或者经销商作为召回主体。③ 澳大利亚新西兰食品召回制度规定,食品生产商、批发商、分销商、进口商为食品召回的责任人,负责食品召回。④ 根据《加拿大食品检验署法》(Canadian

---

① 百分比是作者根据 2012 年中国统计年鉴计算得出的,参见国家统计局网站:http://www.stats.gov.cn/tjsj/ndsj/2012/indexch.htm(2013 年 8 月 3 日访问)

② 新西兰调查恒天然集团"毒奶粉"[N].长沙晚报,2013-8-3(A01).

③ 王晶静,皮介郑.美国的食品召回制度及其对我国的启示[J].中国食物与营养,2012,18(5):13-16.孔凡真.美国的食品召回制度[J].肉类工业,2004(9):44-45.

④ 刘法辉.国内外食品召回制度的比较研究[J].食品科学,2009,30(23):452-455.刘玲.欧美发达国家食品召回制度的特点[J].湘潮(下半月),2009(5):20-21.

Food Inspection Agency Act)的有关规定,任何食品生产商、销售商、营销商、批发商都是食品召回的责任主体。①

二、建立食品召回信息平台

消费者是否能及时了解食品召回信息,是食品召回成败的关键。虽然2007年国家质检总局公布的《食品召回管理规定》标志着我国食品召回制度的初步建立。该规定第7条、第21条与第25条规定,国家质检总局负责召回信息平台建设,食品生产加工企业负责主动召回信息发布,国家质监部门发布食品安全预警信息,但尚未规定责令召回信息由谁发布,特别是没有规定如何发布召回信息。时至今日,国家质检总局尚未建立食品召回信息平台,消费者无法从官方信息平台获取食品召回信息。全国人大对食品安全监管体制做了较大改革,成立国家食品药品监督管理总局,全面负责生产领域与流通领域的食品安全监管工作,希望新成立的国家食品药品监督管理总局承担起建立食品召回信息平台的重任,及时发布食品召回信息。

从理论上讲,建立食品召回信息平台有三种意义:其一是便于对食品安全监管部门实施社会监督。新闻媒体、消费者等通过浏览食品召回信息平台,了解监管部门是否认真履行其食品召回职责,以便对其实施社会监督。其二是便于对实施责令召回的食品生产加工企业进行社会监督。一旦新闻媒体、消费者等发现有关食品生产加工企业没有及时召回其存在安全隐患的产品,或召回不符合有关法律的规定,可以及时向食品安全监管部门进行举报,迫使有关企业依法召回其产品。其三是便于消费者及时了解食品召回信息,保护其生命健康不受存在安全隐患食品的侵害,预防食品安全事故发生。正因为这样,发达国家十分重视食品召回信息平台建设,消费者随时可以通过该信息平台查阅食品召回信息,及时采取有效措施防范食品安全事故发生。

美国食品召回信息分别由美国农业部食品安全检疫局和美国食品药品管理局在其官方网站发布。② 美国建立了两个食品召回信息发布平台,具有分工明确、信息及时,数据连续和方便查询等特点。美国农业部食品安全检疫局主要负责监督肉、禽和蛋类产品的召回信息发布,美国食品药品管理局主要负责其他食品召回信

---

① See Article 19 of Canadian Food Inspection Agency Act.
② See http://www.fsis.usda.gov/ and http://www.fda.gov/.

息发布,而且两个部门配合默契,几乎没有任何裂缝。尤其是建立了一个 24 小时即时通话网络咨询平台,消费者不仅可以随时询问食品召回信息,而且可以咨询任何食品安全问题。

加拿大食品召回信息由加拿大食品检验署(Canadian Food Inspection Agency, CFIA)建立的官方网站发布,有英文与法文两种语言界面。查阅非常方便和快捷,具有多种检索模式,满足不同消费者的需求。目前该信息平台提供检索 2011 年、2012 年与 2013 年的食品召回信息。[①]

日本食品召回信息由日本厚生劳动省统一发布,有日语和英语两种语言界面,信息内容全面,检索十分方便。目前可以在该信息平台查阅最近四年的食品召回信息数据,但由于日本食品安全风险控制力度大,效果好,日本食品召回的总量与其他国家相比较少。

是否我国应该借鉴发达国家的经验,通过建立食品召回信息平台解决召回信息交流不畅的问题吗?笔者的答案是否定的。我国应该根据自己的国情建立符合中国实际的食品召回信息平台。根据 2012 年暑假笔者分别在省会城市与县城 500 份调查问卷调查统计,上海、南京等大城市有 70%的消费者听说过食品召回,稷山县、铜陵县、唐河县等县城有 30%的消费者听说过食品召回;省会城市的消费者有 80%的认为食品召回信息应该在电视台、网络、超市门口、报纸上发布,而县城的消费者认为应该在超市门口、电视台、报纸、网络上发布。年轻人更希望在网络发布,老年人则更希望在电台、电视台发布。由于所处的环境不同,消费者对获取食品召回信息的渠道要求不同。消费者虽然对食品药品监管总局发布食品召回信息给予了一定的肯定,但他们认为自己并非每天看官方网站发布的食品召回信息。因此,笔者认为,我国食品召回信息,应该通过两种途径发布:一是食品生产加工企业、食品批发企业、食品零售企业与进口食品的进口企业根据实际情况承担在超市门口、电视台、报纸发布食品召回信息的义务;二是食品监管部门在其官方网站发布食品召回信息,逐步培养消费者浏览官方网站的习惯。目前应该通过多渠道发布食品召回信息,逐步过渡到由国家建立的食品召回信息发布平台统一发布食品召回信息。

---

① See http://www.inspection.gc.ca/.

三、完善食品召回模式

食品召回模式符合中国国情,就能充分发挥食品召回预防食品安全事故发生的作用,否则不能充分发挥其作用。从国家质检总局颁布的《食品召回管理规定》及地方有关食品召回的立法来看,立法者都希望我国食品生产经营企业能够主动召回存在安全隐患的食品,并将其作为我国食品召回的主要模式,只有在其不主动召回时,才实施责令召回。[①] 从理论上讲,将主动召回放在第一位,责令召回放在第二位是没有任何异议的。但是,近年来我国食品召回的残酷现实告诉人们,期望食品生产企业主动召回只能是一个美丽的幻觉。三鹿奶粉事件、双汇瘦肉精事件、上海染色馒头事件、镉大米事件、雅乐因米粉事件等尚无一家企业主动召回其存在安全风险的食品。

西方发达国家食品召回与我国食品召回的情况不同,他们能够充分发挥企业自律的积极性,一般采取主动召回为主,责令召回或强制召回为辅的模式,有的国家甚至没有责令召回。[②]

发达国家食品召回以主动召回为主有一个前提,那就是社会诚信建设系统完善,食品生产经营企业规模比较大,公民自我保护意识强,社会监督制度健全,能够有足够的社会力量监督食品生产经营企业是不是真正的召回,并销毁存在安全隐患的食品。[③] 此外,发达国家食品召回以主动召回为主还由以下原因所决定:其一,有健全的食品召回法律制度。如美国有《联邦食品、药品及化妆品法》(FDCA)、《联邦肉产品检验法》(FMIA)、《禽产品检验法》(PPIA)、《蛋品检验法》(EPIA)、《消费者产品安全法》(CPSA)以及《反恐怖法》(*The Bioterrorism Act*)等。加拿大有《加拿大食品检验署法》及《食品召回制造商指南》《食品召回进口商指南》《食品召回分销商指南》《食品召回消费者指南》等。澳大利亚、新西兰有《澳大利亚新西兰食品标准法典》《澳大利亚新西兰食品标准局法》《贸易实践法》《食品工作召回规范》等。其二,违法成本高,执法力度大。如加拿大的食品召回分由食品企业自行发起和执行的自愿召回,以及由政府强制执行的召回。对于已经造成健康危害

---

① 参见《食品召回管理规定》第3章;《北京市质量技术监督食品召回管理实施办法》第5条与第10条;《辽宁省食品召回实施办法(试行)》第3章;《广东省食品安全条例》第38条与39条;《嘉兴市食品生产加工企业不安全食品召回办法》第4条等。
② 李洁,张磊,田明胜.缺陷食品召回制度的研究[J].上海食品药品监管情报研究,2007(1):16-23.
③ 郑风田.食品召回制度的最大硬伤[J].中国畜牧业,2011(12):38.

或者有证据表明确有潜在危害的食品,必须由加拿大食品监管局发布强制召回令,如果违反召回令将被视为有罪,可判处 5 万美金以下的罚金或 6 个月以下的监禁,或者并处。① 在澳大利亚食品召回开展的过程中,如果相关责任者没有履行义务,根据《贸易实践法》的规定,将会被处以公司最高达 20 万澳元、个人 4 万澳元的罚款。② 其三,食品生产加工企业品牌意识强,无论大型食品生产经营企业、中型食品生产经营企业,还是小微食品生产经营企业都十分重视产品质量竞争与服务质量竞争,视信誉为生命。所以,根据美国 2003—2012 年统计数据分析,90% 以上的食品召回都是企业自愿召回,实施召回的企业中,大企业占 26%,小企业占 47%,微小企业占 19%,情况不明的占 8%;2013 年 1—7 月份美国公布的食品召回信息全部是主动召回;加拿大从 2000 年至 2004 年召回的总次数为 1568 次,平均每年为 392 次,其中仅有 7 次强制召回;③2013 年 1 月—7 月 25 日加拿大共发布 234 食品召回信息,全部为主动召回,其中 122 起召回信息不需要向社会公布。④ 这也是为什么加拿大 1985 年 The Food and Drugs Act 没有规定强制召回,而只能主动食品召回的原因所在。其四,消费者维权意识强,如果举报属实,便可获得物质奖励。美国《联邦食品药品与化妆品法》第 307 节[335b](E)规定,举报人可以获得 2.5 万美元或者罚款的 50% 的奖励,韩国等国家也有类似的规定。

由于中国尚未建立统一的食品召回信息平台,无法从官方获得食品召回信息,只能依靠各种媒介和搜索引擎查找,或者在公开报道的有关食品召回事件中寻找。据不完全统计,2008—2012 年共发生食品召回案件 172 起,100% 是责令召回或者迫于媒体压力不得不召回,几乎没有一家食品生产加工企业发现其产品存在安全隐患而主动召回。特别是从近年我国发生的重大或特别重大食品安全事故来看来,90% 以上都沿着这样的轨迹实施召回:"消费者投诉→媒体曝光→政府介入→逼迫召回,或者消费者投诉→政府介入→逼迫召回。"⑤从 1999 年到 2013 年 7 月中央电视台《每周质量报告》报道的食品安全事件来看,也没有一起食品安全事件是

---

① See Article 19 of Canadian Food Inspection Agency Act.
② 刘法辉,陈红兵,高金燕.国内外食品召回制度的比较研究[J].食品科学,2009,30(23):452-455.
③ 根据徐进等:《加拿大食品召回管理分析》一文整理,载《中国食品卫生杂志》2007 年第 6 期;但刘法辉等学者在《国内外食品召回制度的比较研究》一文中,指出 1999 到 2007 年的 8 年中,只发生过 7 次强制召回事件,参见《食品科学》2009, Vol. 30, No. 23。
④ See Complete listing of all recalls and allergy alerts, http://www.inspection.gc.ca/about-the-cfia/newsroom/food-recalls-and-allergy-alerts/complete-listing/eng/1351519587174/1351519588221?ay=2013&fr=0&fc=0&fd=0&ft=0(2013 年 8 月 3 号访问)
⑤ 2008 年三聚氰胺事件、2011 年双汇瘦肉精事件、2010 年植物奶油事件、2011 年上海染色馒头事件等。

食品生产企业主动召回,甚至有的食品生产加工企业明知其产品不符合食品安全标准仍然销售。① 2011年上半年全国公开报道食品安全事件500余件,也无一件是主动召回。② 这些事实足以说明,希望这样的企业通过自检发现安全隐患主动召回其产品,是不现实的。

因此,我国应该重视责令食品召回制度或者强制食品召回制度建设,而不是移植国外的主动召回制度。正如有的学者所预言的那样:"如果'召回制'不在强制推行上做足文章,不安全食品召回制度的实施将会大打折扣,势必会使食品召回制度流于形式。"③

然而,我国食品召回制度的立法者并非赞同这样的看法,《食品召回管理规定》有关"食品召回的实施"一章中将主动召回放在第一节,责令召回放在第二节。2011年《〈食品召回管理规定〉修订征求意见稿》规定食品生产企业对其生产的食品安全负责,切实履行召回义务,国家质量监督检验检疫总局在职权范围内统一组织、协调全国食品召回监督工作,县级以上地方质量监督部门按照职责分工负责本行政区域内食品召回监督工作。这些规定似乎在淡化食品责令召回,强调主动召回,有关食品召回的地方立法,也在强调主动召回的积极作用。这种立法理念与《食品召回管理规定》实施以来的食品召回实践相违背,值得商榷。

因此,根据近年来中国食品召回的实际,笔者建议我国在选择食品召回模式时,应该以责令召回或强制召回为主,鼓励企业主动召回。从理论上讲,一个经济人或一个理性的人,在其行为发生之前都要对行为的成本与收益进行比较分析,选择作为或不作为。我国有关食品召回的法律规定主动召回与责令召回。因为主动召回成本高,收益低,没有任何一家企业愿意选择主动召回。所以,《食品召回管理规定》实施以来的食品召回实践告诉人们,我国食品主动召回制度形同虚设。当然有的学者建议通过制度设计,加大责令召回的成本,增加主动召回的收益,即可解决企业不愿主动召回的问题。

笔者认为,通过适当的制度设计可以在一定程度上激励主动召回,但不能从根

---

① 2013年中央电视台315报道《"美素"奶粉疑云》之前,美素丽儿奶粉进口商玺乐丽儿进出口(苏州)有限公司已于去年11月份被当地执法部门查封,然而直到2013年3月28日之前,美素丽儿问题奶粉却一直在全国各地正常销售;《中国商报》2012年12月25日第010版报道:肯德基早在2010年和2011年的自检中,就得知鸡肉原料的抗生素含量超标。其自检是委托一家上海的第三方检测所进行的,而这批原料正来自此次被爆出使用大量抗生素、激素生产"速生鸡"的山东六和集团。但肯德基方面却向公众隐瞒了自检结果,且并未立刻终止与山东六和集团的原料供应合同,直到2012年8月才将其清除出供应商名单。
② 参见宋晓华.食品召回为何"只听楼梯响"[N].中国食品安全报,2011-8-25(A02).
③ 张守文.我国实施食品召回制度有关问题的思考[J].中国食品药品管理,2008(1):34-35.

本上解决问题。其原因有二：一是我国尚未建立完善的诚信制度,在一个守信成本大于守信收益的社会里,通过制度设计激励主动召回是不符合实际的。二是消费者消费意识不成熟,认为只要一家企业的食品被召回,就会拒绝消费该企业的食品,甚至迫使该企业破产倒闭,南京冠生园食品有限责任公司破产就一个典型的例证。因此,一般食品生产经营企业在权衡得失利弊后,最后放弃主动召回。

总之,据目前我国的食品安全情况而言,将责令召回或强制放在首要位置是符合现实的一种选择。

四、统一食品召回标准

统一食品召回标准,是公平对待所有食品召回责任主体的关键。目前无论是学界还是实际部门的同志对食品召回标准都没有形成统一的认识。认识不统一,直接导致食品召回标准立法不同。同样是食品标签不符合国家有关规定的食品,在北京市、嘉兴市就有可能发生食品召回,而在广东省或上海市就不可能发生召回。

从国家层面的立法来看,不同的立法对食品召回标准的规定各不相同。《食品安全法》第53条规定召回的食品,属于不符合食品安全标准的食品。但由于历史的原因,我国迄今尚未建立统一的食品安全标准体系,有些标准甚至相互冲突与矛盾。另外,我国还存在众多的地方标准与企业标准,各地标准相互之间也难免存在不一致的情况,这给如何判断是否召回造成一定的困难。《侵权责任法》第46条规定产品召回的标准,是其存在缺陷,但该法没有对缺陷产品做出明确界定。这样,如何认定食品属于缺陷产品又不得不参考《产品责任法》的有关规定。根据《产品责任法》第13条与46条规定,判断食品是否在存在缺陷有两个标准：其一是指食品存在对人体健康不合理的危险；其二食品不符合国家标准、地方标准与企业标准。《食品召回管理规定》规定召回的食品属于不安全食品。所谓不安全食品,是指有证据证明对人体健康已经或可能造成危害的食品,包括：已经诱发食品污染、食源性疾病或对人体健康造成危害甚至死亡的食品；可能引发食品污染、食源性疾病或对人体健康造成危害的食品；含有对特定人群可能引发健康危害的成分而在食品标签和说明书上未予以标识,或标识不全、不明确的食品；有关法律、法规规定的其他不安全食品。《进出口乳品检验检疫监督管理办法》规定,召回进口乳制品的标准是,该进口乳品存在安全问题,已经或者可能对人体健康和生命安全造成损害。

从地方立法层面来看,各地对食品召回的标准规定也各不相同。2013 年《北京市质量技术监督食品召回管理实施办法》规定召回的食品属于不符合安全标准的食品,但对于什么是不符合食品安全标准没有界定。2008 年《辽宁省食品召回实施办法(试行)》规定的召回的食品属于不安全食品,其对不安全食品的定义直接移植《食品召回管理规定》的有关规定。2006 年上海市食药局发布了《缺陷食品召回管理规定》,明确规定召回的食品属于缺陷食品。所谓"缺陷食品,是指不符合有关食品卫生规定和标准,或者存在或可能存在健康安全隐患的食品"。2008 年《广东省食品安全条例》规定召回的食品属于存在安全隐患,可能对人体健康和生命安全造成损害的食品。2007 年《嘉兴市食品生产加工企业不安全食品召回办法》规定,其召回的食品属于不安全食品。所谓不安全食品,是指以下不符合有关食品安全规定和标准,存在安全隐患的食品:已经导致或者可能引发食物中毒或其他食源性疾病的食品;不符合有关强制性标准的食品;不符合营养、卫生标准的专供婴幼儿的主、辅食品;使用的食品添加剂违反有关管理规定的食品;违反食品标识管理规定的食品;含有对特定人群有害物质,而未在食品标签和说明书上予以标识的食品;其他存在安全隐患的食品。

可见,无论是国家立法还是地方立法,对食品召回标准的规定极不统一。北京一个标准,上海一个标准,广州又是另一个标准。各地食品安全监管部门各说各话、各自为政,导致召回标准异常混乱。另外,如果各地都按照各自的食品召回标准执行,必然导致食品召回的责任主体手足无措,无所适从。更重要的是,个别地方政府为了促进地方经济发展,面对问题食品,难免从有利于自己利益角度考虑,利用混乱的"召回标准"保护地方企业的利益。因此,应该考虑制定统一的食品召回标准。

笔者认为,确定我国食品召回标准时,应该通过大量的调查研究,结合中国食品安全监管中存在的问题,确定符合中国国情的食品召回标准,而不是直接移植外国的法律,更不是闭门造车,制定无法实施的"劣质法律"。根据笔者对食品安全事故统计分析,我国目前食品安全事故主要有两大类:一类是损害消费者生命健康的行为,即生产销售不符合食品安全标准的食品;另一类是经济欺诈行为,即生产销售的食品虽然对消费者生命健康不会造成任何伤害,但通过虚假标示等行为,诱骗消费者与其交易。对于损害消费者生命健康的行为,其判断标准有两个:一是食品生产加工企业、食品批发企业或食品零售制售的食品不符合食品安全标准(包括国家食品安全标准、地方食品安全标准与企业食品安全标准);二是生产销售没有食品安全标准的食品,应当不存在任何损害消费者生命健康的危险(当然国家也可以禁止生产销售没有食品安全标准的食品)。对于经济欺诈行为,其判断的标准是食品标签是否完整真实。一旦发现食品标签不完整或不真实,必须责令召回或强制召回,并承担相应的法律责任。据此,国家一方面应该加快食品安全标准的清理与制定,并进一步完善食品标签管理规范。

五、加强召回食品的后续监管

加强召回食品后续监管,是防止召回食品再次流入市场的关键。然而,《食品安全法》《食品召回管理规定》《食品召回管理规定》等法律、规章,在被召回食品后续处理制度设计方面,没有坚持抑制机会主义行为和节约社会成本的基本理念,存在明显缺陷。

根据《食品安全法》第53条,《食品安全法实施条例》第33条,《食品召回管理规定》第31条以及其他有关规定,食品生产企业是食品召回的责任主体,有义务依法对被召回食品进行处理,其方法有三种:其一是进行无害化处理,即对召回食品处理不仅不再污染环境,而且还可以变废为宝。无害化处理基本上主要有三种处理方法:掩埋处理;焚烧处理;堆肥处理。其二是予以销毁,即为了防止被召回的食品再次流入市场,对其进行焚烧、掩埋、毁形、染色等方式进行有效销毁。三是采取其他补救措施,即对因标签、标识或者说明书不符合食品安全标准而被召回的食品,食品生产企业在采取补救措施且能保证食品安全的情况下可以继续销售,但销售时应当向消费者明示补救措施。

在实践中,食品生产企业本应依法负责对其召回食品进行无害化处理或者予以销毁。但工商部门在调研中发现,在处理召回食品时,食品生产企业多采取封存的处理方法。封存之后,在利益的驱使下,不少被召回食品又通过各种途径,重新回到了流通环节。在具体操作中,零售商在将被召回食品退给批发商,或者批发商退给上一级经销商(可能跨区域)之后,很难做到无害化处理。部分利欲熏心的生产商或批发商甚至将问题食品进行再加工,或者只是简单地予以翻新包装,然后化整为零地与合格食品掺杂在一起,重新投放市场。不合格食品召回后最重要的是怎样去处理和销毁,因为这其中潜伏着更大的危险和隐患,其后续问题更加让人担心。单纯相信和依靠食品生产者、经营者完成复杂的问题食品召回工作,并进行无害化处理或销毁,是不切合实际。三聚氰胺奶粉"复活",南京冠生园用旧馅做月饼等就是最典型的例子。因此,加强食品召回后续监管十分重要。

但《食品安全法》与《食品安全法实施条例》均未规定食品生产者对召回食品的后续处理应该由谁监管。仅规定县级以上食品安全监督管理部门应当将食品生产者召回不符合食品安全标准的食品的情况,以及食品经营者停止经营不符合食品安全标准的食品的情况,记入食品生产经营者食品安全信用档案。虽然《食品召回管理规定》规定食品生产者对召回食品的后续处理应当有详细的记录,并向所在地的市级质监部门报告,接受市级质监部门监督。但由于在实践中人们对市级质监部门,即设区的市还是不设区的市等问题认识不统一,不具有操作性,召回食品后续处理的监管仍处于真空地带。由于我国已经成立国家食品药品监管总局,全面负责食品安全监管工作,故笔者认为,应该由其负责召回食品后续处理的监管工作,是个符合实际的选择。

关于如何使问题食品变废为宝,我国还没有现成的经验可以总结。在这方面,我们可以学习日本、德国的做法,对问题食品召回进行专业化处理。在日本,问题食品必须交给专门的"废弃物处理商"来处理。废弃物处理商将问题食品简单处理之后,再送到"堆肥处理工厂"加工,堆肥又卖给肥料公司,肥料公司再加入鸡粪等有机肥料以后,将堆肥变成有机肥料,然后分发或者卖给农户。德国成立了"食品召回委员会",专门负责问题食品召回事宜。问题食品必须由德国联邦食品回收协会的下属专门企业回收,然后再利用这些食物发酵后产生的沼气发电发热,发电后剩下的生物燃油,还可以再出售给能源公司。据统计,仅问题食品的再利用,德国每年就节省至少200亿欧元。我国应该借鉴外国先进经验,建立专业化的问题食品召回处理第三方专业机构,食品安全监管部门监督第三方专业机构,如果第三方专业机构未能依法依法处理召回食品,将以危害公共安全罪予以处罚。

致谢

姜涛、黄洁婷、王雯茜、王娟、汪华参与本课题的研究,并负责部分章节的研究,在此表示感谢。